Annales 2025

1re GÉNÉRALE

Objectif BAC

Sujets & Corrigés

Français

Écrit + Oral

Isabelle de Lisle
Agrégée de Lettres modernes

Sylvie-Laure Beauthier
Agrégée de Lettres classiques

Anne-Caroline Lissoir
Agrégée de Lettres modernes

hachette
ÉDUCATION

Mode d'emploi

Pour chaque épreuve (commentaire, dissertation et oral), cet ouvrage vous propose des méthodes générales et des sujets corrigés complétés de fiches de cours et de fiches sur les œuvres et parcours du Bac.

Les méthodes générales pour réussir les épreuves

Les méthodes-clés de chaque épreuve : commentaire, dissertation, oral

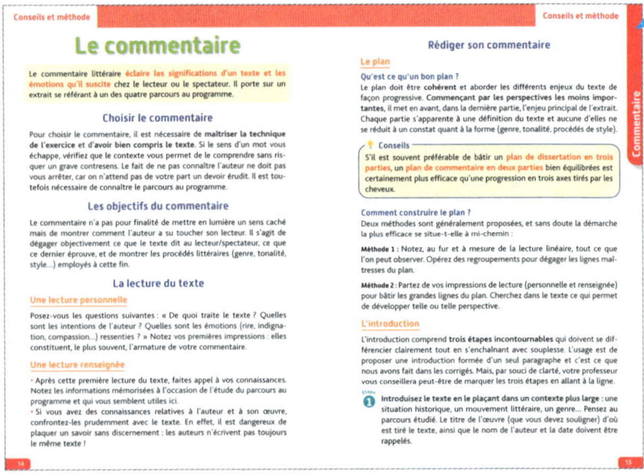

Conseils et méthode

Le commentaire

Le commentaire littéraire éclaire les significations d'un texte et les émotions qu'il suscite chez le lecteur ou le spectateur. Il porte sur un extrait se référant à un des quatre parcours au programme.

Choisir le commentaire

Pour choisir le commentaire, il est nécessaire de **maîtriser la technique de l'exercice** et d'**avoir bien compris le texte**. Si le sens d'un mot vous échappe, vérifiez que le contexte vous permet de le comprendre sans risquer un grave contresens. Le fait de ne pas connaître l'auteur ne doit pas vous arrêter, car on n'attend pas de votre part un devoir érudit. Il est toutefois nécessaire de connaître le parcours au programme.

Les objectifs du commentaire

Le commentaire n'a pas pour finalité de mettre en lumière un sens caché mais de montrer comment l'auteur a su toucher son lecteur. Il s'agit de dégager objectivement ce que le texte dit au lecteur/spectateur, ce que ce dernier éprouve, et de montrer les procédés littéraires (genre, tonalité, style...) employés à cette fin.

La lecture du texte

Une lecture personnelle

Posez-vous les questions suivantes : « De quoi traite le texte ? Quelles sont les intentions de l'auteur ? Quelles sont les émotions (rire, indignation, compassion...) ressenties ? » Notez vos premières impressions : elles constituent, le plus souvent, l'armature de votre commentaire.

Une lecture renseignée

- Après cette première lecture du texte, faites appel à vos connaissances. Notez les informations mémorisées à l'occasion de l'étude du parcours au programme et qui vous semblent utiles ici.
- Si vous avez des connaissances relatives à l'auteur et à son œuvre, confrontez-les prudemment avec le texte. En effet, il est dangereux de plaquer un savoir sans discernement : les auteurs n'écrivent pas toujours le même texte !

14

Conseils et méthode

Rédiger son commentaire

Le plan

Qu'est ce qu'un bon plan ?
Le plan doit être **cohérent** et aborder les différents enjeux du texte de façon progressive. **Commençant par les perspectives les moins importantes**, il met en avant, dans la dernière partie, l'enjeu principal de l'extrait. Chaque partie s'apparente à une définition du texte et aucune d'elles ne se réduit à un constat quant à la forme (genre, tonalité, procédés de style).

Conseils
S'il est souvent préférable de bâtir un plan de dissertation en trois parties, un plan de commentaire en deux parties bien équilibrées est certainement plus efficace qu'une progression en trois axes tirés par les cheveux.

Comment construire le plan ?
Deux méthodes sont généralement proposées, et sans doute la démarche la plus efficace se situe-t-elle à mi-chemin :

Méthode 1 : Notez, au fur et à mesure de la lecture linéaire, tout ce que l'on peut observer. Opérez des regroupements pour dégager les lignes maîtresses du plan.

Méthode 2 : Partez de vos impressions de lecture (personnelle et renseignée) pour bâtir les grandes lignes du plan. Cherchez dans le texte ce qui permet de développer telle ou telle perspective.

L'introduction

L'introduction comprend **trois étapes incontournables** qui doivent se différencier clairement tout en s'enchaînant avec souplesse. L'usage est de proposer une introduction formée d'un seul paragraphe et c'est ce que nous avons fait dans les corrigés. Mais, par souci de clarté, votre professeur vous conseillera peut-être de marquer les trois étapes en allant à la ligne.

Étape 1 **Introduisez le texte en le plaçant dans un contexte plus large** : une situation historique, un mouvement littéraire, un genre... Pensez au parcours étudié. Le titre de l'œuvre (que vous devez souligner) d'où est tiré le texte, ainsi que le nom de l'auteur et la date doivent être rappelés.

Commentaire

15

Des onglets pour se repérer rapidement dans l'ouvra[ge]

Des sujets corrigés pour préparer l'écrit et l'oral

Une couleur spécifique pour identifier chaque objet d'étude

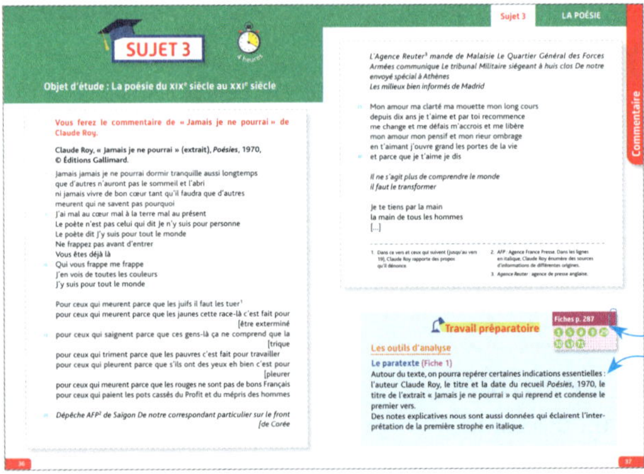

SUJET 3

4 heures

Objet d'étude : La poésie du XIXe siècle au XXIe siècle

Vous ferez le commentaire de « Jamais je ne pourrai » de Claude Roy.

Claude Roy, « Jamais je ne pourrai » (extrait), *Poésies*, 1970, © Éditions Gallimard.

Jamais jamais je ne pourrai dormir tranquille aussi longtemps
que d'autres n'auront pas le sommeil et l'abri
ni jamais vivre de bon cœur tant qu'il faudra que d'autres
meurent qui ne savent pas pourquoi
J'ai mal au cœur mal à la terre mal au présent
Le poète n'est pas celui qui dit Je n'y suis pour personne
Le poète dit J'y suis pour tout le monde
Ne frappez pas avant d'entrer
Vous êtes déjà là
Qui vous frappe me frappe
J'en vois de toutes les couleurs
J'y suis pour tout le monde

Pour ceux qui meurent parce que les juifs il faut les tuer[1]
pour ceux qui meurent parce que les jaunes cette race-là c'est fait pour [être exterminé
pour ceux qui saignent parce que ces gens-là ça ne comprend que la [trique
pour ceux qui triment parce que les pauvres c'est fait pour travailler
pour ceux qui pleurent parce que s'ils ont des yeux eh bien c'est pour [pleurer
pour ceux qui meurent parce que les rouges ne sont pas de bons Français
pour ceux qui paient les pots cassés du Profit et du mépris des hommes

Dépêche AFP[2] de Saïgon De notre correspondant particulier sur le front [de Corée

36

Sujet 3 — LA POÉSIE

L'Agence Reuter[3] mande de Malaisie Le Quartier Général des Forces Armées communique Le tribunal Militaire siégeant à huis clos De notre envoyé spécial à Athènes
Les milieux bien informés de Madrid

Mon amour ma clarté ma mouette mon long cours
depuis dix ans je t'aime et par toi recommence
me change et me défais m'accrois et me libère
mon amour mon pensif et mon rieur ombrage
en t'aimant j'ouvre grand les portes de la vie
et parce que je t'aime je dis

Il ne s'agit plus de comprendre le monde
il faut le transformer

Je te tiens par la main
la main de tous les hommes
[...]

1. Dans ce vers et ceux qui suivent (jusqu'au vers 19), Claude Roy rapporte des propos qu'il dénonce.
2. AFP : Agence France Presse. Dans les lignes en italique, Claude Roy énumère des sources d'informations de différentes origines.
3. Agence Reuter : agence de presse anglaise.

Travail préparatoire

Fiches p. 287

Les outils d'analyse

Le paratexte (Fiche 1)
Autour du texte, on pourra repérer certaines indications essentielles : l'auteur Claude Roy, le titre et la date du recueil *Poésies*, 1970, le titre de l'extrait « Jamais je ne pourrai » qui reprend et condense le premier vers.
Des notes explicatives nous sont aussi données qui éclairent l'interprétation de la première strophe en italique.

Commentaire

37

Un renvoi aux fiches de cours et fiches œuvres à consulter pour compléter vos connaissances

Chaque corrigé est introduit par un travail préparatoire pour comprendre les points-clés du sujet

I.S.B.N. 978-2-01-726888-8

www.parascolaire.hachette-education.com

PAPIER À BASE DE FIBRES CERTIFIÉES

hachette s'engage pour l'environnement en réduisant l'empreinte carbone de ses livres. Celle de cet exemplaire est de : 1,1 kg éq. CO_2
Rendez-vous sur www.hachette-durable.fr

Des corrigés conformes à ce que l'on attend de vous à l'examen

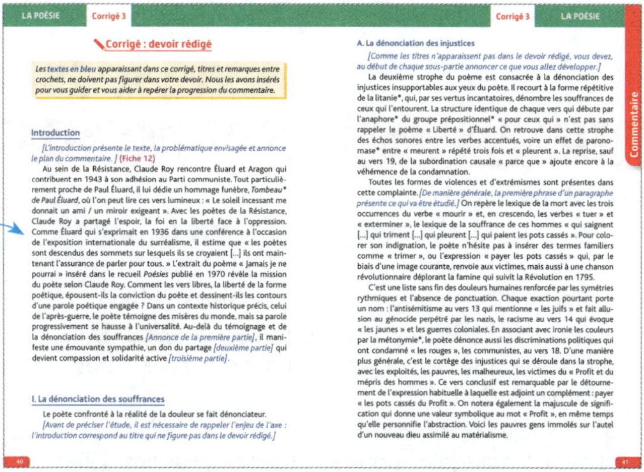
LA POÉSIE | Corrigé 3

Corrigé : devoir rédigé

Les textes en bleu apparaissant dans ce corrigé, titres et remarques entre crochets, ne doivent pas figurer dans votre devoir. Nous les avons insérés pour vous guider et vous aider à repérer la progression du commentaire.

Introduction

[L'introduction présente le texte, la problématique envisagée et annonce le plan du commentaire.] (Fiche 12)

Au sein de la Résistance, Claude Roy rencontre Éluard et Aragon qui contribuent en 1943 à son adhésion au Parti communiste. Tout particulièrement proche de Paul Éluard, il lui dédie un hommage funèbre, *Tombeau* de Paul Éluard*, où l'on peut lire ces vers lumineux : « Le soleil incessant me donnait un ami / un miroir exigeant ». Avec les poètes de la Résistance, Claude Roy a partagé l'espoir, la foi en la liberté face à l'oppression. Comme Éluard qui s'exprimait en 1936 dans une conférence à l'occasion de l'exposition internationale du surréalisme, il estime que « les poètes sont descendus des sommets sur lesquels ils se croyaient [...] ils ont maintenant l'assurance de parler pour tous. » L'extrait du poème « Jamais je ne pourrai » inséré dans le recueil *Poésies* publié en 1970 révèle la mission du poète selon Claude Roy. Comment les vers libres, la liberté de la forme poétique, épousent-ils la conviction du poète et dessinent-ils les contours d'une parole poétique engagée ? Dans un contexte historique précis, celui de l'après-guerre, le poète témoigne des misères du monde, mais sa parole progressivement se hausse à l'universalité. Au-delà du témoignage et de la dénonciation des souffrances *[Annonce de la première partie]*, il manifeste une émouvante sympathie, un don du partage *[deuxième partie]* qui devient compassion et solidarité active *[troisième partie]*.

I. La dénonciation des souffrances

Le poète confronté à la réalité de la douleur se fait dénonciateur.

[Avant de préciser l'étude, il est nécessaire de rappeler l'enjeu de l'axe : l'introduction correspond au titre qui ne figure pas dans le devoir rédigé.]

40

Corrigé 3 | LA POÉSIE

A. La dénonciation des injustices

[Comme les titres n'apparaissent pas dans le devoir rédigé, vous devez, au début de chaque sous-partie annoncer ce que vous allez développer.]

La deuxième strophe du poème est consacrée à la dénonciation des injustices insupportables aux yeux du poète. Il recourt à la forme répétitive de la litanie*, qui, par ses vertus incantatoires, dénombre les souffrances de ceux qui l'entourent. La structure identique de chaque vers qui débute par l'anaphore* du groupe prépositionnel* « pour ceux qui » n'est pas sans rappeler le poème « Liberté » d'Éluard. On retrouve dans cette strophe des échos sonores entre les verbes accentués, voire un effet de paronomase* entre « meurent » répété trois fois et « pleurent ». La reprise, sauf au vers 19, de la subordination causale « parce que » ajoute encore à la véhémence de la condamnation.

Toutes les formes de violences et d'extrémismes sont présentes dans cette complainte. *[De manière générale, la première phrase d'un paragraphe présente ce qui va être étudié.]* On repère le lexique de la mort avec les trois occurrences du verbe « mourir » et, en crescendo, les verbes « tuer » et « exterminer », le lexique de la souffrance de ces hommes « qui saignent [...] qui triment [...] qui pleurent [...] qui paient les pots cassés ». Pour colorer son indignation, le poète n'hésite pas à insérer des termes familiers comme « trimer », ou l'expression « payer les pots cassés » qui, par le biais d'une image courante, renvoie aux victimes, mais aussi à une chanson révolutionnaire déplorant la famine qui suivit la Révolution en 1795.

C'est une liste sans fin des douleurs humaines renforcée par les symétries rythmiques et l'absence de ponctuation. Chaque exaction pourtant porte un nom : l'antisémitisme au vers 13 qui mentionne « les juifs » et fait allusion au génocide perpétré par les nazis, le racisme au vers 14 qui évoque « les jaunes » et les guerres coloniales. En associant avec ironie les couleurs par la métonymie*, le poète dénonce aussi les discriminations politiques qui ont condamné « les rouges », les communistes, au vers 18. D'une manière plus générale, c'est le cortège des injustices qui se déroule dans la strophe, avec les exploités, les pauvres, les malheureux, les victimes du « Profit et du mépris des hommes ». Ce vers conclusif est remarquable par le détournement de l'expression habituelle à laquelle est adjoint un complément : payer « les pots cassés du Profit ». On notera également la majuscule de signification qui donne une valeur symbolique au mot « Profit », en même temps qu'elle personnifie l'abstraction. Voici les pauvres gens immolés sur l'autel d'un nouveau dieu assimilé au matérialisme.

Commentaire

41

Les corrigés sous forme de plan détaillé ou de devoir rédigé, avec les conseils du professeur en bleu

Des fiches de cours et des fiches œuvres pour réviser l'essentiel

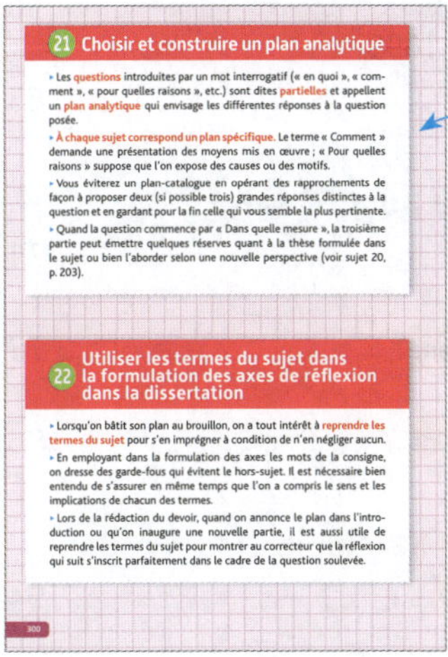
21 Choisir et construire un plan analytique

- Les **questions** introduites par un mot interrogatif (« en quoi », « comment », « pour quelles raisons », etc.) sont dites **partielles** et appellent un **plan analytique** qui envisage les différentes réponses à la question posée.
- **À chaque sujet correspond un plan spécifique.** Le terme « Comment » demande une présentation des moyens mis en œuvre ; « Pour quelles raisons » suppose que l'on expose des causes ou des motifs.
- Vous éviterez un plan-catalogue en opérant des rapprochements de façon à proposer deux (si possible trois) grandes réponses distinctes à la question et en gardant pour la fin celle qui vous semble la plus pertinente.
- Quand la question commence par « Dans quelle mesure », la troisième partie peut émettre quelques réserves quant à la thèse formulée dans le sujet ou bien l'aborder selon une nouvelle perspective (voir sujet 20, p. 203).

22 Utiliser les termes du sujet dans la formulation des axes de réflexion dans la dissertation

- Lorsqu'on bâtit son plan au brouillon, on a tout intérêt à **reprendre les termes du sujet** pour s'en imprégner à condition de n'en négliger aucun.
- En employant dans la formulation des axes les mots de la consigne, on dresse des garde-fous qui évitent le hors-sujet. Il est nécessaire bien entendu de s'assurer en même temps que l'on a compris le sens et les implications de chacun des termes.
- Lors de la rédaction du devoir, quand on annonce le plan dans l'introduction ou qu'on inaugure une nouvelle partie, il est aussi utile de reprendre les termes du sujet pour montrer au correcteur que la réflexion qui suit s'inscrit parfaitement dans le cadre de la question soulevée.

300

75 fiches de cours claires et synthétiques

Les 12 œuvres et parcours littéraires du Bac 2025

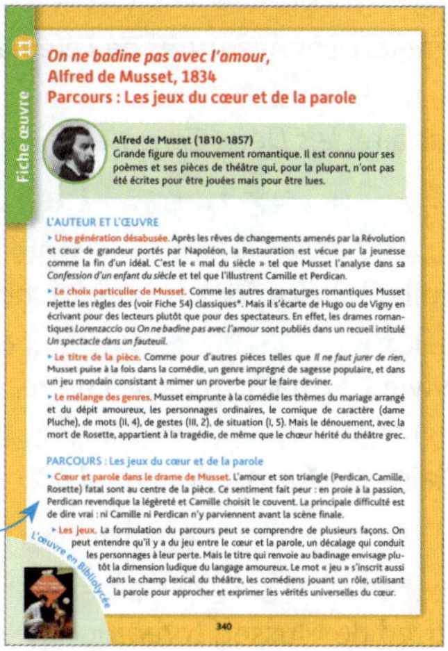
Fiche œuvre 11

***On ne badine pas avec l'amour*, Alfred de Musset, 1834**
Parcours : Les jeux du cœur et de la parole

Alfred de Musset (1810-1857)
Grande figure du mouvement romantique. Il est connu pour ses poèmes et ses pièces de théâtre qui, pour la plupart, n'ont pas été écrites pour être jouées mais pour être lues.

L'AUTEUR ET L'ŒUVRE

- **Une génération désabusée.** Après les rêves de changements amenés par la Révolution et ceux de grandeur portés par Napoléon, la Restauration est vécue par la jeunesse comme la fin d'un idéal. C'est le « mal du siècle » tel que Musset l'analyse dans sa *Confession d'un enfant du siècle* et tel que l'illustrent Camille et Perdican.
- **Le choix particulier de Musset.** Comme les autres dramaturges romantiques Musset rejette les règles des (voir Fiche 54) classiques*. Mais il s'écarte de Hugo ou de Vigny en écrivant pour des lecteurs plutôt que pour des spectateurs. En effet, les drames romantiques *Lorenzaccio* ou *On ne badine pas avec l'amour* sont publiés dans un recueil intitulé *Un spectacle dans un fauteuil*.
- **Le titre de la pièce.** Comme pour d'autres pièces telles que *Il ne faut jurer de rien*, Musset puise à la fois dans la comédie, un genre imprégné de sagesse populaire, et dans un jeu mondain consistant à mimer un proverbe pour le faire deviner.
- **Le mélange des genres.** Musset emprunte à la comédie les thèmes du mariage arrangé et du dépit amoureux, les personnages ordinaires, le comique de caractère (dame Pluche), de mots (II, 4), de gestes (III, 2), de situation (I, 5). Mais le dénouement, avec la mort de Rosette, appartient à la tragédie, de même que le chœur hérité du théâtre grec.

PARCOURS : Les jeux du cœur et de la parole

- **Cœur et parole dans le drame de Musset.** L'amour et son triangle (Perdican, Camille, Rosette) fatal sont au centre de la pièce. Ce sentiment fait peur : en proie à la passion, Perdican revendique la légèreté et Camille choisit le couvent. La principale difficulté est de dire vrai : ni Camille ni Perdican n'y parviennent avant la scène finale.
- **Les jeux.** La formulation du parcours peut se comprendre de plusieurs façons. On peut entendre qu'il y a du jeu entre le cœur et la parole, un décalage qui conduit les personnages à leur perte. Mais le titre qui renvoie au badinage envisage plutôt la dimension ludique du langage amoureux. Le mot « jeu » s'inscrit aussi dans le champ lexical du théâtre, les comédiens jouant un rôle, utilisant la parole pour approcher et exprimer les vérités universelles du cœur.

L'œuvre en Bibliolycée

340

Conception graphique de l'intérieur
Alicia Dassonville

Conception graphique de la couverture
Audrey Izern

Réalisation
Couverture : Audrey Izern
Intérieur : Médiamax
Édition : Adeline Pécout

Achevé d'imprimer en août 2024 en Tchéquie par Finidr

Dépôt légal : Août 2024 - Édition 01

Sommaire

Le commentaire

La dissertation

L'épreuve orale

Fiches de cours

Fiches œuvres

Le programme et les épreuves

Le programme de français au lycée comprend quatre objets d'étude ; les œuvres intégrales et les parcours sont imposés par le programme et renouvelés par quart chaque année.
L'épreuve anticipée de français est composée d'une épreuve orale (coefficient 5) et d'une épreuve écrite (coefficient 5).

Le programme

Pour chaque objet d'étude, le professeur choisit une œuvre et son parcours associé dans la liste suivante.

Objet d'étude : La poésie du XIXe siècle au XXIe siècle

– Arthur Rimbaud, *Cahiers de Douai* / **Parcours** : Émancipations créatrices
– Francis Ponge, *La Rage de l'expression* / **Parcours** : Dans l'atelier du poète
– Hélène Dorion, *Mes forêts* / **Parcours** : La poésie, la nature, l'intime

Objet d'étude : La littérature d'idées du XVIe siècle au XVIIIe siècle

– Rabelais, *Gargantua* / **Parcours** : Rire et savoir
– La Bruyère, *Les Caractères*, livres V à X / **Parcours** : La comédie sociale
– Olympe de Gouges, *Déclaration des droits de la femme et de la citoyenne* (du « préambule » au « postambule ») / **Parcours** : Écrire et combattre pour l'égalité

Objet d'étude : Le roman et le récit du Moyen Âge au XXIe siècle

– Abbé Prévost, *Manon Lescaut* / **Parcours** : Personnages en marge, plaisirs du romanesque
– Balzac, *La Peau de chagrin* / **Parcours** : Les romans de l'énergie : Création et destruction
– Colette, *Sido* suivi de *Les Vrilles de la vigne* / **Parcours** : La célébration du monde

Objet d'étude : Le théâtre du XVIIe siècle au XXIe siècle

– Pierre Corneille, *Le Menteur* / **Parcours** : Mensonge et comédie
– Alfred de Musset, *On ne badine pas avec l'amour* / **Parcours** : Les jeux du cœur et de la parole
– Nathalie Sarraute, *Pour un oui ou pour un non* / **Parcours** : Théâtre et dispute

L'épreuve écrite

Organisation

- L'épreuve dure **4 heures** ; elle est notée sur **20 points** ; les candidats ont le **choix entre deux sujets** :

– un **commentaire** sur un texte rattaché à un des objets d'étude ;
– une **dissertation** portant sur une des œuvres au programme accompagnée de son parcours.

- Sur le document donné au candidat figureront donc un texte pour le commentaire et trois sujets de dissertation correspondant respectivement aux trois œuvres proposées dans le cadre d'un objet d'étude. **Si le candidat choisit la dissertation, il doit veiller à prendre le sujet qui porte sur l'œuvre étudiée en classe pendant l'année.**

Le commentaire

Le commentaire porte sur un texte littéraire, en lien avec un des objets d'étude de la classe de 1re. Ce texte ne sera jamais extrait d'une des œuvres au programme et ne correspondra pas à l'un des parcours proposés. La méthode et les conseils relatifs au commentaire sont donnés pages 14-16.

La dissertation

La dissertation prend la forme d'une question littéraire sur l'une des œuvres au programme et sur le parcours associé. La méthode et les conseils relatifs à la dissertation sont donnés pages 126-129.

Les critères d'évaluation

Les correcteurs évaluent :
– la maîtrise de la langue et de l'expression ;
– l'aptitude à lire, analyser et interpréter un texte (le texte donné à commenter et l'œuvre sur laquelle porte la dissertation) ;
– une sensibilité esthétique, une finesse d'analyse ;
– l'aptitude à mobiliser une culture littéraire (auteurs, mouvements, procédés…) ;
– la capacité à présenter et développer une réflexion argumentée et structurée.

Pour éviter les risques liés aux manipulations des lots de copies, celles-ci sont dématérialisées à la suite des épreuves et le correcteur travaille chez lui sur son écran, ce qui rend encore plus importante la clarté de la mise en page.

L'épreuve orale

Organisation

- L'épreuve orale dure **20 minutes** ; elle est précédée d'un temps de **préparation de 30 minutes** ; elle est notée sur **20 points**.

Cette épreuve comprend deux grandes parties : un **exposé** (12 minutes) durant lequel l'examinateur n'intervient pas puis un **entretien** (8 minutes).

Accueil du candidat, « descriptif des activités » et préparation

• Le candidat arrive en salle d'examen muni d'un **« descriptif des activités »**. L'examinateur possède ce même descriptif, remis en amont par l'enseignant de français.
• Ce descriptif rend compte du travail qui a été mené avec la classe pendant l'année : il récapitule les œuvres et textes étudiés. Il est également composé d'une partie individuelle dans laquelle le candidat a indiqué l'œuvre qu'il a retenue parmi toutes les lectures obligatoires proposées par son professeur. Cette œuvre fera l'objet de la seconde partie de l'épreuve.
• Pour la **1re partie de l'épreuve, l'examinateur indique au candidat le texte sur lequel il va être interrogé**. Ce texte est toujours choisi parmi ceux mentionnés sur le descriptif comme ayant fait l'objet d'une étude linéaire détaillée. Il formule également la question de grammaire. Les limites du texte et la question de grammaire sont notées sur un bordereau qui est remis au candidat et dont il dispose durant son temps de préparation.
La méthode et les conseils relatifs à l'épreuve orale sont donnés pages 264-266.

1re partie : exposé sur un des textes du descriptif

• Cette première partie dure 12 minutes et est notée sur 12 points. Elle comprend trois étapes :
– lecture de l'extrait à voix haute (2 points) ;
– explication linéaire du texte ou d'un passage d'une vingtaine de lignes (un peu plus pour le théâtre si nécessaire) sélectionné par l'examinateur (8 points) ;
– réponse à une question de grammaire qui s'appuie sur un passage extrait du texte à expliquer (2 points).
• **Sur quel texte peut porter l'explication linéaire ?**
Pour chaque objet d'étude, le candidat a étudié de façon détaillée au minimum quatre textes :
– deux extraits au moins de l'œuvre au programme ;
– un ou deux textes au moins en lien avec le parcours associé.
Le descriptif compte au moins seize textes qui devront être étudiés de près pour la première partie de l'épreuve.

2nde partie : présentation de l'œuvre choisie et entretien

• Cette partie de l'épreuve dure 8 minutes et est notée sur 8 points. Elle comprend deux étapes :
– la présentation de l'œuvre retenue par le candidat et l'explication argumentée de ce choix ;
– l'entretien au cours duquel le candidat doit répondre aux questions de l'examinateur, afin d'expliquer, de justifier et de défendre ses choix.
• **La présentation de l'œuvre n'est que le point de départ de l'entretien et c'est essentiellement ce dernier qui est évalué.**

S'organiser tout au long de l'année et le jour J

Pour réussir l'écrit et l'oral de français, il est essentiel de bien savoir s'organiser, le jour J mais aussi au fil de l'année.

Utiliser efficacement les annales corrigées

L'acquisition de méthodes

• Vous trouverez des **conseils méthodologiques** relatifs au commentaire page 14, à la dissertation page 126 et à l'oral page 264. À la fin de l'ouvrage, les fiches 1 à 13 vous donnent des conseils pour le commentaire et les fiches 14 à 28 pour la dissertation.

• Les **travaux préparatoires** qui précèdent chaque corrigé vous montrent comment procéder.

Certains corrigés rédigés, commentaires et dissertations sont annotés en marge sont annotés en marge afin d'éclairer la progression et la rédaction d'un devoir. Pour les autres corrigés, des indications en bleu au fil du corrigé guideront votre lecture.

• Mémorisez les conseils méthodologiques et, en lisant les corrigés, observez comment les devoirs sont construits et rédigés : **notez les expressions que vous pourrez à votre tour utiliser**. Regardez comment se présente l'explication linéaire d'un texte (pages 268 à 283) que vous avez rencontré en classe.

L'acquisition de connaissances

• Vous trouverez une **présentation synthétique des œuvres** au programme pages 332-343.

• Les fiches 29 à 75 récapitulent les **notions à connaître** : techniques propres aux différents genres, procédés littéraires, grammaire.

• Les dissertations vous permettent de mieux comprendre les œuvres et les parcours étudiés. Elles sont illustrées par de **nombreux exemples** pour enrichir votre culture. Notez-les pour en disposer ensuite.

• Revoyez les notions que vous ne maîtrisez pas encore bien ; consultez le **lexique** (p. 344) pour mémoriser de nouveaux mots.

• Revoyez dans un manuel les caractéristiques des principaux mouvements littéraires abordés dans le cadre des quatre objets d'étude.

Travailler tout au long de l'année

La connaissance des œuvres et des parcours (dissertation et oral)

• **Mémorisez les textes** (quatre au moins par objet d'étude) que vous avez étudiés en détail. Sélectionnez des **citations significatives** (Fiche 26) : elles illustreront vos dissertations.
• Complétez vos connaissances par des **recherches** : biographie de l'auteur, mouvement littéraire, contexte historique. Les nombreux exemples proposés dans les dissertations vous ouvrent des pistes.
• **Choisissez l'œuvre** que vous allez présenter dans la **deuxième partie de l'épreuve orale** et assurez-vous de bien la connaître : auteur, contexte, intrigue, personnages, enjeux…

La maîtrise des notions littéraires et grammaticales

Revoyez les notions qui vous seront utiles pour le commentaire, pour l'explication linéaire et pour la question de grammaire.

La maîtrise des méthodes

• Revoyez et appliquez les conseils méthodologiques, ceux de votre professeur et ceux de cet ouvrage.
• **Relisez vos copies corrigées** et voyez dans quelle direction progresser.
• Rédigez à nouveau certains passages de vos devoirs en tenant compte des observations de votre professeur.

Remarques sur les copies	Conseils pour progresser
« Le sujet est mal compris. »	Lire attentivement la consigne et en peser chacun des termes ; reformuler la consigne à la 1re personne du singulier pour mieux se l'approprier.
« Le texte est mal compris. »	Lire attentivement le texte sans se perdre dans les détails. Se demander ce que l'auteur a voulu dire et dans quel but.
« Le devoir manque de rigueur. »	Bâtir un plan clair et solide au brouillon : 1A, 1B, 1C ; 2A, 2B…
« Le plan d'ensemble ne convient pas. »	S'il s'agit d'un commentaire, définir clairement les intentions de l'auteur et revoir les principes de composition d'un plan (voir p. 15). S'il s'agit de la dissertation, lire attentivement la consigne et déduire le plan de la consigne elle-même (voir p. 127).

Remarques sur les copies	Conseils pour progresser
Le devoir est superficiel ; l'analyse ou/et la réflexion ne sont pas assez approfondies.	Creuser chacun des arguments ou chacune des pistes : quelles causes, quelles implications, par quels procédés... ?
La rédaction est négligée, confuse, incorrecte.	Écrire des phrases courtes. Surveiller l'orthographe. Relire. S'entraîner dans l'année en rédigeant régulièrement des petits paragraphes.

L'entraînement à l'écrit

Rédigez régulièrement des paragraphes en soignant l'orthographe et la syntaxe. Si les règles orthographiques sont un souci, revoyez-les en commençant par les plus fréquentes : homophones *(a/à, ce/se...)* et règles courantes *(é/er)*, etc.

L'entraînement à l'oral

- **Lisez à voix haute** chacun des textes figurant sur votre descriptif car la lecture à l'examen est notée sur deux points.
- Entraînez-vous régulièrement : seul ou à plusieurs, préparez en une demi-heure une explication linéaire puis présentez-la.

Être prêt(e) le jour J

- **Qu'il s'agisse de l'écrit ou de l'oral,** prévoyez bien l'organisation matérielle : une montre qui ne soit pas votre téléphone, la trousse, la convocation et la pièce d'identité en cours de validité, le transport jusqu'au centre d'examen.
Prévoyez aussi de quoi boire et grignoter durant les 4 heures de l'écrit.
- **Pour l'oral,** présentez les documents répertoriés sur le descriptif dans deux porte-revues : l'un pour vous et l'autre pour l'examinateur. Apportez les œuvres intégrales étudiées ainsi que celle retenue pour l'entretien.
- Ne négligez pas non plus votre tenue : anticipez son choix en fonction de la température prévue, et optez pour un vêtement confortable et neutre, adapté à la présentation d'un examen.
- Enfin, prévoyez assez de temps pour votre trajet jusqu'au centre d'examen et pour trouver la salle où se déroule l'épreuve dans un lycée que vous ne connaissez peut-être pas. Évitez toute source de stress inutile !

Le commentaire

Le commentaire

Le commentaire littéraire **éclaire les significations d'un texte et les émotions qu'il suscite** chez le lecteur ou le spectateur. Il porte sur un extrait se référant à un des quatre parcours au programme.

Choisir le commentaire

Pour choisir le commentaire, il est nécessaire de **maîtriser la technique de l'exercice** et d'**avoir bien compris le texte**. Si le sens d'un mot vous échappe, vérifiez que le contexte vous permet de le comprendre sans risquer un grave contresens. Le fait de ne pas connaître l'auteur ne doit pas vous arrêter, car on n'attend pas de votre part un devoir érudit. Il est toutefois nécessaire de connaître le parcours au programme.

Les objectifs du commentaire

Le commentaire n'a pas pour finalité de mettre en lumière un sens caché mais de montrer comment l'auteur a su toucher son lecteur. Il s'agit de dégager objectivement ce que le texte dit au lecteur/spectateur, ce que ce dernier éprouve, et de montrer les procédés littéraires (genre, tonalité, style...) employés à cette fin.

La lecture du texte

Une lecture personnelle

Posez-vous les questions suivantes : « De quoi traite le texte ? Quelles sont les intentions de l'auteur ? Quelles sont les émotions (rire, indignation, compassion...) ressenties ? » Notez vos premières impressions : elles constituent, le plus souvent, l'armature de votre commentaire.

Une lecture renseignée

- Après cette première lecture du texte, faites appel à vos connaissances. Notez les informations mémorisées à l'occasion de l'étude du parcours au programme et qui vous semblent utiles ici.
- Si vous avez des connaissances relatives à l'auteur et à son œuvre, confrontez-les prudemment avec le texte. En effet, il est dangereux de plaquer un savoir sans discernement : les auteurs n'écrivent pas toujours le même texte !

Rédiger son commentaire

Le plan

Qu'est ce qu'un bon plan ?

Le plan doit être **cohérent** et aborder les différents enjeux du texte de façon progressive. **Commençant par les perspectives les moins importantes,** il met en avant, dans la dernière partie, l'enjeu principal de l'extrait. Chaque partie s'apparente à une définition du texte et aucune d'elles ne se réduit à un constat quant à la forme (genre, tonalité, procédés de style).

> **Conseils**
>
> S'il est souvent préférable de bâtir un **plan de dissertation en trois parties**, un **plan de commentaire en deux parties** bien équilibrées est certainement plus efficace qu'une progression en trois axes tirés par les cheveux.

Comment construire le plan ?

Deux méthodes sont généralement proposées, et sans doute la démarche la plus efficace se situe-t-elle à mi-chemin :

Méthode 1 : Notez, au fur et à mesure de la lecture linéaire, tout ce que l'on peut observer. Opérez des regroupements pour dégager les lignes maîtresses du plan.

Méthode 2 : Partez de vos impressions de lecture (personnelle et renseignée) pour bâtir les grandes lignes du plan. Cherchez dans le texte ce qui permet de développer telle ou telle perspective.

L'introduction

L'introduction comprend **trois étapes incontournables** qui doivent se différencier clairement tout en s'enchaînant avec souplesse. L'usage est de proposer une introduction formée d'un seul paragraphe mais il est aussi possible, par souci de clarté, de détacher l'annonce du plan. Suivez les conseils de votre professeur.

Étape 1 **Introduisez le texte en le plaçant dans un contexte plus large** : une situation historique, un mouvement littéraire, un genre… Pensez au parcours étudié. Le titre de l'œuvre (que vous devez souligner) d'où est tiré le texte, ainsi que le nom de l'auteur et la date doivent être rappelés.

Étape 2 **Présentez le texte et ses enjeux :** son genre, sa tonalité, son thème, ce qui s'y passe, les intentions de l'auteur...
Cette étape ne doit pas se réduire à un simple résumé du passage, car on attend que soit exposée la problématique de votre étude : « Comment la fiction est-elle au service de l'argumentation ? » « Comment le poète renouvelle-t-il la forme traditionnelle du sonnet ? Etc. »

Étape 3 **Annoncez le plan** d'une façon à la fois claire et souple.

Conseils

- Évitez les banalités sur le genre de l'œuvre.
- Ne commencez pas votre introduction par **« Ce texte... »**, car le déterminant démonstratif ne renvoie à rien qui précède.
- Évitez tout jugement de valeur : **« Ce texte est bien écrit... »**
- Dans l'annonce du plan, préférez la 1re personne du pluriel à la 1re personne du singulier et ne parlez pas de « partie », mais dites plutôt : **« Tout d'abord », « Dans un premier temps »**...

La conclusion

La conclusion comprend **deux étapes** qui peuvent être réunies ou scindées en deux paragraphes. Suivez les conseils de votre professeur.

Étape 1 **Dressez un bilan** de ce qui a été analysé sans entrer dans les détails ni apporter de nouvelles perspectives. Il est possible de s'appuyer, à ce moment-là, sur une expression-clé du passage ou sur le titre.

Étape 2 **Ouverture littéraire.** Il s'agit de situer le texte dans une perspective plus large (genre, mouvement littéraire, auteur...). Rapprocher le passage étudié d'un autre texte rencontré à l'occasion de l'étude du parcours est une bonne idée, à condition, bien entendu, qu'ils présentent de réels points communs.

Conseils

- Le bilan ne doit pas se réduire à un résumé.
- L'ouverture s'appuie sur des connaissances extérieures pertinentes : on évitera toute inexactitude.

SUJET 1

4 heures

Objet d'étude : La poésie du XIXe siècle au XXIe siècle

Vous ferez le commentaire de « Melancholia » de Paul Verlaine.

Paul Verlaine, « Melancholia », *Poèmes saturniens*, 1866.

Après trois ans

Ayant poussé la porte étroite qui chancelle,
Je me suis promené dans le petit jardin
Qu'éclairait doucement le soleil du matin,
Pailletant chaque fleur d'une humide étincelle.

Rien n'a changé. J'ai tout revu : l'humble tonnelle
De vigne folle avec les chaises de rotin...
Le jet d'eau fait toujours son murmure argentin
Et le vieux tremble[1] sa plainte sempiternelle.

Les roses comme avant palpitent ; comme avant,
Les grands lys orgueilleux se balancent au vent.
Chaque alouette qui va et vient m'est connue.

Même j'ai retrouvé debout la Velléda[2]
Dont le plâtre s'écaille au bout de l'avenue,
– Grêle, parmi l'odeur fade du réséda.

---

1. Le tremble est une variété d'arbre.
2. La Velléda désigne la statue d'une déesse et prophétesse germaine du Ier siècle.

Travail préparatoire

Fiches p. 285
3 5 6 29 39

Les outils d'analyse

Un sonnet*

Le poème est un sonnet et il est indispensable de connaître le vocabulaire qui s'y rapporte. Plutôt que de parler de strophes, employez les mots « quatrain* » et « tercet* ». Notez que Verlaine a recours à une forme conventionnelle, introduite en France à la Renaissance et demandez-vous comment il renouvelle une écriture poétique traditionnelle.

La brièveté du texte à commenter vous oblige à une étude de détails et il vous faudra manier avec exactitude le vocabulaire de la versification.

La tonalité élégiaque*

Héritier des romantiques, Verlaine exprime à la première personne sa mélancolie. Vous repérerez facilement les procédés de cette tonalité élégiaque (Fiche 29) que vous avez déjà étudiée en classe de seconde ou cette année.

Entre tradition et modernité

L'alexandrin (Fiche 39), tel que du Bellay (XVIe siècle) ou Racine (XVIIe siècle) le manient, est partagé en deux parties égales. Ce rythme binaire crée un balancement de part et d'autre de la césure. Les vers 3, 4, 7, 10, 11 et 13 suivent ce modèle traditionnel.

Mais, ailleurs, la césure* est étouffée, la tradition mise à mal. D'autres coupes dominent, comme aux vers 5 et 9 par exemple. Dans ces deux cas, les constructions inaugurées par « l'humble tonnelle » et « comme avant » se poursuivent au vers suivant ; l'enjambement* malmène l'alexandrin.

Bien sûr, il ne suffira pas de repérer ces procédés ; il vous faudra les commenter, étudier cette musicalité particulière du texte en lien avec l'émotion exprimée. C'est l'une des règles fondamentales du commentaire : la forme et le fond ne sont pas dissociables.

Les connaissances acquises cette année

Vous retrouvez dans le poème de Verlaine la tonalité élégiaque et l'évocation des souvenirs que vous avez peut-être étudiées dans

Les Contemplations. Attention à ne pas rapprocher la section à laquelle appartient le sonnet de Verlaine de « Melancholia » de Victor Hugo, long poème pathétique dénonçant le travail des enfants. Si vous avez travaillé sur *Les Fleurs du Mal* ou sur *Alcools*, l'expression de la mélancolie vous est également familière.

La méthode

Une lecture attentive et sensible (Fiche 3)

Lisez attentivement et plusieurs fois le poème pour vous en imprégner. Demandez-vous ce que vous ressentez. Le poète écrit un sonnet chargé d'émotions et votre commentaire sera meilleur s'il manifeste une sensibilité au texte.

Attention toutefois : le commentaire reste un exercice qui suppose la maîtrise d'une technique et d'outils d'analyse ; un devoir simplement lyrique exprimant des émotions personnelles ne saurait remplacer un devoir construit et réfléchi.

L'élaboration du plan (Fiche 5)

En prenant en compte votre compréhension du poème (un jardin, des souvenirs, une tonalité élégiaque) et vos impressions de lecture, notez au brouillon les observations majeures que vous pourrez développer. Proposez des définitions du texte : « Ce poème, c'est… » Votre plan peut compter deux ou trois parties (Fiche 6).

Bien entendu, le développement est précédé d'une introduction qui présente le texte et l'analyse ; il est suivi d'une conclusion qui met en avant l'essentiel de ce qui a été dégagé avant de proposer une ouverture.

Le plan

I. L'évocation d'un jardin… (Ce poème, c'est l'évocation d'un jardin.)
II. … devient le miroir de la mélancolie du poète… (Ce poème, c'est l'expression de la mélancolie du poète.)
III. … grâce à la vibration d'une chanson qui rassemble. (Ce poème, c'est un « va et vient » qui rassemble des éléments habituellement dissociés.)

Rédiger ainsi le projet des axes en une phrase unique garantit la cohérence du commentaire.

→ *Corrigé : devoir rédigé p. 20.*

Corrigé : devoir rédigé

*Les **textes en bleu** apparaissant dans ce corrigé, titres, textes en marge et conseils entre crochets, ne doivent pas figurer dans votre devoir. Nous les avons insérés pour vous guider et vous aider à repérer la progression du commentaire.*

Les conseils du professeur

Introduction

« De la musique avant toute chose », écrit Paul Verlaine dans l'« Art Poétique » qu'il publie dans *Jadis et naguère* en 1884. Mais on n'attend pas ce manifeste pour entendre dans les vers de celui qui sera désigné comme le « Prince des poètes », une « chanson grise / Où l'Indécis au Précis se joint ». En effet, dès 1866, dans le premier recueil du poète, la romance se place sous le signe de Saturne, l'astre des mélancoliques. « Après trois ans » est le troisième poème de la première section du recueil – d'ailleurs intitulée *Melancholia* – qui compte également des poèmes connus comme « Nevermore » ou « Mon rêve familier ». Sans doute imprégné des souvenirs d'un amour impossible pour Élisa, une cousine alors mariée, le sonnet « Après trois ans » évoque une promenade mélancolique dans un « petit jardin » où « Rien n'a changé ». La peinture du lieu autrefois fréquenté est prétexte à l'expression élégiaque des sentiments et à une réflexion sur le temps qui passe. Nous verrons donc comment l'évocation du jardin devient le miroir de la mélancolie du poète grâce à un poème dont le « va et vient » murmure une chanson unificatrice.

Situez le texte dans son contexte.

Présentez le thème du texte.

Problématisez le commentaire et annoncez le plan de façon souple.

Premier axe.

Deuxième axe.

Troisième axe.

Sautez deux lignes après l'introduction.

I. L'évocation d'un jardin...

Dans ce sonnet*, Verlaine reprend le thème du jardin, espace naturel marqué par la main de l'homme. La particularité de ce lieu réside ici dans son humilité, dans sa fadeur.

Introduisez brièvement le premier axe.

A. Le jardin : un espace naturel

Par définition, le jardin est un espace naturel domestiqué par l'homme et c'est bien ainsi que nous apparaît le lieu qui se déploie derrière « la porte étroite qui chancelle ». La nature est en effet présente sous ses différentes formes. Le soleil et le vent sont au rendez-vous et l'eau est là sous la forme d'« une humide étincelle » ou du « jet d'eau ». Les végétaux occupent une place essentielle. L'expression générique* « chaque fleur » est par la suite précisée comme si le jardin se déployait sous le regard du promeneur ; le singulier fait place au pluriel des « roses » qui « palpitent » et des « grands lys » qui « se balancent ». Le sonnet se termine avec une dernière fleur, le réséda. Les arbres sont représentés également avec le « vieux tremble », et la « vigne folle » figure les plantes grimpantes. Le règne animal est évoqué au vers 11 ; le mot « alouette » est au singulier mais le déterminant indéfini « chaque » ainsi que le « va et vient » nous donnent l'impression que les oiseaux savent occuper leur espace aérien. Cette nature semble libre : les oiseaux vont et viennent et la vigne est « folle ».

Les citations doivent être soigneusement insérées. L'expression tirée du texte trouve sa place dans la syntaxe de la phrase du commentaire.

La terminologie grammaticale permet d'introduire un mot cité.

B. Le jardin : un espace domestiqué par l'homme

Cependant, cet espace naturel, apparemment libre, est délimité, dès le premier vers, par une clôture qui nécessite la présence d'une porte dont l'étroitesse même souligne l'importance. Monde fermé, le jardin est quadrillé par des allées ; l'homme impose ses clôtures, ses lignes droites (« au bout de l'avenue ») à une nature presque débridée (« se balancent »), voire « folle ». Et la folie de la vigne ne viendra pas à bout de la « tonnelle » et des « chaises de rotin ». C'est bien l'homme qui a le dernier mot. De même, si l'« humide étincelle », c'est-à-dire la rosée du matin, est naturelle, le « jet d'eau » lui, beaucoup plus grand, est une création humaine. La présence des roses et des lys révèle aussi le travail d'un jardinier et peut-être lit-on dans le verbe « palpitent » qui personnifie la fleur et dans l'adjectif « orgueilleux » cette signature de l'homme. C'était déjà le cas avec le

Marquez un alinéa au début de chaque paragraphe.

Les parenthèses peuvent occasionnellement servir pour insérer une citation mais il ne faut pas en abuser.

« murmure » du jet d'eau et la « plainte sempiternelle » du tremble. En tout cas, dans les derniers vers, la statue est clairement la signature de l'homme.

C. Une esthétique de la fadeur

C'est probablement dans cette fadeur du réséda que réside la spécificité du jardin de Verlaine. Jean-Pierre Richard a d'ailleurs écrit dans *Poésie et profondeur* un article consacré à cette esthétique de la fadeur (« Fadeur de Verlaine ») particulièrement sensible ici. Tout en effet est mis en place dans le poème pour atténuer, estomper la réalité. Dans le premier quatrain, la porte est « étroite » et le jardin « petit » ; la goutte de rosée se réduit à une paillette (« pailletant »), à une « humide étincelle » et la promenade a lieu le matin afin que le soleil n'éclaire que « doucement » le paysage. Par la suite, les chaises comme la tonnelle sont modestes car le rotin est un matériau « humble ». Les bruits, quant à eux, se réduisent à un « murmure » ou à une « plainte ». Et, après la statue « grêle », « l'odeur fade du réséda » pose à la fin du poème le point d'orgue de cette esthétique qui sera explicitée dans l'*Art poétique* avec la « chanson grise » : « la nuance seule fiance / le rêve au rêve et la flûte au cor ».

Les citations brèves montrent que le commentaire se nourrit du texte.

Ainsi le « petit jardin » grêle et fade de Verlaine est un « murmure » ou « une plainte » propre à exprimer la tristesse du poète.

Conclusion du premier axe et transition vers le deuxième.

On saute deux lignes entre les axes.

II. ...devient le miroir de la mélancolie du poète...

La promenade dans le jardin se double d'un voyage dans le temps : le sonnet exprime toute l'émotion du poète « après trois ans ».

Introduisez brièvement le deuxième axe.

A. Une promenade dans le jardin...

Le deuxième vers donne au texte une dimension narrative : « Je me suis promené dans le petit jardin ». Le thème de la promenade est déroulé de façon

Les deux-points servent aussi à introduire une citation

chronologique. D'abord, la porte que l'on pousse inaugure en même temps le sonnet composé par le « je » auteur et la promenade du « je » personnage. La vision globale du « petit jardin » reprise par le pronom relatif « qu'» (« Qu'éclairait doucement le soleil du matin »), puis par le pronom indéfini « tout » au vers 5 est ensuite détaillée : la « tonnelle », le « jet d'eau », le « vieux tremble », les « roses »... On a l'impression de percevoir le déplacement du poète qui, après avoir embrassé du regard l'ensemble du jardin, chemine pour en découvrir les différents aspects. Dans le dernier tercet*, le lecteur devine la présence du poète qui se tient à l'autre « bout de l'avenue » où se dresse la statue.

La terminologie grammaticale doit être exacte.

B. ... qui est aussi promenade dans le temps...

Cette promenade dans le jardin est aussi une promenade dans le passé comme le suggèrent le titre et la deuxième strophe : « Rien n'a changé. J'ai tout revu ». Et le verbe « retrouvé », dans le second tercet, reprend le préfixe « re » qui marque la répétition. Sur le même mode de la reprise, l'indication de temps « comme avant » exprime deux fois ce voyage dans le passé. En se promenant dans le jardin qu'il fréquentait régulièrement autrefois (« Chaque alouette qui va et vient m'est connue »), le poète retrouve ses souvenirs. Mais ce retour au passé est source de mélancolie.

La première phrase présente ce qui va être développé dans le paragraphe.

C. ... et une confidence mélancolique

On est touché par la « plainte » du poème et le « petit jardin » contribue à créer une sensation d'intimité. Le lecteur doit prêter l'oreille à un sonnet qui « murmure » des confidences. Le jeu du passé composé et du présent, l'ellipse* du mot « statue » quand il est question de la Velléda donnent un ton familier au poème. La répétition de « comme avant » relève de la plainte et les enjambements* (vers 5 et 6, 9 et 10) atténuent la rigidité de l'alexandrin. Le lecteur devine que cette confidence élégiaque est liée à un amour déçu ; le jardin romantique* suggère la conversation amoureuse, et sans doute Verlaine et sa cousine Élisa se sont-ils assis sur « les chaises de rotin » sous l'« humble tonnelle ». Verlaine reprend la rose, symbole courtois* de la femme et l'associe au cœur qui palpite ; il évoque aussi les « grands lys orgueilleux » qui symbolisent la pureté, voire l'interdit. Le sonnet se clôt sur l'évocation d'une statue romantique qui suggère la déception amoureuse ; en effet, Velléda, dans *Les Martyrs* (1809) de Chateaubriand est une prêtresse germanique qui se suicide après avoir été repoussée par l'homme qu'elle aimait.

L'évocation de la statue, comme celle du « petit jardin » lui-même, est propice à un épanchement mélancolique qui empreinte sa force à la chanson.

Conclusion du deuxième axe et transition vers le troisième.

III ... grâce à la vibration d'une chanson unificatrice

« Après trois ans » est, en effet, une chanson qui, tout en exprimant la plainte du poète, tente de redonner une unité au monde.

Introduisez brièvement le troisième axe.

A. La chanson

En 1866, Verlaine n'a pas encore défini la poésie comme apparentée à la musique ; il n'en demeure pas moins que des poèmes comme « Mon rêve familier » ou « Après trois ans » sont de véritables chansons. Sans introduire encore le vers impair « plus vague et plus soluble dans l'air » *(Art poétique)*, Verlaine renouvelle le rythme traditionnel en étouffant les contours nets de l'alexandrin. Les enjambements donnent toute sa souplesse au poème et la césure*, si elle est respectée dans certains vers, comme les vers 3 à 5, est étouffée dans d'autres. Le premier vers donne le ton en demandant une liaison entre « porte » et « étroite ». « Rien n'a changé. J'ai tout revu : l'humble tonnelle » : le rythme, ici, devient ternaire. Aux vers 9 et 14, la ponctuation détache des éléments qui ne correspondent pas à un hémistiche*. La cadence souple est délicatement marquée par les allitérations* en [p] (« poussé », « porte », « promené ») dans le premier quatrain, en [t] (« tout », « tonnelle »,

Les références extérieures sont les bienvenues quand elles sont réduites et appropriées.

« rotin ») dans la seconde strophe et en [v] (« avant », « vent », « va et vient », « Velléda ») dans les deux tercets unis par la rime.

Le commentaire s'appuie sur l'analyse des procédés repérés.

B. L'unité

De même que le jardin est le lieu privilégié d'une réconciliation entre l'homme et la nature, la chanson souple du sonnet permet de rapprocher les différentes sensations. Dans le premier quatrain, c'est la vue qui est sollicitée : « éclairait », « pailletant », « étincelle » ; elle domine dans le texte comme l'indique le verbe « revu ». Mais les fleurs, roses, lys ou réséda, séduisent autant l'odorat que la vue. L'ouïe n'est pas absente : on entend le « murmure argentin » du jet d'eau et la « plainte sempiternelle » du tremble dans le vent. Au-delà de cette cohabitation somme toute ordinaire lorsqu'il est question de jardin, se dessine un lien plus étroit encore. En effet l'« humide étincelle » semble destinée à émouvoir le toucher comme la vue, et le « murmure argentin » suggère aussi une couleur. Quant à la fadeur du réséda, ne s'agit-il pas aussi du goût ?

L'analyse est présentée puis développée.

On observe le même curieux rapprochement du côté du temps, à la fois temps arrêté et temps qui fuit. En effet, on relève tout un champ lexical de la permanence : « toujours », « sempiternelle », « comme avant » répété, « m'est connue », « retrouvé ». Sans que cela nous semble contradictoire, ce réseau côtoie des termes qui, eux, expriment le passage du temps : « le soleil du matin », « le vieux tremble ». Le temps fuit et détruit : le poète se retrouve seul « après trois ans », la porte « chancelle » et « le plâtre s'écaille ».

Une sous-partie (ici, le B.) peut comporter deux paragraphes.

C. L'esthétique de la vibration

Si les sens s'associent et si le temps peut se montrer à la fois fuyant et arrêté, c'est grâce au rythme particulier d'un sonnet qui ne cesse de tisser des liens, d'aller et venir, comme les alouettes du vers 11, d'un point à un autre. Cette vibration, ce mouvement de « va et vient » domine en effet dans le texte : les roses palpitent, les

La première phrase s'appuie sur le paragraphe précédent pour assurer la transition.

« lys orgueilleux » se balancent et peut-être faut-il évoquer également la paillette et l'étincelle, le mouvement hésitant de la porte qui « chancelle », voire la polysémie* du mot « tremble ». Ajoutons à cela les sonorités qui se répètent et « comme avant palpitent ; comme avant ». Les vibrations conjuguées du jardin et de la chanson unissent les sensations, le présent et le passé, la nature et l'homme, Verlaine et son lecteur…

Sautez deux lignes avant la conclusion.

Conclusion

Bilan de ce qui a été analysé.

Dans « Après trois ans », le jardin évoque moins la rencontre de l'homme et de la nature, – qui est le fait de tout jardin – que la modestie, la simplicité, « l'odeur fade du réséda ». Mais ce sonnet élégiaque est avant tout le récit d'une promenade mélancolique dans des lieux sans doute attachés à un amour désormais perdu. La palpitation du jardin où « Rien n'a changé » est aussi celle du poète, celle d'un sonnet devenu chanson pour mieux suggérer l'émotion, celle d'un lecteur sensible à qui le poète se confie. N'est-ce pas d'ailleurs là l'essentiel de la poésie « éparse au vent crispé du matin » *(Art poétique)* ?

Dans la conclusion, introduisez une ouverture. Ici une réflexion sur la poésie et une citation.

SUJET 2

BAC 2021
France métropolitaine

Objet d'étude : La poésie du XIXe siècle au XXIe siècle

Commentaire

Vous commenterez le texte suivant :

Valéry Larbaud, *Les Poésies de A.O. Barnabooth*, 1913.

Poète et voyageur du début du XXe siècle Valéry Larbaud (1881-1957) invente le personnage d'Archibald Olson Barnabooth qui partage avec lui le goût des voyages. Larbaud se présente seulement comme l'éditeur de cet original Américain cosmopolite.

L'ancienne gare de Cahors

Voyageuse ! ô cosmopolite[1] ! à présent
Désaffectée, rangée, retirée des affaires.
Un peu en retrait de la voie,
Vieille et rose au milieu des miracles du matin,
Avec ta marquise[2] inutile
Tu étends au soleil des collines ton quai vide
(Ce quai qu'autrefois balayait
La robe d'air tourbillonnant des grands express)
Ton quai silencieux au bord d'une prairie,
Avec les portes toujours fermées de tes salles d'attente,
Dont la chaleur de l'été craquèle les volets...
Ô gare qui as vu tant d'adieux,
Tant de départs et tant de retours,
Gare, ô double porte ouverte sur l'immensité charmante
De la Terre, où quelque part doit se trouver la joie de Dieu
Comme une chose inattendue, éblouissante ;
Désormais tu reposes et tu goûtes les saisons
Qui reviennent portant la brise ou le soleil, et tes pierres
Connaissent l'éclair froid des lézards ; et le chatouillement
Des doigts légers du vent dans l'herbe où sont les rails
Rouges et rugueux de rouille,
Est ton seul visiteur.

L'ébranlement des trains ne te caresse plus :
Ils passent loin de toi sans s'arrêter sur ta pelouse,
Et te laissent à ta paix bucolique[3], ô gare enfin tranquille
Au cœur frais de la France.

1. Personne qui voyage à travers le monde sans se fixer, par goût ou par nécessité.
2. Auvent vitré placé au-dessus de la porte d'entrée, du perron d'un bâtiment, ou au-dessus d'un quai de gare, et qui sert d'abri.
3. Qui a rapport avec la campagne, la vie simple et paisible des gardiens de troupeaux.

Travail préparatoire

Fiches p. 285
1 5 8 29
31 à 43 71

La lecture du texte

Le paratexte (Fiche 1)

Le recueil *Les Poésies de A.O Barnabooth* est publié en 1908.
Valéry Larbaud imagine un dandy voyageur et amateur de poésie, son double, qui traverse l'Europe aisément en train, en bateau. Il se présente, nous précise le paratexte, comme l'éditeur de cet Américain cosmopolite. Le nom anglo-saxon et le prénom d'origine germanique contribuent à élargir l'univers du poète imaginé par l'auteur.
Demandez-vous en quoi ces informations peuvent éclairer votre lecture du texte. À l'inverse du titre qui suggère un ancrage terrien puisque la gare ne permet plus les voyages, le premier vers (« Voyageuse », « cosmopolite ») résonne de l'élan annoncé dans le paratexte.

La versification

Ce poème en vers libres s'affranchit des contraintes de la versification traditionnelle, les rimes, la métrique régulière sans renier pour autant les rythmes traditionnels. Vous noterez un certain nombre d'alexandrins, tels les vers 2, 8, 11, 20, 23. L'hexasyllabe* se fait souvent entendre, notamment en conclusion et l'on peut être tenté d'entendre la délicatesse d'une diérèse* au vers 9 (silenci-eux).
La modernité de Larbaud, faite d'échos et d'innovations, rejoint celle d'Apollinaire qui, dans *Alcools* (1913), renouvellera la forme

versifiée. Si la ponctuation demeure, le rythme irrégulier des vers avec rejet (vers 15), contre-rejet (vers 20) et enjambements (vers 7-8, 20-21…), le jeu des sonorités permettent au lecteur d'apprécier l'émotion du poète.
Pour commenter un poème, il est indispensable de maîtriser le vocabulaire des figures de style (Fiches 31 à 38) et des procédés de versification (Fiches 39 à 43). Pensez aussi à regarder la place des mots dans le vers, certains au début et à la fin, se faisant écho.

Les outils d'analyse

Définissez les différentes tonalités du texte (Fiche 29). Votre analyse doit se nourrir de l'étude des procédés employés par l'auteur.
Intéressez-vous tout particulièrement aux indices d'énonciation (Fiche 71) et aux temps verbaux, aux champs lexicaux (Fiche 8), aux anaphores* et personnifications, autant de procédés porteurs de sens.

La méthode

Le repérage (Fiches 2, 3 et 4)

Votre première définition du texte sera fondée sur les impressions ressenties, les observations effectuées. Vous étudierez la progression du poème et serez sensible au contraste des temps. Les adverbes et locutions temporelles vous guideront : « à présent », « autrefois », « désormais » opposent le présent au passé de la gare. Mais quel présent ? L'adverbe « désormais » semble s'ouvrir sur l'avenir ou proposer un présent éternel.

La problématique et l'élaboration du plan (Fiches 5 et 6)

L'élaboration du plan repose sur une problématique. On pourrait se demander ici comment l'image de cette gare désaffectée est sublimée par le poète.
L'étude de l'évolution des tonalités, pathétique, élégiaque* et lyrique*, permettra la progression du plan.

Le plan

I. Un tableau pathétique : la gare aujourd'hui
II. Une célébration nostalgique : la gare autrefois
III. L'optimisme final : l'harmonie retrouvée

Corrigé : devoir rédigé

Les textes en bleu apparaissant dans ce corrigé, titres, textes en marge et conseils entre crochets, ne doivent pas figurer dans votre devoir. Nous les avons insérés pour vous guider et vous aider à repérer les parties du commentaire.

Les conseils du professeur

Introduction

Poète voyageur, Valéry Larbaud a sillonné l'Europe en train, en bateau. Marqué par l'Esprit Nouveau, il se dit citoyen du monde. Son double imaginaire A.O. Barnabooth auquel il attribue ses poèmes est lui aussi épris d'aventure et de cosmopolitisme. Le poème « L'ancienne gare de Cahors » extrait des *Poésies de A.O. Barnabooth*, recueil publié en 1908, renvoie à un séjour plus modeste dans le Sud-Ouest où l'on retrouve l'extase lyrique du voyageur. Le poète, en effet, n'en reste pas à la vision d'une gare désaffectée, il la sublime par une sorte de glorification cosmique. Comment s'opère cette transfiguration ?

L'esprit Nouveau est un mouvement poétique qui doit son nom à Apollinaire et se caractérise par une modernité lyrique*.

Ouverture sur le contexte.

Problématique.

Nous étudierons dans un premier temps le tableau pathétique de la gare actuelle, puis la célébration nostalgique de la gare d'autrefois, enfin l'optimisme final qui permet au poète de retrouver une harmonie perdue.

Annonce des 3 parties.

I. Un tableau pathétique : la gare aujourd'hui

Le poète nous livre une vision pathétique de la gare abandonnée et délabrée.

Introduction de l'axe : annonce des sous-parties.

A. Un témoignage ému

On peut suivre le parcours du poète dans la gare et son regard qui part de l'ensemble du bâtiment (la « Voyageuse », la « cosmopolite »), puis en isole des détails caractéristiques : la marquise, le quai, les portes, les rails. La tendre complicité du poète avec la gare est manifeste dans le tutoiement familier auquel il a recours :

« Tu étends au soleil des collines ton quai vide ». Les exclamations qui ouvrent le poème expriment son affection émue. La tristesse point avec la mention du vent comme « seul visiteur ». Le decrescendo rythmique des vers 19 à 22 met d'ailleurs en valeur l'humour et la tendresse de cette personnification du vent, dernier galant de la vieille dame qui n'est plus courtisée. En repoussant au vers 22 le verbe et l'attribut (« Est ton seul visiteur »), le poète fait entendre ensuite un silence qui laisse résonner, avec l'hexasyllabe*, l'abandon de la « voyageuse ».

Appuyez-vous sur ces citations, un vers entier ou une expression.

Car la gare a pris sa retraite. On apprend dès le vers 2, qu'elle est « désaffectée, rangée, retirée des affaires ». Le rythme ternaire et les homéotéleutes* des participes passés rendent pleinement compte de ce nouvel état et de l'émotion du poète.

B. Une gare abandonnée

Comme l'indique le titre du poème et l'adjectif « ancienne », la gare n'est plus en activité. C'est une gare désaffectée qui nous est présentée avec un important lexique de l'abandon : « retirée », « retrait », « inutile », « vide », « silencieux », « fermées ». Le quai déserté est mentionné à deux reprises aux vers 6 et 9 sous la forme d'un chiasme*, figure d'insistance. Il n'y a plus ni mouvement ni bruit. La marquise est « inutile » puisque les passagers ont disparu, le quai est « vide » et « silencieux ». Les salles d'attente sont « fermées » faute de voyageurs. Et « l'ébranlement des trains ne [...] caresse plus la gare ». L'adverbe « toujours » condamne irrévocablement les lieux ; les « portes » et l'« attente » qui étaient ouvertes sont définitivement « fermées ».

Lorsque vous citez plusieurs mots, placez chacun d'eux entre guillemets.

C. Une gare délabrée

L'auteur souligne un délabrement de l'édifice sous l'effet de l'abandon et des conditions climatiques. La gare n'est plus entretenue et la « chaleur de l'été craquèle les volets ». L'allitération en liquides [l], mimétique de l'effritement, attire l'attention sur l'effet destructeur du soleil, l'agression sans cesse continuée comme en témoignent les points de suspension. L'état des « rails » est pire encore, « rouges et rugueux de rouille ». Un nouveau chiasme renforcé par des allitérations* en [r], très rugueuses à l'oreille, annonce une forme de décomposition. Les premiers vers peignaient déjà un décor suranné, « en retrait » ; la gare est « vieille », bien différente « des miracles du matin » à l'autre extrémité du vers. Tandis que le jour se lève dans une lumière surnaturelle, elle choisit le « rose » et la délicatesse du « un peu ». Le mot « marquise » qui invite à la personnification entrouvre un monde dépassé, « inutile ».

[Transition] L'opposition entre le passé dynamique et le présent pathétique va permettre une évolution de la complainte à la célébration.

La transition relie ce qui a été montré (présent pathétique, complainte) et ce qui va être analysé (passé dynamique, célébration).

II. Une célébration nostalgique : la gare autrefois

La vision présente est interrompue par une ode* à la gare d'antan animée et riche de promesses.

Annonce des sous-parties.

A. La célébration

L'opposition entre présent et passé se manifeste dans la rupture du présent par l'imparfait (« balayait ») et le passé composé (« as vu »), mais aussi dans les jeux entre les adverbes et locutions temporelles : « à présent » (v. 1) contraste avec « autrefois » (v. 7). On notera l'importance de la parenthèse qui vient bouleverser l'image de la gare inerte et rappeler un temps révolu dont il reste pourtant une mémoire. En enfermant le passé, elle le coupe définitivement du présent, tout en le laissant affleurer grâce à la métaphore qui le rend perceptible. Le lyrisme élégiaque* peut dès lors s'installer. Et le poète célèbre l'ancienne gare effervescente, personnifiée dès le premier vers, « Voyageuse, ô cosmopolite ! ». Les apostrophes* et les interjections soulignent l'admiration. On note l'anaphore, doublée d'un chiasme, de l'invocation* solennelle à la gare aux vers 12 et 14.

La locution (conjonctive, adverbiale…) désigne un outil grammatical formé de plusieurs mots.

B. Une gare animée

La gare a vu passer « les grands express », ces trains internationaux dont la rapidité puissante résonnait partout. La majesté et le mouvement sont traduits par l'enjambement* (vers 7 et 8) et un trimètre romantique (v. 8). On croirait suivre une étourdissante valse à trois temps, l'image de la « robe d'air » renvoyant aux tenues de bal et aux toilettes vaporeuses de la Belle époque. Peut-être même, dans ce monde à peine suggéré, pouvons-nous voir danser une « marquise » ? Tout était mouvement : même les trains plus modestes, ceux qui se contentaient d'une « caresse », contribuaient à l'animation en « ébranl[ant] » la gare.

Trimètre : vers formé de trois entités rythmiques, très apprécié par les poètes romantiques.

Tremplin du voyage, la gare a connu la fièvre de scènes émouvantes, « tant d'adieux, tant de départs et tant de retours » mis en relief par le rythme ternaire, tandis que l'anaphore* de l'adverbe de quantité « tant » dit l'effervescence heureuse et l'ouverture au monde.

Quand la sous-partie est longue et comprend plusieurs analyses, elle peut être divisée en paragraphes (voir page 290).

C. Une double porte

Dans l'imagination nostalgique du poète, la petite gare du sud-ouest devient cosmopolite. Et la tonalité épique* s'ajoute ici au lyrisme. L'invocation « ô double porte ouverte sur l'immensité charmante / De la Terre » agrandit, grâce au rejet, le champ d'action de la gare jusqu'à l'infini.

Examinez l'enchaînement d'un vers à autre (Fiche 40).

Si l'adjectif « double » suggère le croisement des trains sur les voies, il invite à une découverte du monde réel et imaginaire. L'adjectif « charmante » qui rime exceptionnellement avec l'épithète détachée « éblouissante », dans son sens étymologique, traduit l'envoûtement et le miracle. Le voyage devient initiatique tendant vers un ailleurs mystique, intensément heureux, « quelque part où trouver la joie de Dieu ».

[Transition] Un véritable culte est rendu par le voyageur à la gare dont la grandeur passée étonne et fascine. L'hommage est élégiaque puisque ces ouvertures ne sont plus. S'agit-il toutefois d'une décadence ou une renaissance est-elle possible ?

III. Un optimisme final : une harmonie retrouvée

Le poème est marqué par un optimisme final, une harmonie retrouvée. Et la certitude d'une renaissance dans un cadre bucolique offre une ouverture sur un temps universel.

Annonce des sous-parties.

A. La renaissance

Sans doute la gare est-elle « en retrait de la voie », et de la vie, mise entre parenthèses (vers 7 et 8). Son repos (« tu reposes » et non « tu te reposes ») pourrait suggérer la mort, mais cet abandon même est porteur d'une vie enfin savourée ; le temps des saisons qui a fermé définitivement la gare et qui craquèle les volets, est désormais offert tel un fruit à goûter. « Désormais tu reposes et tu goûtes les saisons. » affirme sereinement le poète, réconciliant doucement l'éternité d'un « désormais » au passage des « saisons ». La gare féminisée prend le temps de vivre, débarrassée de l'agitation et des soucis quotidiens. Elle est « enfin tranquille », à l'aube d'une nouvelle vie dont l'apaisement est traduit par le murmure de trois allitérations en [m] : la voici « vieille et rose au milieu des miracles du matin » dans une harmonie retrouvée.

B. Le lyrisme bucolique*

À cause de – et aussi grâce à – son état d'abandon, la gare se transforme en un lieu idyllique, un *locus amoenus* où règne une « paix bucolique ». Les matériaux durs, comme la pierre ou le fer sont progressivement remplacés par la nature, « le soleil des collines », la « pelouse », « une prairie ». Même les animaux interviennent, « l'éclair froid des lézards » sur les pierres. La lumière est douce désormais et le vent délicat, suggéré par le contre-rejet du « chatouillement des doigts légers du vent dans l'herbe ».

Expression latine désignant un lieu idyllique.

La gare cosmopolite devient paradoxalement le cœur de cette France rurale et paisible soulignée par une allitération en[fr,] et un hexasyllabe régulier qui, à la faveur de l'enjambement*, s'inscrit dans un dernier alexandrin triomphant.

Rapprochez les procédés repérés pour nourrir votre interprétation, ici le rayonnement de la dernière expression.

C. Le temps universel de la nature

L'adverbe « désormais « (v. 17), en début de vers, qui fait écho à la locution « à présent », en fin de vers (v. 1), ouvre la voie à un présent progressif, engageant le futur, un présent d'éternité. Le temps de la nature, rythmé par les saisons « qui reviennent portant la brise ou le soleil », a remplacé les allers retours incessants des voyageurs. Tout est légèreté et la nature, imprime à la gare le rythme de la Terre, l'arrache au temps des hommes et l'ouvre enfin au temps universel. À l'image de la philosophie antique, le bonheur se traduit par une profonde quiétude, une sorte d'ataraxie, loin du temps historique et de l'engrenage des passions.

L'ataraxie, étymologiquement absence de trouble, est définie par les philosophes épicuriens comme une tranquillité de l'âme, un bonheur dans l'Harmonie naturelle.

Conclusion

Plutôt qu'une image d'abandon et de mort, succédant à une vision nostalgique d'un lieu de vie moderne et effrénée, nous avons pu apprécier dans cette évocation de la gare de Cahors la glorification d'un temps cosmique.

Synthèse du développement.

Le thème des gares et du train a marqué le début du siècle avec Verhaeren dans son poème « Plus loin que les gares, le soir » (1906), ou Cendrars dans *La Prose du Transsibérien et de la petite Jehanne de France* (1914). À la différence de ce dernier, son contemporain, fasciné par la vitesse du train, exaltante et infernale, Larbaud, plus traditionnel, a choisi l'apaisement, les effets de lumière sur un paysage virgilien toujours renouvelé.

Ouverture littéraire.

virgilien : inspiré de Virgile, poète latin auteur notamment des *Bucoliques* (37 av. J.-C.).

SUJET 3

4 heures

Objet d'étude : La poésie du XIXe siècle au XXIe siècle

Vous ferez le commentaire de « Jamais je ne pourrai » de Claude Roy.

Claude Roy, « Jamais je ne pourrai » (extrait), *Poésies*, 1970,

Jamais jamais je ne pourrai dormir tranquille aussi longtemps
que d'autres n'auront pas le sommeil et l'abri
ni jamais vivre de bon cœur tant qu'il faudra que d'autres
meurent qui ne savent pas pourquoi
J'ai mal au cœur mal à la terre mal au présent
Le poète n'est pas celui qui dit Je n'y suis pour personne
Le poète dit J'y suis pour tout le monde
Ne frappez pas avant d'entrer
Vous êtes déjà là
Qui vous frappe me frappe
J'en vois de toutes les couleurs
J'y suis pour tout le monde

Pour ceux qui meurent parce que les juifs il faut les tuer[1]
pour ceux qui meurent parce que les jaunes cette race-là c'est fait pour
[être exterminé
pour ceux qui saignent parce que ces gens-là ça ne comprend que la
[trique
pour ceux qui triment parce que les pauvres c'est fait pour travailler
pour ceux qui pleurent parce que s'ils ont des yeux eh bien c'est pour
[pleurer
pour ceux qui meurent parce que les rouges ne sont pas de bons Français
pour ceux qui paient les pots cassés du Profit et du mépris des hommes

Dépêche AFP[2] de Saïgon De notre correspondant particulier sur le front
[de Corée

L'Agence Reuter[3] mande de Malaisie Le Quartier Général des Forces Armées communique Le tribunal Militaire siégeant à huis clos De notre envoyé spécial à Athènes
Les milieux bien informés de Madrid

Mon amour ma clarté ma mouette mon long cours
depuis dix ans je t'aime et par toi recommence
me change et me défais m'accrois et me libère
mon amour mon pensif et mon rieur ombrage
en t'aimant j'ouvre grand les portes de la vie
et parce que je t'aime je dis

Il ne s'agit plus de comprendre le monde
il faut le transformer

Je te tiens par la main
la main de tous les hommes
[...]

1. Dans ce vers et ceux qui suivent (jusqu'au vers 19), Claude Roy rapporte des propos qu'il dénonce.
2. *AFP :* Agence France Presse. Dans les lignes en italique, Claude Roy énumère des sources d'informations de différentes origines.
3. *Agence Reuter :* agence de presse anglaise.

Travail préparatoire

Fiches p. 285
1 5 8 9 29 30 43 71

Les outils d'analyse

Le paratexte (Fiche 1)

Autour du texte, on pourra repérer certaines indications essentielles : l'auteur Claude Roy, le titre et la date du recueil *Poésies*, 1970, le titre de l'extrait « Jamais je ne pourrai » qui reprend et condense le premier vers.
Des notes explicatives nous sont aussi données qui éclairent l'interprétation de la première strophe en italique.

Le contexte littéraire ne manque pas d'intérêt puisque les poètes dont l'œuvre s'impose dans les années 1970, tels Claude Roy, Jacques Réda, Yves Bonnefoy ou Philippe Jaccottet, au-delà de leurs grandes différences, conçoivent tous la poésie comme une mise à l'épreuve du langage, une interrogation sur l'homme et le monde, autant qu'une célébration.
Romancier, journaliste, critique littéraire et artistique, mais surtout poète, Claude Roy, dont la vie est faite de grands engagements[1], est l'écrivain de notre mal du siècle qui a foi en la vie, celui qui, à la fin de notre poème, s'écrie (vers non présents dans l'extrait) :
« *J'entends venir à moi du très loin de l'aurore*
un monde où la bonté rit dans tous les miroirs. »

La versification (Fiche 43)

Ce poème en vers libres s'inscrit dans le mouvement de libération des formes poétiques inauguré par Baudelaire et Rimbaud. Le vers est toujours présent en tant qu'organisation graphique sur la page, mais la rime disparaît. Le vers libre, de longueur irrégulière, peut dépasser 12 syllabes. Au lecteur de participer à la création du poème en découvrant son rythme.
Admirateur d'Apollinaire, Claude Roy abandonne lui aussi la ponctuation et choisit de varier la typographie, c'est-à-dire l'art et la manière de se servir des caractères d'imprimerie. À la suite des surréalistes, Claude Roy choisit d'insérer dans l'écriture romaine[2] des passages en italique[3]. Quel est l'effet voulu ? Sans doute s'agit-il par cette rupture de marquer l'emphase, de créer un effet d'insistance, de mettre en évidence des propos essentiels (vers 31-32) ou, au contraire (vers 20-24) des voix différentes et menaçantes.

Les connaissances grammaticales et stylistiques

En observant le poème, vous serez particulièrement attentif :
– à l'énonciation (Fiche 71), en repérant les marques de présence du locuteur et du destinataire, le jeu des pronoms. Qui parle à qui dans

1. Membre actif de la Résistance communiste, il dénoncera par la suite le totalitarisme soviétique et sera exclu du Parti.
2. L'écriture romaine (caractères droits) date de 1465 au moment de l'arrivée de l'imprimerie en Italie ; les premiers caractères furent réalisés près de Rome.
3. Inventée en 1499 par un artiste italien, l'écriture italique ou vénitienne est inclinée vers la droite.

notre extrait ? Les nombreux discours rapportés introduisent une polyphonie intéressante ;
– aux champs lexicaux (Fiche 8) qui vous permettront de repérer les thèmes récurrents, tels « la vie l'amour la mort le temps » comme le dit plaisamment Claude Roy lui-même dans son poème « Je dis toujours la même chose » !
– aux figures de style, en notant bien que les repérages doivent être suivis d'une interprétation. Les procédés stylistiques sont toujours reliés à des effets de sens (Fiche 9). Le martèlement de l'anaphore* par exemple vient renforcer la condamnation des injustices et de la barbarie ;
– aux tonalités (Fiches 29 et 30) du texte. Comment les vers de Claude Roy concilient-ils le pathétique, l'ironie et le lyrisme ?

La démarche

Le projet de lecture

Le commentaire est un bilan organisé de lecture.
Composez une définition du texte à partir des impressions ressenties, des observations effectuées. Interrogez-vous sur sa progression. À partir du vers 25, le changement de tonalité semble introduire un deuxième versant, lyrique. Comment retrouver l'unité du poème ? Les deux derniers vers qui associent la poésie amoureuse et la mission humaniste du poète ne donnent-ils pas la réponse ?

L'élaboration du plan (Fiche 5)

Chaque axe d'étude développe un enjeu important du texte. Les sous-parties permettent d'explorer les différentes facettes de la perspective retenue.
Le plan pourra, par exemple, retrouver la force de l'engagement de Claude Roy, selon un mouvement crescendo conduisant de la dénonciation à la compassion en passant par la sympathie (au sens originel, le terme « sympathie » désigne le fait de souffrir avec, *sun pathein* en grec).

I. La dénonciation des souffrances
II. Une affliction partagée
III. De la sympathie à la compassion

→ *Corrigé : devoir rédigé p. 40.*

Corrigé : devoir rédigé

*Les **textes en bleu** apparaissant dans ce corrigé, titres et remarques entre crochets, ne doivent pas figurer dans votre devoir. Nous les avons insérés pour vous guider et vous aider à repérer la progression du commentaire.*

Introduction

[L'introduction présente le texte, la problématique envisagée et annonce le plan du commentaire.] **(Fiche 12)**

Au sein de la Résistance, Claude Roy rencontre Éluard et Aragon qui contribuent en 1943 à son adhésion au Parti communiste. Tout particulièrement proche de Paul Éluard, il lui dédie un hommage funèbre, *Tombeau* de Paul Éluard*, où l'on peut lire ces vers lumineux : « Le soleil incessant me donnait un ami / un miroir exigeant ». Avec les poètes de la Résistance, Claude Roy a partagé l'espoir, la foi en la liberté face à l'oppression. Comme Éluard qui s'exprimait en 1936 dans une conférence à l'occasion de l'exposition internationale du surréalisme, il estime que « les poètes sont descendus des sommets sur lesquels ils se croyaient [...] ils ont maintenant l'assurance de parler pour tous. » L'extrait du poème « Jamais je ne pourrai » inséré dans le recueil *Poésies* publié en 1970 révèle la mission du poète selon Claude Roy. Comment les vers libres, la liberté de la forme poétique, épousent-ils la conviction du poète et dessinent-ils les contours d'une parole poétique engagée ? Dans un contexte historique précis, celui de l'après-guerre, le poète témoigne des misères du monde, mais sa parole progressivement se hausse à l'universalité. Au-delà du témoignage et de la dénonciation des souffrances *[Annonce de la première partie]*, il manifeste une émouvante sympathie, un don du partage *[deuxième partie]* qui devient compassion et solidarité active *[troisième partie]*.

I. La dénonciation des souffrances

Le poète confronté à la réalité de la douleur se fait dénonciateur.

[Avant de préciser l'étude, il est nécessaire de rappeler l'enjeu de l'axe : l'introduction correspond au titre qui ne figure pas dans le devoir rédigé.]

A. La dénonciation des injustices

[Comme les titres n'apparaissent pas dans le devoir rédigé, vous devez, au début de chaque sous-partie annoncer ce que vous allez développer.]

La deuxième strophe du poème est consacrée à la dénonciation des injustices insupportables aux yeux du poète. Il recourt à la forme répétitive de la litanie*, qui, par ses vertus incantatoires, dénombre les souffrances de ceux qui l'entourent. La structure identique de chaque vers qui débute par l'anaphore* du groupe prépositionnel* « pour ceux qui » n'est pas sans rappeler le poème « Liberté » d'Éluard. On retrouve dans cette strophe des échos sonores entre les verbes accentués, voire un effet de paronomase* entre « meurent » répété trois fois et « pleurent ». La reprise, sauf au vers 19, de la subordination causale « parce que » ajoute encore à la véhémence de la condamnation.

Toutes les formes de violences et d'extrémismes sont présentes dans cette complainte. *[De manière générale, la première phrase d'un paragraphe présente ce qui va être étudié.]* On repère le lexique de la mort avec les trois occurrences du verbe « mourir » et, en crescendo, les verbes « tuer » et « exterminer », le lexique de la souffrance de ces hommes « qui saignent [...] qui triment [...] qui pleurent [...] qui paient les pots cassés ». Pour colorer son indignation, le poète n'hésite pas à insérer des termes familiers comme « trimer », ou l'expression « payer les pots cassés » qui, par le biais d'une image courante, renvoie aux victimes, mais aussi à une chanson révolutionnaire déplorant la famine qui suivit la Révolution en 1795.

C'est une liste sans fin des douleurs humaines renforcée par les symétries rythmiques et l'absence de ponctuation. Chaque exaction pourtant porte un nom : l'antisémitisme au vers 13 qui mentionne « les juifs » et fait allusion au génocide perpétré par les nazis, le racisme au vers 14 qui évoque « les jaunes » et les guerres coloniales. En associant avec ironie les couleurs par la métonymie*, le poète dénonce aussi les discriminations politiques qui ont condamné « les rouges », les communistes, au vers 18. D'une manière plus générale, c'est le cortège des injustices qui se déroule dans la strophe, avec les exploités, les pauvres, les malheureux, les victimes du « Profit et du mépris des hommes ». Ce vers conclusif est remarquable par le détournement de l'expression habituelle à laquelle est adjoint un complément : payer « les pots cassés du Profit ». On notera également la majuscule de signification qui donne une valeur symbolique au mot « Profit », en même temps qu'elle personnifie l'abstraction. Voici les pauvres gens immolés sur l'autel d'un nouveau dieu assimilé au matérialisme.

Mais les victimes *[Rappel du A.]* sont indissociables des bourreaux *[Annonce du B.]*, qui sont la deuxième cible de la dénonciation. *[La dernière phrase de la sous-partie conclut l'étude et introduit l'étape suivante de façon à expliciter la démarche.]*

B. La dénonciation des préjugés et du mépris

Claude Roy constate et analyse en remontant à la source du mal, aux préjugés indignes qui ont cours dans nos sociétés. Pour ce faire, il livre la pensée des autres, les tortionnaires, sous la forme de paroles au discours direct, sans ponctuation ni verbe introducteur, ce qui les rend équivoques. Ces voix rapportées amplifient le scandale avec leur langage radical, leurs préjugés destructeurs : « il faut les tuer », « c'est fait pour être exterminé », « c'est fait pour travailler », « c'est pour pleurer », autant de tournures qui disent la fatalité de l'injustice et de la violence. On entend les discours nationalistes et arrogants de ceux qui détiennent le pouvoir et, croient-ils, la vérité. Que dire des tournures méprisantes restituées, qui créent un effet de réel douloureux : les déterminants démonstratifs péjoratifs, « cette race-là », « ces gens-là », les pronoms démonstratifs neutres « ça », « c' », comme pour réifier* et dénaturer les personnes en détresse ? Que dire de l'interjection « eh bien » caractéristique du style parlé et d'un faux bon sens populaire ?

Nous assistons donc au cœur de l'extrait à une double dénonciation, celle des misères et du mépris qui les engendre. S'y ajoute dans la strophe suivante, celle de la guerre. *[Annonce de la troisième sous-partie]*

C. La dénonciation de la guerre

Un effet de rupture et de saisissement est créé dans la troisième strophe avec la graphie en italique et la déstructuration des vers par l'accumulation de débuts de communiqués de presse. Une forme de prose réaliste intervient dans le poème, avec le style elliptique* des dépêches qui tombent comme un couperet. Le champ lexical de la guerre est manifeste avec la mention du « front de Corée », celle du « Quartier Général des Forces Armées », du « tribunal Militaire ».

On retrouve dans ces dépêches une accumulation de désastres historiques et humains contre lesquels le poète s'insurge : les guerres coloniales d'abord, depuis Saïgon, la Corée ou la Malaisie. Tous ces lieux sont riches de significations implicites et renvoient à la guerre d'Indochine (1946-1954), à la guerre de Corée (1950-1953), à l'insurrection communiste malaise *[de Malaisie]* (1948), qui s'oppose au gouvernement colonial britannique.

Sont encore pointées du doigt les juridictions d'exception (sans doute en France sous le régime de Vichy), les répressions de l'activisme communiste en Grèce ou en Espagne en 1949, soit toutes les formes de totalitarisme.

[Conclusion-transition] Nous entendons donc dans ces vers un poète en colère contre son temps et les injustices, les tourments faits à ses semblables. Non content de témoigner, il est à l'écoute des autres et partage leur douleur. *[La deuxième partie marquera une profonde progression de l'implication du poète.]*

II. Une affliction partagée

Voici affirmée la mission fraternelle du poète, affligé par les souffrances d'autrui. Le poète vit en sympathie avec ses semblables. Dans son sens originel, ce mot d'origine grecque désigne le fait de « supporter » avec et caractérise la mission humaniste du poète.

A. Le poète est à l'écoute des autres

Les autres sont omniprésents dans le poème, du début à la fin de l'extrait. On relève « d'autres » aux vers 2 et 3, « tout le monde » aux vers 7 et 12, « tous les hommes » dans le dernier vers. Un dialogue s'établit entre le poète et ses frères, traduit par l'adresse à un destinataire collectif, « vous », dans la première strophe.

Pour définir son rôle, Claude Roy s'exprime à la première personne de façon récurrente. On repère, dès le titre du poème et renouvelé dans le vers inaugural*, le futur de conviction qui transforme son propos en un véritable credo humaniste : « Jamais jamais je ne pourrai ». Puis la spontanéité de la confession revient au présent d'énonciation au vers 5 : « J'ai mal au cœur mal à la terre mal au présent ». Dans une démarche plus solennelle, l'anaphore* des vers 6 et 7 met en avant le poète et généralise sa vocation par le biais de la 3e personne et du présent gnomique* : « Le poète n'est pas », « le poète dit ». La première strophe, un douzain de vers hétérométriques*, va decrescendo, à la manière d'une pyramide inversée, comme pour mettre en relief l'affirmation d'une mission poétique de sympathie. Insensiblement s'opère en effet un glissement d'une parole rapportée « Le poète dit j'y suis pour tout le monde » à la proclamation directe et brève, un hexasyllabe*, réitérée au présent d'énonciation cette fois, « J'y suis pour tout le monde ». L'absence de la ponctuation qui souligne habituellement l'insertion du discours direct facilite aussi l'avènement de cette proclamation.

B. Il partage leurs douleurs

Le poète choisit de partager les douleurs des hommes. *[On peut détacher la première phrase qui présente le projet de la sous-partie en allant à la ligne.]*

La structure antithétique des vers 6 et 7 oppose deux conceptions du rôle du poète. L'une est celle d'un poète enfermé dans sa tour d'ivoire, coupé de la réalité, un poète qui n'y est « pour personne ». Cette désertion, Claude Roy la rejette au nom des liens affectifs qui le lient à ses semblables. Il revendique au contraire une communion du poète et des hommes : « J'y suis pour tout le monde ». Et ce monde désigne bien la communauté souffrante.

Les premiers vers soudés par les enjambements et l'absence de ponctuation sont une proclamation de solidarité, émouvante dans sa simplicité. La reprise de l'adverbe « jamais » à l'initiale et les homéotéleutes* en [ai] scandent le vers 1 et lui donnent sa force. Le poète rejoint les autres dans les misères de la vie. Un éventail d'oppositions entre « je ne pourrai dormir tranquille » et « aussi longtemps que d'autres n'auront pas le sommeil et l'abri », entre « vivre » et « meurent » traduit bien cette ferveur altruiste, le refus d'un bonheur égoïste quand tant d'autres sont menacés. Ceux qui « meurent [et] qui ne savent pas pourquoi » désignent sans doute les soldats, victimes innocentes des guerres. Au-delà de l'empathie, le poète révèle une profonde sympathie dans cette préoccupation du bien-être, de la survie même de l'autre. Il ne s'agit plus d'un mode de connaissance mais d'un monde de rencontre ici privilégié. On peut d'ailleurs relever la récurrence du mot « cœur » dans la strophe. L'alexandrin « J'ai mal au cœur mal à la terre mal au présent », par sa structure rythmique, un trimètre, et ses reprises anaphoriques*, résume le rôle du poète ancré dans la réalité de la souffrance des autres.

« Ne frappez pas avant d'entrer / Vous êtes déjà là ». Le symbolisme de la porte ouverte abolit toute distance entre le poète et les hommes puisqu'il assume dans un geste christique* renouvelé toute la souffrance humaine. Pour le poète, être au monde, c'est partager la douleur.

C. Un pathétique discret

Apprécions pour délivrer ce message un pathétique discret, sans grands éclats, une forme de légèreté même.

Le lexique est concret, charnel, les tournures simples et persuasives, telle l'allure proverbiale du vers 10 « Qui vous frappe me frappe » pour rendre compte de la communion du poète avec ses frères souffrants. Aucune pose théâtrale qui rappellerait le mage romantique.

Au contraire Claude Roy, dans sa spontanéité, ne s'interdit pas de jouer avec les mots et leur polysémie*, de redonner au langage une forme d'innocence. C'est ainsi que le verbe « frapper » est décliné dans ses diverses acceptions, « donner des coups en faisant du bruit » (sens intransitif*) au vers 8 et « battre » (sens transitif*) au vers 10. De même, l'expression familière « J'en vois de toutes les couleurs », jouant sur la polysémie, est une reformulation de cette mission de partage pour le poète qui subit toutes sortes d'épreuves mais surtout renvoie à la diversité des hommes et aux discriminations raciales refusées au nom d'un amour universel.

[Conclusion-transition] Universel, l'amour du poète se décline pourtant sur un mode personnel. En quoi le lyrisme amoureux qui marque la fin du poème n'est-il pas une trahison ? *[La troisième partie soulignera l'unité du poème.]*

III. De la sympathie à la compassion

Un changement de tonalité *[Sous-partie A.]* permet d'éclairer *[Sous-partie B.]* et de transformer le don de sympathie du poète en compassion active. *[Sous-partie C.]*

A. Le lyrisme amoureux

Des ravages des guerres renaît à la quatrième strophe le lyrisme amoureux. On assiste dans cette strophe de facture presque classique*, en alexandrins non rimés à l'exception du vers 30, à un effet de resserrement métrique*. Le poète ancré dans le monde et sa triste réalité revient avec bonheur à la femme qu'il aime et adopte un tour beaucoup plus personnel : « depuis dix ans je t'aime ». On observe la récurrence du déterminant possessif de la première personne dans cette invocation* : « Mon amour ma clarté ma mouette mon long cours ». Les allitérations* en nasales *[m]* et les assonances* murmurées en « ou » confèrent à la femme aimée une auréole de douceur et scandent ses potentialités. Par un jeu de pronoms personnels de la première et de la deuxième personne, s'opère entre le poète et la femme une fusion véritable : « en t'aimant j'ouvre grand les portes de la vie », s'écrie le poète.

C'est à une véritable déclaration d'amour que nous assistons avec le verbe « je t'aime » placé à la césure* du vers 26. Le champ lexical de l'amour domine ces vers, associé à la lumière, au mouvement vers l'infini du ciel et de la mer avec l'image de la « mouette » et celle du « long cours ».

Si elle incarne la clarté, la femme est aussi un « pensif et [...] rieur ombrage » pour le poète. Le paradoxe n'est qu'apparent dans la mesure où l'amour constitue un refuge et un recours heureux face à l'adversité.

B. Le pouvoir de la femme

Les pouvoirs de la femme sont en effet multiples et étonnants. Telle une magicienne, elle est source de métamorphoses. L'expression « par toi » mise en valeur par l'effet d'inversion, suffit à lui rendre hommage. Elle détient un pouvoir de recréation, est à l'origine des recommencements. « Et par toi recommence / me change et me défais m'accrois et me libère » reconnaît le poète. L'équilibre de l'alexandrin et la manière de chiasme* qui associe les verbes rendent compte du processus d'évolution sans cesse continué grâce à l'amour.

La femme est un aiguillon, une initiatrice qui permet d'ouvrir « grand les portes de la vie ». On retrouve ici la femme chère aux surréalistes, la muse inspiratrice, Elsa pour Aragon, Gala pour Éluard ou Dominique qui, dans le recueil *Le Phénix*, fait renaître de ses cendres le poète meurtri.

L'image de la porte ouverte fait écho à celle de la première strophe [vers 8 et 9] et l'explique d'une certaine manière. Grâce au miracle de l'amour qui régénère, le poète est rendu aux autres et à l'espérance.

Rien d'égoïste donc dans cette ferveur amoureuse qui permet au contraire l'avènement de la parole poétique revivifiée par l'amour.

C. La solidarité active

Le symbole de la main qui est mis en évidence à la fin de l'extrait par une anadiplose* associe la femme à la fraternité. « Je te tiens par la main / La main de tous les hommes ». Voilà réunis par ce geste d'ouverture la femme, le poète et les autres.

Loin de faire digression, le lyrisme amoureux a permis à l'auteur de revenir avec force à sa mission et de lui donner une orientation nouvelle solennisée par l'italique et le présent de vérité générale : « Il ne s'agit plus de comprendre le monde / il faut le transformer ». L'opposition des verbes « comprendre » et « transformer » traduit le passage de l'empathie et de la sympathie à la compassion. Non content de percevoir et partager les douleurs d'autrui, le poète les prend en charge pour les surmonter. La solidarité qu'il prône est active. C'est le sens du mot « compassion » qui, malgré une étymologie voisine de la « sympathie », va plus loin, infléchit la pitié dans le sens de l'action. Le poète se laisse toucher sans se laisser abattre et la parole poétique, loin d'être une déperdition de vitalité, devient performative* et propose une réponse à la fatalité du mal.

Conclusion (Fiche 13)

« De la femme vient la lumière » écrivait Louis Aragon dans *Le Roman inachevé* en 1956. Claude Roy dans l'extrait de « Jamais je ne pourrai » semble partager cette reconnaissance du pouvoir de la femme. L'amour a permis au poète de s'ouvrir aux autres. Il est un aiguillon mobilisateur, une forme de dépassement qui, par la compassion, suscite la générosité, sollicite l'énergie réactive. Sorte de mystique sans Dieu, le poète a son rôle à jouer dans les malheurs du monde. Voilà réaffirmée par Claude Roy la nécessité de l'engagement. Le dialogue avec ses amis des maquis de la Résistance peut se poursuivre, simplement, sans fulgurance. Écartelé entre un monde dévasté, celui de l'après-guerre, et le refuge des images surréalistes, la tentation de l'allégeance à l'amour, Claude Roy ouvre en effet une voie nouvelle, le parti d'une humble présence au monde. Yves Bonnefoy ira plus loin encore, en définissant la mission du poète comme une quête du signe, la célébration des choses simples, mais Claude Roy ne pourrait-il souscrire à son credo poétique : « Je voudrais réunir, je voudrais presque identifier la poésie et l'espoir, car écrire de la Poésie, c'est rendre le monde au visage de la présence » ?

SUJET 4

BAC 2023
France métropolitaine

Objet d'étude : La littérature d'idées du XVIe siècle au XVIIIe siècle

Vous ferez le commentaire de l'extrait de *Salon de 1767* de Denis Diderot.

Denis Diderot, *Salon de 1767*.

[Diderot n'est pas seulement l'homme de L'Encyclopédie *; il est aussi critique d'art. De 1759 à 1781, il rend compte de l'exposition de peinture de Paris, qui se tient tous les deux ans et qu'on appelle* Salon. *En 1767, il commente un tableau d'Hubert Robert,* Grande Galerie antique, éclairée du fond, *et exprime les sentiments que lui inspire sa contemplation.]*

Les idées que les ruines réveillent en moi sont grandes. Tout s'anéantit, tout périt, tout passe. Il n'y a que le monde qui reste. Il n'y a que le temps qui dure. Qu'il est vieux ce monde ! Je marche entre deux éternités. De quelque part que je jette les yeux, les objets qui m'entourent m'annoncent une fin, et me résignent à celle qui m'attend. Qu'est-ce que mon existence éphémère, en comparaison de celle de ce rocher qui s'affaisse, de ce vallon qui se creuse, de cette forêt qui chancelle, de ces masses suspendues au-dessus de ma tête, et qui s'ébranlent ? Je vois le marbre des tombeaux tomber en poussière ; et je ne veux pas mourir ! et j'envie un faible tissu de fibres et de chair à une loi générale qui s'exécute sur le bronze ! Un torrent entraîne les nations les unes sur les autres, au fond d'un abîme commun ; moi, moi seul, je prétends m'arrêter sur le bord, et fendre le flot qui coule à mes côtés !

Si le lieu d'une ruine est périlleux, je frémis. Si je m'y promets le secret et la sécurité, je suis plus libre, plus seul, plus à moi, plus près de moi. C'est là que j'appelle mon ami. C'est là que je regrette mon amie. C'est là que nous jouirons de nous sans trouble, sans témoins, sans importuns, sans jaloux. C'est là que je sonde mon cœur. C'est là que j'interroge le sien, que je m'alarme et me rassure. De ce lieu, jusqu'aux habitants des villes, jusqu'aux demeures du tumulte, au séjour de l'intérêt des passions, des vices, des crimes, des préjugés, des erreurs, il y a loin.

Si mon âme est prévenue d'un sentiment tendre, je m'y livrerai sans gêne. Si mon cœur est calme, je goûterai toute la douceur de son repos.

Dans cet asile désert, solitaire et vaste, je n'entends rien, j'ai rompu avec tous les embarras de la vie. Personne ne me presse et ne m'écoute. Je puis me parler tout haut, m'affliger, verser des larmes sans contrainte.

Travail préparatoire

Fiches p. 285
1 3 5 6 8 29

Les outils d'analyse

Le paratexte (Fiche 1)

Notez la date de publication (1767), et appuyez-vous sur les informations du chapeau qui vous indiquent que cet extrait ne s'inscrit pas dans la carrière encyclopédiste de Diderot, mais dans sa carrière de critique d'art.
Repérez aussi qu'il sera question des « sentiments que lui inspire [l]a contemplation » du tableau d'Hubert Robert. Diderot ne propose donc pas ici une simple description objective du tableau, mais une réflexion subjective sur celui-ci.

Description d'un tableau, réflexion sur ce tableau

Le texte s'annonce par son titre *(Salon)*, et son sujet (le tableau d'H. Robert, *Grande Galerie antique, éclairée du fond*) comme la présentation d'une peinture. On repère plusieurs notations descriptives : « ruines », « rocher », « vallon », etc. On tente alors de se représenter mentalement ce tableau : un paysage où la nature a repris ses droits sur les ruines d'un bâtiment antique. Mais il est difficile d'en dire plus sans avoir vu la peinture.

Étrangement, la description précise du tableau d'H. Robert semble laissée au second plan. Ce qui domine plutôt ici c'est la réflexion personnelle du critique d'art qui offre au lecteur, plus qu'un commentaire détaillé du tableau, une méditation personnelle.

Les procédés grammaticaux et stylistiques (Fiches 8 et 29)

Repérez d'abord l'omniprésence de la première personne du singulier : « en moi », « mon existence », « moi, moi seul », etc.
Identifiez ensuite les verbes grâce auxquels le critique décrit ses états d'âme : « je frémis », « j'envie », « je regrette », « je sonde », « m'alarme », etc.
Distinguez enfin les différents lexiques qui occasionnent chez le critique d'art une méditation sur :
– la fuite du temps : « passe », « temps », « éphémère », « chancelle », « ruine » ;
– la mort : « périt », « fin », « tombeaux », « poussière », « mourir », « abîme » ;
– la solitude : « seul », « plus seul », « sans importuns », « loin », « désert solitaire ».

La méthode

Une première lecture (Fiche 3)

À la première lecture, le tableau semble disparaître derrière la méditation personnelle du critique d'art. Demandez-vous pourquoi cette mise au premier plan des sentiments du critique est intéressante : que permet-elle de dire sur les pouvoirs de réflexion de la peinture ?

La composition du plan (Fiches 5 et 6)

Notez vos impressions de lecture et élucidez le texte en vous appuyant sur le paratexte sans perdre de vue la présence au premier plan de la méditation subjective de Diderot.
Organisez votre commentaire en montrant pourquoi il est plus intéressant de dire ce qui touche intimement le spectateur dans le tableau plutôt que de le décrire objectivement.

Le plan

I. La description surprenante d'un tableau
II. La méditation personnelle du critique d'art
III. Les bienfaits de la contemplation d'une peinture

Corrigé : devoir rédigé

*Les **textes en bleu** apparaissant dans ce corrigé ne doivent pas figurer dans votre devoir. Nous les avons insérés pour vous guider et vous aider à repérer la progression du commentaire.*

Les conseils du professeur

Introduction (Fiche 12)

Dans son poème intitulé « Le Lac » (*Méditations poétiques*, 1820), Alphonse de Lamartine décrit le paysage grandiose et apaisant d'un lac de montagne, et cette contemplation suscite en lui de vives émotions qu'il partage avec ses lecteurs. La vue d'un paysage, qu'il soit peint ou non, éveille souvent chez celui qui le contemple une méditation profonde et personnelle. C'est le cas ici : dans son *Salon de 1767*, Denis Diderot commente la *Grande Galerie antique, éclairée du fond* du peintre Hubert Robert et exprime les sentiments que lui inspire ce tableau. Son commentaire occasionne une réflexion métaphysique qui prend place au premier plan, laissant même de côté les détails de la peinture. Pourquoi alors Diderot choisit-il de partager avec nous la méditation qu'éveille en lui la toile d'H. Robert plutôt que la description objective des détails du tableau ? Nous observerons d'abord que cette description du tableau est surprenante car elle est reléguée à l'arrière-plan. Nous nous intéresserons alors à la réflexion personnelle que le critique d'art partage avec nous. Enfin, nous

Accroche

Présentation de l'extrait

Problématique du commentaire

Emploi de connecteurs logiques pour clarifier l'argumentation remarquerons que l'enjeu de cette page consiste surtout à promouvoir les bienfaits de la contemplation d'une peinture.

Annonce du plan en trois parties

I. La description surprenante d'un tableau

Tout d'abord, le tableau commenté n'est pas évoqué en détail et s'efface pour laisser entendre la voix du commentateur.

Annonce de l'idée directrice du premier axe

A. La quasi-absence de détails du tableau

D'une part, la description méticuleuse de la toile est laissée au second plan. On relève en effet ici et là quelques détails nous donnant des éléments pour nous figurer mentalement le tableau. Le champ lexical de la nature mentionne un « rocher », un « vallon », une « forêt » (l. 7) ainsi que des « ruines » (l. 1) et un lieu « désert, solitaire et vaste » (l. 27). De plus, les déterminants démonstratifs « ce », « ces », « cette » (l. 7) qui accompagnent tous ces éléments naturels donnent l'impression que le commentateur les désigne du doigt sur la toile. Aussi peut-on se représenter approximativement le paysage choisi par le peintre, mais il demeure difficile d'en deviner davantage tant la description est parcellaire.

La première phrase de la sous-partie présente ce qui va être analysé.

Pour la bonne insertion des citations, voir la fiche 11.

B. L'omniprésence de la voix du critique d'art

D'autre part, c'est surtout la voix du critique d'art qui se fait entendre. Nous relevons à cet égard l'omniprésence des marques de la première personne du singulier : « réveillent en moi » (l. 1), « je marche » (l. 3), « mon existence » (l. 6), « moi, moi seul » (l. 12-13), « je suis plus [...] à moi » (l. 13), « je sonde mon cœur » (l. 19). Il semble donc qu'il ne soit pas tant question ici du tableau d'H. Robert que des états d'âme du critique d'art. Nous remarquons également que Diderot recourt au registre lyrique* en se mettant en scène seul au cœur d'une nature qui le dépasse : « Qu'est-ce que mon existence éphémère en comparaison de ce celle de ce rocher [...] ? » (l. 5-6). Le lecteur observe alors le critique d'art en pleine promenade et rêverie solitaires.

La première phrase de la sous-partie présente ce qui va être analysé.

[Transition] Ainsi, ce commentaire de la Grande Galerie antique est surprenant car les sentiments que le critique ressent face à l'œuvre d'art prennent le pas sur la description de la peinture elle-même.

Annonce de la 2e partie

Conclusion de la 1re partie

II. La méditation personnelle du critique d'art…

Il s'agit surtout pour Diderot de partager avec ses lecteurs les sentiments suscités par la contemplation de l'œuvre d'H. Robert : la représentation des ruines dans un paysage naturel éveille chez lui une réflexion sur le temps et sur la mort.

Annonce de l'idée directrice du deuxième axe et présentation des deux sous parties

A. … sur la fuite du temps

Premièrement, le critique d'art offre une réflexion philosophique en méditant sur le passage inéluctable du temps. L'extrait s'ouvre en effet sur le motif des « ruines » (l. 1) qui se fait par la suite la métaphore du temps qui passe. Les personnifications du « rocher qui s'affaisse », du « vallon qui se creuse » et de la « forêt qui chancelle » (l. 6) ainsi que l'antithèse entre les verbes « reste » et « dure » (l. 2) révèlent l'inquiétude du commentateur face à l'écoulement du temps. L'emploi du présent de l'indicatif tout au long de l'extrait matérialise aussi le désir de Diderot de capter, en vain, l'instant présent : « je prétends m'arrêter sur le bord et fendre le flot qui coule à mes côtés » (l. 10-11). Cette métaphore de l'eau qui clôt le premier paragraphe souligne encore cette thématique qui occupe les pensées du commentateur.

Précisez les citations en indiquant leur emplacement dans le texte.

B. … sur l'angoisse de la mort

Deuxièmement, en contemplant ces ruines peintes, le critique est envahi par la pensée de la mort, intimement liée à celle de la fuite du temps. Nous relevons en effet le rythme ternaire hyperbolique « tout s'anéantit, tout périt, tout passe » ainsi que les mentions de la « poussière » (l. 9) et du « faible tissu de fibres et de chair » (l. 10). Ce lexique de la mort fait référence à

Les connecteurs marquent nettement la progression de l'analyse.

Commentaire

la phrase biblique adressée aux Chrétiens « souviens-toi que tu es poussière et que tu redeviendras poussière » afin qu'ils n'oublient pas leur mort prochaine. Cette pensée tourmente le critique, comme le révèlent la question rhétorique « Qu'est-ce que mon existence en comparaison de [...] cette forêt qui chancelle ? » (l. 6-7) et l'exclamation « Je ne veux pas mourir ! » (l. 10).

Ainsi, la contemplation de l'œuvre suscite chez Diderot un questionnement sur la destinée humaine vouée inéluctablement à disparaître, engloutie par une nature qui la dépasse.

Conclusion de la 2e partie et annonce de la 3e

III. Les bienfaits de la contemplation d'un tableau

L'intérêt pour Diderot, dans cette page, consiste finalement à promouvoir les bienfaits de la contemplation d'une peinture pour l'homme. Contempler une œuvre d'art éveille chez ce dernier un certain enthousiasme à l'idée de se retrouver seul face à lui-même.

Annonce de l'idée directrice du troisième axe

A. Le bonheur de la contemplation solitaire

Malgré la crainte de la mort suscitée par la représentation des ruines, la tonalité dominante de la page est ensuite plutôt enthousiaste : Diderot révèle aux lecteurs le bonheur que revêt la solitude du contemplateur. À partir de la douzième ligne, nous constatons en effet un éloge de cette méditation solitaire à travers le champ lexical de la solitude : « secret » (l. 16), « seul » (l. 16), « loin » (l. 24), « calme » (l. 25) et « repos » (l. 26). Nous notons également la répétition de la négation lexicale « sans » qui vient débarrasser le contemplateur de tout parasite extérieur : « sans trouble, sans témoins, sans importuns, sans jaloux » (l. 18-19) et « sans gêne » (l. 25). Cet éloge de la solitude est renforcé par le ton enthousiaste de Diderot que révèle l'anaphore « c'est là » (l. 17, 18 et 19). Cette tournure présentative répétée par cinq fois insiste sur le caractère exceptionnel de ce lieu solitaire et apaisant qu'est la toile du peintre.

Identifiez et commentez les procédés de style employés.

B. La nécessité de réfléchir sur soi-même

La peinture apparaît donc comme un lieu exceptionnel où se retrouver pour réfléchir sur soi-même et opérer en toute quiétude un retour sur soi. Nous relevons plusieurs verbes d'introspection qui insistent sur les pouvoirs évocateurs de la peinture : « sonde » (l. 19), « interroge », « alarme », « rassure » (l. 20), « livrerai » (l. 24), « parler », « affliger », « verser des larmes » (l. 29). Nous remarquons aussi un contraste entre les expressions péjoratives au pluriel « passions », « vices », « crimes », « préjugés », « erreurs » (l. 22), « embarras » (l. 28) et les deux expressions au singulier « ce lieu » (l. 20) et « cet asile » (l. 27) accompagnées de termes à connotation méliorative comme « douceur », « tendre », « ami », « jouirons », « libre ». Ce rapport antithétique met en valeur le lieu du tableau qui se constitue comme un endroit reculé, protégé et délicieux que l'on désigne par ailleurs dans la littérature latine par l'expression de *locus amoenus* (littéralement, « lieu amène »).

> Expression littéraire latine désignant un lieu naturel parfait, souvent ombragé par un bois, où règnent le calme, la sécurité et le confort.

> amène : doux, charmant, agréable

Conclusion (Fiche 13)

Ainsi, Diderot, en tant que critique d'art, livre dans son *Salon de 1767* un commentaire surprenant de la *Grande Galerie antique* d'H. Robert. Il ne décrit que très peu le travail du peintre mais dévoile tous les sentiments qu'il éprouve en contemplant ce paysage de ruines. Le tableau passe certes au second plan, mais Diderot nous montre ainsi combien la peinture est bénéfique à l'âme humaine car elle est un lieu idéal où s'isoler afin de penser et réfléchir à soi-même.

> Bilan de la 1re partie
>
> Bilan de la 2e partie
>
> Bilan de la 3e partie

SUJET 5

4 heures

Objet d'étude : La littérature d'idées du XVIe siècle au XVIIIe siècle

Vous ferez le commentaire de l'extrait des *Aventures de Télémaque* de Fénelon.

Fénelon, *Les Aventures de Télémaque*, Septième livre, 1699.

[Télémaque et son précepteur Mentor sont de retour aux abords de l'île de Calypso. Ils rencontrent un capitaine de navire dont le frère Adoam leur livre les dernières nouvelles et leur dépeint un pays extraordinaire, la Bétique.]

Le fleuve Bétis coule dans un pays fertile et sous un ciel doux, qui est toujours serein. Le pays a pris le nom du fleuve, qui se jette dans le grand Océan, assez près des Colonnes d'Hercule[1] et de cet endroit où la mer furieuse, rompant ses digues, sépara autrefois la terre de Tharsis[2] d'avec la grande Afrique. Ce pays semble avoir conservé les délices de l'âge d'or. Les hivers y sont tièdes, et les rigoureux aquilons[3] n'y soufflent jamais. L'ardeur de l'été y est toujours tempérée par des zéphyrs[4] rafraîchissants, qui viennent adoucir l'air vers le milieu du jour. Ainsi toute l'année n'est qu'un heureux hymen du printemps et de l'automne, qui semblent se donner la main. La terre, dans les vallons et dans les campagnes unies, y porte chaque année une double moisson. Les chemins y sont bordés de lauriers, de grenadiers, de jasmins et d'autres arbres toujours verts et toujours fleuris. Les montagnes sont couvertes de troupeaux, qui fournissent des laines fines recherchées de toutes les nations connues. Il y a plusieurs mines d'or et d'argent dans ce beau pays ; mais les habitants, simples et heureux dans leur simplicité, ne daignent pas seulement compter l'or et l'argent parmi leurs richesses : ils n'estiment que ce qui sert véritablement aux besoins de l'homme. Quand nous avons commencé à faire notre commerce chez ces peuples, nous avons trouvé l'or et l'argent parmi eux employés aux mêmes usages que le fer, par exemple, pour des socs de charrue. Comme ils ne faisaient aucun commerce au-dehors, ils n'avaient besoin d'aucune monnaie. Ils sont presque tous bergers ou laboureurs. On voit en ce pays peu d'artisans : car ils ne veulent souffrir que les arts qui servent aux véritables nécessités des hommes ; encore même la plupart des hommes en ce pays, étant adonnés à l'agriculture ou à conduire des troupeaux, ne laissent pas d'exercer les arts nécessaires pour leur vie simple et frugale. [...]

Quand on leur parle des peuples qui ont l'art de faire des bâtiments superbes, des meubles d'or et d'argent, des étoffes ornées de broderies et de pierres précieuses, des parfums exquis, des mets délicieux, des instruments dont l'harmonie charme, ils répondent en ces termes : « Ces peuples sont bien malheureux d'avoir employé tant de travail et d'industrie à se corrompre eux-mêmes ! Ce superflu amollit, enivre, tourmente ceux qui le possèdent : il tente ceux qui en sont privés de vouloir l'acquérir par l'injustice et par la violence. Peut-on nommer bien un superflu qui ne sert qu'à rendre les hommes mauvais ? Les hommes de ces pays sont-ils plus sains et plus robustes que nous ? Vivent-ils plus longtemps ? Sont-ils plus unis entre eux ? Mènent-ils une vie plus libre, plus tranquille, plus gaie ? Au contraire, ils doivent être jaloux les uns des autres, rongés par une lâche et noire envie, toujours agités par l'ambition, par la crainte, par l'avarice, incapables des plaisirs purs et simples, puisqu'ils sont esclaves de tant de fausses nécessités dont ils font dépendre tout leur bonheur.

1. Ainsi sont appelées, dans l'Antiquité, les montagnes qui bordent, du côté de l'Europe et du côté de l'Afrique, le détroit de Gibraltar, aux limites du monde connu.
2. *la terre de Tharsis :* dans l'Antiquité, nom donné à la péninsule ibérique.
3. nom poétique des vents du nord.
4. vents d'ouest, doux, tièdes et agréables.

Commentaire

Travail préparatoire

Fiches p. 285
4 5 6 47
58 à 63 73

Le texte dans son contexte

L'utopie

D'origine grecque, le mot « utopie » signifie « nulle-part » et vient d'un récit publié en latin en 1516 par l'humaniste anglais Thomas More. Le genre de l'utopie réunit les œuvres, principalement narratives, ou les extraits d'œuvre, qui décrivent un monde éloigné du nôtre et de nature tout à fait opposée. Les utopies divertissent le lecteur et lui tendent un miroir qui l'amène à s'interroger sur son existence.

L'objet d'étude : la littérature d'idées du XVIe siècle au XVIIIe siècle

Vous avez dû croiser au cours de votre année les interrogations des écrivains au sujet du bonheur : « Des cannibales » de Montaigne, « Le Savetier et le Financier » de La Fontaine, « Les Troglodytes » de Montesquieu.
Le débat autour des défauts ou des vertus de la civilisation prend son ampleur au XVIIIe siècle en opposant Rousseau à Voltaire. Le premier considère que la société corrompt l'homme naturellement bon ; le second écrira dans son poème « Le Mondain » : « J'aime le luxe et même la mollesse » et appréciera « le superflu, chose très nécessaire ».

Les outils d'analyse

Les outils grammaticaux et lexicaux

Examinez le temps des verbes (Fiches 58 à 63), l'insertion du discours rapporté (Fiche 47), les termes mélioratifs ou péjoratifs (Fiche 73).

Les outils stylistiques

Examinez les antithèses, les énumérations, les interrogations rhétoriques. L'étude des procédés vient étayer l'analyse ; elle n'est en aucun cas regroupée dans un paragraphe spécifique.

La méthode

Une lecture attentive (Fiche 4)

Lisez attentivement le texte et posez-vous les questions suivantes : qu'ai-je retenu ? Qu'est-ce qui m'a touché, intéressé ? Quelles sont les intentions de l'auteur ? Quel est le plan du texte ? Quel est son genre ? À quels autres textes me fait-il penser ? Pourquoi ? En quoi est-il différent ?

L'élaboration du plan (Fiche 5)

Partez de vos impressions de lecture et notez ce qui vous semble important. Bâtissez les grandes lignes de votre plan comme si vous deviez définir le texte : « ce texte, c'est... ». Vous pouvez proposer deux ou trois parties (Fiche 6) ; l'essentiel est de construire une analyse cohérente qui ne laisse de côté aucun aspect important du texte.

Le plan

I. Une utopie
II. Le jeu complexe des regards
III. La portée argumentative : critique de notre société et réflexion sur le bonheur

Corrigé : plan détaillé

*Les **textes en bleu** apparaissant dans ce corrigé, titres et remarques entre crochets, ne doivent pas figurer dans votre devoir. Nous les avons insérés pour vous guider et vous aider à repérer la progression du commentaire.*

Introduction rédigée (Fiche 12)

À l'aube du siècle des Lumières, *Les Aventures de Télémaque*, imprégnées des modèles antiques tant appréciés des Classiques *[partisans du classicisme*]*, racontent, afin d'éduquer le jeune duc de Bourgogne, le voyage initiatique du fils d'Ulysse accompagné de son précepteur Mentor. Guidé par ce sage qui deviendra dans notre littérature un personnage type et, dans notre dictionnaire, un nom commun, le jeune homme découvre le monde et s'interroge sur le sens à donner à l'existence. En approchant des rives de la nymphe Calypso, les deux personnages font la connaissance d'Adoam qui leur dépeint la Bétique, un pays extraordinaire présenté comme inaccessible. Telle l'Atlantide perdue évoquée par Platon dans le *Critias*, la Bétique, sous la plume de Fénelon, est une utopie qui a « conservé tous les délices de l'âge d'or », un pays merveilleux qui inspire notre admiration et notre pensée. Nous verrons ainsi comment la peinture de ce monde utopique, suscitant un jeu complexe de regards, permet une critique de notre société et une réflexion sur le bonheur.

I. Une utopie

A. Un monde à l'écart

Télémaque est un personnage de l'Antiquité et on retrouve dans le texte des repères géographiques antiques. Il est aussi question de l'âge d'or. Le fait que le temps semble immobile nous donne l'impression que la Bétique existe même à l'écart du temps.

La Bétique est excentrée au sein du monde européen (extrême sud) ; Fénelon évoque l'Afrique ou, en référence à l'Antiquité, le Fleuve Océan qui borne le monde. Le climat est différent : « Les hivers y sont tièdes ».

Les habitants ne cherchent pas entrer en contact avec les autres contrées : « ils ne faisaient aucun commerce au-dehors », le discours du deuxième paragraphe montre le peu d'estime qu'éprouve l'orateur pour notre société.

B. Un monde heureux

Au début du texte, Fénelon s'attache à poser le cadre de la vie des habitants en évoquant la **douceur du climat**. On relèvera le vocabulaire mélioratif et le gommage de tout excès : il ne reste plus que les saisons intermédiaires, le printemps et l'automne.

La nature est présentée comme généreuse : « une double moisson », l'énumération, au pluriel, de ce qu'on trouve au bord des chemins. Qualité (or et argent, laine) et quantité caractérisent cette nature offerte aux hommes. Tout se vit sur le mode de l'harmonie, de la bonne entente des hommes à l'« heureux hymen du printemps et de l'automne ».

C. Un monde inverse du nôtre

Comme c'est souvent le cas dans les utopies (abbaye de Thélème de Rabelais ou Eldorado de Voltaire), le monde imaginaire est le négatif (en fait le positif) du nôtre.

L'abondance est le contrepoint du manque, la sérénité celui de la violence. L'or et l'argent sont abondants et sans attrait, ce qui n'est pas le cas dans notre monde.

Le temps est arrêté : « toujours tempérée », « conservé »...

Cette inversion, caractéristique de l'utopie, signale la fantaisie ; on la retrouve au théâtre dans la farce et dans toute littérature d'inspiration festive et carnavalesque.

II. Le jeu complexe des regards

A. Les regards croisés

Adoam, en évoquant le pays merveilleux, rappelle le regard admiratif qu'il pose. On peut relever les marques (« nous », « on ») de ce regard discret. Bien que les habitants ne cherchent pas en entrer en contact avec l'extérieur, ils ont leur opinion. Le discours du deuxième paragraphe exprime **le regard posé par l'un des sages sur notre monde**.

B. Une leçon destinée au public : le regard du lecteur

Le lecteur est appelé à regarder lui aussi la Bétique ; il peut se glisser sous le « nous » et sous le « on » et avoir envie de poser la question à l'origine du discours rapporté.

Le lecteur comprend **la portée argumentative du texte** : les marques de la généralisation sont nombreuses (« on », présent de vérité générale, absence d'individualisation des personnages esquissés…) et la description est exemplaire. Nous n'avons pas affaire à un pays, mais plutôt à une image, à un modèle qui doit nous amener à réfléchir.

III. La portée argumentative : critique de notre société et réflexion sur le bonheur

A. La composition du texte

Le texte est organisé en deux temps qui contrastent par leur forme autant que par leur contenu :

– d'abord, une **description méliorative de la Bétique** présentée comme objective : emploi du verbe « être », de la tournure « il y a » ; quelques modalisateurs garantissent la vérité : « semble », « presque tous »…

– ensuite, **un discours rapporté véhément pour dépeindre notre société** : termes péjoratifs, accumulations, exclamation, interrogations rhétoriques…

Cette forte opposition renforce la critique et donne tout son poids à la réflexion sur les moyens du bonheur.

B. La critique de notre société

Le représentant de la Bétique montre les torts causés par le superflu dans la civilisation occidentale :

– des **conséquences généralisées** : ceux qui détiennent ce superflu comme ceux qui en sont privés en pâtissent ;

– un **esclavage** : les hommes sont dépendants de leur envie ;

– des **tensions** : l'« envie » et l'« ambition » de ceux qui aspirent au superflu d'un côté, l'« avarice » de l'autre ;
– une **grande souffrance** : « violence », « rongés », « agités ».

C. Une réflexion sur les moyens du bonheur

L'erreur des occidentaux : « les fausses nécessités dont ils font dépendre tout leur bonheur ».
Le modèle de la Bétique : « les délices de l'âge d'or » tiennent à la frugalité, à l'harmonie avec la nature et avec les autres, au renoncement à posséder davantage, à la sagesse qui consiste à profiter de ce que l'on a.
On voit apparaître ici **le mythe du bon sauvage** né avec les grandes découvertes et qui nourrira la pensée de Rousseau au XVIIIe siècle.
Le texte prône surtout **un équilibre conforme à l'esthétique classique*** : les étés tempérés par les zéphyrs, l'« hymen du printemps et de l'automne », « les vallons » et « les campagnes »...

Conclusion rédigée (Fiche 13)

Le lecteur aime bien se promener sur les chemins de la Bétique « bordés de lauriers, de grenadiers, de jasmins ». Il ne peut qu'être heureux au sein de cette nature douce et généreuse. Point de famine et de grand froid. Point de tempête et de souffrances. Le voyage est dépaysant et nous oublions dans les « plaisirs purs et simples » les rugosités de notre monde. Mais Fénelon ne cherche pas à apaiser notre malaise en nous berçant sous des cieux « doux » et « serein(s) ». La Bétique est un miroir où nous lisons nos hivers et nos étés, notre « injustice » et notre « violence ». Fénelon ne nous apaise pas ; il critique notre soif de richesses et nous interroge. Comment l'homme doit-il se comporter pour être heureux ? La Bétique est la voie de la simplicité et de la sagesse ; sommes-nous capables de suivre ce chemin ? Alors que Fénelon, dans son *Télémaque*, propose la mise en pratique de la leçon avec la ville de Salente réorganisée par Mentor, Voltaire, lui, dans *Candide*, prolonge d'une autre manière cette réflexion : le pays utopique d'Eldorado est, certes, magnifique et serein, cependant, Candide et son valet Cacambo décident de le quitter car l'homme, être de désir, ne saurait être heureux dans un monde trop parfait.

SUJET 6

BAC 2023
Centres étrangers du groupe 1

jet d'étude : La littérature d'idées du XVIe siècle au XVIIIe siècle

Vous ferez le commentaire de l'extrait des *Deux Consolés* de Voltaire.

Voltaire, *Les Deux Consolés*, 1756.

Le grand philosophe Citophile disait un jour à une femme désolée, et qui avait juste sujet de l'être : « Madame, la reine d'Angleterre, fille du grand Henri IV, a été aussi malheureuse que vous : on la chassa de ses royaumes ; elle fut près de périr sur l'Océan par les tempêtes ; elle vit mourir son royal époux sur l'échafaud.

– J'en suis fâchée pour elle », dit la dame ; et elle se mit à pleurer ses propres infortunes.

« Mais, dit Citophile, souvenez-vous de Marie Stuart : elle aimait fort honnêtement un brave musicien qui avait une très belle basse-taille[1]. Son mari tua son musicien à ses yeux ; et ensuite sa bonne amie et sa bonne parente, la reine Élisabeth, qui se disait pucelle, lui fit couper le cou sur un échafaud tendu de noir, après l'avoir tenue en prison dix-huit années.

– Cela est fort cruel », répondit la dame ; et elle se replongea dans sa mélancolie.

« Vous avez peut-être entendu parler, dit le consolateur, de la belle Jeanne de Naples, qui fut prise et étranglée ?

– Je m'en souviens confusément », dit l'affligée.

« Il faut que je vous conte, ajouta l'autre, l'aventure d'une souveraine qui fut détrônée de mon temps après souper, et qui est morte dans une île déserte.

– Je sais toute cette histoire », répondit la dame.

« Eh bien donc, je vais vous apprendre ce qui est arrivé à une autre grande princesse à qui j'ai montré la philosophie. Elle avait un amant, comme en ont toutes les grandes et belles princesses. Son père entra dans sa chambre, et surprit l'amant, qui avait le visage tout en feu et l'œil étincelant comme une escarboucle[2] ; la dame aussi avait le teint fort animé. Le visage du jeune homme déplut tellement au père qu'il lui appliqua le plus énorme soufflet[3] qu'on eût jamais donné dans sa province. L'amant prit une paire de pincettes et cassa la tête au beau-père, qui guérit à peine, et qui porte encore la cicatrice de cette blessure. L'amante, éperdue, sauta par la fenêtre et se démit le pied ; de manière qu'aujourd'hui elle boite visiblement, quoique d'ailleurs elle ait la taille admirable. L'amant fut condamné à la mort pour avoir cassé la tête à un très grand prince. Vous pouvez juger de l'état où était la princesse quand on menait pendre l'amant. Je l'ai vue longtemps lorsqu'elle était en prison ; elle ne me parlait jamais que de ses malheurs.

– Pourquoi ne voulez-vous donc pas que je songe aux miens ? lui dit la dame.

– C'est, dit le philosophe, parce qu'il n'y faut pas songer, et que, tant de grandes dames ayant été si infortunées, il vous sied mal de vous désespérer. Songez à Hécube, songez à Niobé[4].

– Ah ! dit la dame, si j'avais vécu de leur temps, ou de celui de tant de belles princesses, et si pour les consoler vous leur aviez conté mes malheurs, pensez-vous qu'elles vous eussent écouté ? »

Le lendemain, le philosophe perdit son fils unique, et fut sur le point d'en mourir de douleur. La dame fit dresser une liste de tous les rois qui avaient perdu leurs enfants, et la porta au philosophe ; il la lut, la trouva fort exacte, et n'en pleura pas moins. Trois mois après ils se revirent, et furent étonnés de se retrouver d'une humeur très gaie. Ils firent ériger une belle statue au Temps, avec cette inscription :

À CELUI QUI CONSOLE.

1. *basse-taille :* voix grave.
2. *escarboucle :* pierre précieuse.
3. *soufflet :* violente gifle.
4. *Hécube et Niobé :* figures du malheur féminin, dans la mythologie et la tragédie grecques.

Travail préparatoire

Fiches p. 285
1 2 4 à 6 29

Lecture du texte

Une lecture personnelle (Fiches 2 et 4)

Sans doute êtes-vous sensible à la répétition qui structure le texte ainsi qu'au double effet de chute : la mort du fils du philosophe d'une part, et l'hommage au Temps d'autre part.

Demandez-vous ce que vous avez éprouvé à la lecture du texte : avez-vous été bouleversé par le destin des femmes évoquées et par celui du philosophe qui perd son fils unique ? Probablement pas. Interrogez-vous sur les raisons de cette absence de compassion. Vous comprendrez que le tragique est sans cesse mis à mal par les hyperboles (accumulation), les détails inattendus (« une paire de pincettes » pour les tisons de la cheminée) et les décalages (« éperdue », « se démit le pied »).
Vous vous arrêterez plus particulièrement sur les deux retournements de situation : quelle(s) leçon(s) dégager de la vision du philosophe inconsolable d'une part et de l'épilogue du bonheur retrouvé d'autre part ?

Les outils d'analyse (Fiche 29)

Définissez le genre du texte (l'apologue*) et identifiez les différentes tonalités en repérant bien celle qui domine. Intéressez-vous aux champs lexicaux, aux hyperboles et à ce qu'elles expriment sans perdre de vue ce que vous avez ressenti à la première lecture.
On relève le lexique du tragique : « reine », « princesse », « Hécube », « périr », « mourir », « tua », etc. La tonalité pathétique s'ajoute comme souvent au tragique : « éperdue », « affligée », « infortunes », « douleur », « malheurs », etc.
Si ces termes sombres sont nombreux, c'est toutefois la tonalité comique qui domine : « sa bonne amie », « se démit le pied », « très belle basse-taille », « cassa la tête au beau-père », etc.
Étudiez comment, dans les histoires racontées, se combinent répétition (personnages, drames, réaction de la « femme désolée ») et variation (longueur des récits, manière de les introduire). Dégagez l'effet produit.

Le contexte

Un auteur incontournable (Fiche 1)

Vous connaissez certainement l'auteur et quelques-uns de ses contes philosophiques. En jouant sur l'implicite, en maniant, comme dans notre texte, le mélange des tonalités, *Zadig*, *Candide ou l'Ingénu* suivent la devise latine *« placere et docere »* (plaire et instruire) et chargent la narration plaisante d'exprimer les critiques et les réflexions de l'auteur.

L'esprit des Lumières

Siècle de questionnements et de critiques, le XVIIIe a aussi le goût du bel esprit, du bon mot qui emporte l'adhésion du public. Vous y serez sensible ici.

La méthode

La problématique et l'élaboration du plan (Fiches 5 et 6)

L'enjeu même de l'apologue apporte la problématique de votre commentaire : « Comment et à quelles fins le récit séduit-il le lecteur ? » Un plan en deux parties est ici une solution simple qui permet d'éclairer les différentes facettes du texte.

Le plan

I. « Plaire » *(placere)* : l'art du récit amusant
II. « Instruire » *(docere)* : les diverses leçons du récit

Corrigé : devoir rédigé

*Les **textes en bleu** apparaissant dans ce corrigé ne doivent pas figurer dans votre devoir. Nous les avons insérés pour vous guider et vous aider à repérer la progression du commentaire.*

Les conseils du professeur

Introduction (Fiche 12)

En 1759, Voltaire écrit *Candide* dans lequel il met en scène Pangloss, un philosophe qui accumule les références et s'en tient à ses *a priori* sans écouter ses interlocuteurs. Trois ans auparavant, il avait imaginé, dans un bref conte intitulé *Les Deux Consolés*, Citophile, un autre « grand philosophe » dont le nom signifie « ami des citations ». Le récit dont Citophile est l'un des deux personnages déploie toute la palette des procédés littéraires pour séduire son lecteur. Comment, Voltaire met-il

Présentation du texte et de son auteur

en pratique la devise latine « *placere et docere* » dans cet apologue* resserré ? Après avoir étudié les ressources d'un récit amusant, nous nous attacherons aux différentes facettes de la leçon.

Problématique du commentaire

Annonce du plan (deux parties)

I. « Plaire » *(placere)* : l'art du récit amusant

Les reprises et les variations, ainsi qu'un goût pour la surprise servent un récit amusant.

Présentation des trois sous-parties

A. Les reprises et les variations : la progression du récit

De sa situation initiale introduite par « un jour » (l. 1) à son épilogue « Trois mois après » (l. 49), la trame du récit présente un dialogue dans lequel s'insèrent **sept histoires qui se ressemblent**. La ressemblance des situations malheureuses a pour écho la répétition des répliques brèves de « la femme désolée » (l. 1). Ce mode répétitif, qui crée chez le lecteur un effet d'attente, évite la monotonie grâce à la **diversité** des procédés. Certaines histoires, sont développées alors que d'autres sont résumées ou, pour celles d'Hécube et de Niobé, simplement évoquées par prétérition*. Pour agrémenter ses récits, Citophile a recours à des types de phrases variés : l'impératif « Souvenez-vous » (l. 8), l'interrogation « Vous avez peut-être entendu parler [...] ? » (l. 16) ou simplement la phrase déclarative « Je vais vous apprendre » (l. 23). La progression du conte selon le double procédé de la reprise et de la variation, mène le lecteur jusqu'aux surprises du dénouement et de l'épilogue.

Nous mettons en gras l'idée directrice de chaque paragraphe.

B. Les surprises

Dans ce conte très resserré, la surprise est en effet un ressort essentiel. D'emblée, la structure narrative surprend le lecteur qui découvre, dès les premières lignes, le jeu du double enchâssement. La première phrase pose le cadre d'un récit dans lequel s'insère une parole rapportée contenant elle-même un récit. Mais ce sont principalement le dénouement et l'épilogue qui

La première phrase du paragraphe annonce ce qui va être analysé.

Commentaire

provoquent la surprise. Le retournement de situation est souligné par la brièveté de la proposition annonçant la mort du fils de Citophile « Le lendemain, le philosophe perdit son fils unique » (l. 46). Cette brièveté frappante est renforcée par le resserrement temporel qu'induit l'adverbe « Le lendemain » (l. 46) et par le pathétique de l'adjectif « unique » (l. 46). Une dernière surprise attend le lecteur « Trois mois après » (l. 49) lorsqu'il découvre que les deux personnages, auparavant opposés, partagent une même « humeur très gaie » (l. 50). La « belle statue » (l. 51) célébrant le Temps est elle aussi inattendue. À l'échelle des récits successifs, le décalage entre la gravité des événements narrés et le ton neutre relève aussi d'une esthétique de la surprise chère au XVIIIe siècle et plus particulièrement à l'auteur de *Zadig*, *Candide* ou *L'Ingénu*.

En indiquant entre parenthèses les numéros des lignes, vous facilitez la lecture du correcteur.

Pensez à utiliser vos connaissances sans pour autant alourdir l'analyse avec de longues considérations extérieures.

C. Un récit amusant

On reconnaît la plume de Voltaire dans le **traitement léger des situations les plus dramatiques**. Le « grand philosophe » (l. 1) ne manifeste aucune compassion ; ses récits, factuels, associent des faits terribles à des détails sans incidence comme en témoignent la « souveraine qui fut détrônée [...] après souper » (l. 20) ou le constat « L'amante, éperdue, sauta par la fenêtre et se démit le pied » (l. 32), d'autant plus désarmant que l'amant sera condamné à mort et que la femme elle-même sera longuement emprisonnée (l. 36-37). Dans l'histoire de Marie Stuart, l'ironie s'ajoute à l'humour lorsqu'il est question de « sa bonne amie et sa bonne parente » (l. 10-11) qui « lui fit couper le cou » (l. 11-12). L'expression « grand philosophe » (l. 1) qui ouvre le conte est de même ironique. Par ailleurs, Voltaire divertit son lecteur en recourant à l'implicite quand il décrit « l'œil étincelant comme une escarboucle » (l. 27) de l'amant de la dame au « teint fort animé » (l. 28) également.

[Transition] Séduit et amusé, le lecteur est prêt à recevoir les leçons tracées en filigrane du récit.

Utilisez ce signe pour ne garder d'une citation que les éléments qui étayent votre analyse.

Voir fiche 30

La transition rapproche ce qui vient d'être étudié de ce qui va l'être.

II. « Instruire » *(docere)* : les diverses leçons du récit

Malgré sa brièveté, l'apologue esquisse plusieurs leçons qu'il s'agisse de satire, de réflexion sur la condition humaine ou sur le bonheur.

Présentation des trois sous-parties du 2e axe.

A. La portée satirique du conte

En rapportant les péripéties des « belles princesses », Voltaire **se moque du romanesque sentimental** qui nourrit à son époque les contes et les romans picaresques*. Les clichés sont mis en relief par les hyperboles : « l'amante, éperdue » (l. 32), « la taille admirable » (l. 34-35), « Elle avait un amant, comme en ont toutes les grandes et belles princesses » (l. 24-25).

Lorsqu'une sous-partie propose plusieurs analyses, elle peut être scindée en plusieurs paragraphes.

Mais la plume satirique **vise principalement le philosophe**. Comme son nom le signifie, Citophile accumule les références sans élaborer de véritable réflexion. Dépourvu de discernement, il place sur le même plan tous les faits, de la « très belle basse-taille » (l. 9) du musicien aux exécutions des amants. Il se montre incapable d'écouter la « femme désolée » (l. 1), de comprendre qu'aucune démonstration ne pourra atténuer sa douleur. Et lorsqu'il en fait lui-même l'expérience, au lieu de s'interroger sur la raison de la « liste de tous les rois qui avaient perdu leurs enfants » (l. 47-48), il se met à en vérifier l'exactitude.

B. Une vision sombre de la condition humaine

Citophile tente de consoler la « femme désolée » en lui disant que, si tant de princesses sont « infortunées » (l. 41), alors une simple dame ne doit pas se plaindre de partager leur triste destin. Grâce à la double énonciation*, l'argument prend une autre dimension : **les malheurs sont le lot de tous**, y compris du philosophe qui n'a pas pu s'en protéger. Ni le sexe, ni la condition sociale ne jouent un rôle ici.

Les citations brèves, faciles à insérer, montrent que votre analyse reste attachée au texte.

Les différents récits, croisant tragique et pathétique, ajoutent à cette perspective l'idée d'une **contagion du**

Commentaire

malheur. Non seulement Marie Stuart assiste à l'exécution de son musicien mais elle monte à l'échafaud. Non seulement l'amant de la « grande princesse » reçoit « le plus énorme soufflet qu'on [ait] jamais donné » (l. 29) mais il est condamné à mort.

À ces douleurs s'ajoute le constat que le chagrin mène aux confins de la mort (« sur le point d'en mourir de douleur », l. 46-47) **sans qu'il soit possible de le raisonner**.

C. Une réflexion sur le bonheur

L'épilogue de ce récit amusant avance **une réflexion sur le bonheur** en nous ramenant sur un terrain plus léger et joyeux. Les deux éplorés sont devenus les « deux consolés » annoncés par le titre. L'« humeur très gaie » (l. 50) qu'ils partagent en se revoyant peut s'interpréter comme le fruit de retrouvailles amoureuses. Outre une réflexion sur la versatilité de la nature humaine, le conte délivre ici une leçon épicurienne*. Quand le genre du conte autorise l'invraisemblable, le bonheur peut tenir à la légèreté des personnages qui laissent de côté spéculations et chagrins pour savourer le présent. Et le conte lui-même se fait léger pour réjouir son lecteur durant le temps de sa lecture.

Il est préférable de ne pas se montrer trop catégorique quand on émet une hypothèse.

Conclusion (Fiche 13)

Ainsi, bien que bref, cet apologue présente les atouts des contes philosophiques voltairiens ; on y retrouve une composition rigoureuse et fluide à la fois, une plume qui joue sur l'implicite, un récit divertissant chargé de transmettre des idées. Si l'apologue est satirique, il esquisse également une vision de la condition humaine et du bonheur. Voltaire reprend ici un thème connu, abordé notamment par La Fontaine dans sa fable « La Jeune veuve » : « Sur les ailes du Temps la Tristesse s'envole ; / Le Temps ramène les plaisirs ». La légèreté entraînante du texte ne nous invite-t-elle pas aussi d'ailleurs à savourer l'instant présent ?

Bilan des deux axes du commentaire

Ouverture sur une autre œuvre et une autre lecture du texte

SUJET 7

4 heures

Objet d'étude : Le roman et le récit du Moyen Âge au XXIe siècle

Vous ferez le commentaire de l'extrait de *La Fortune des Rougon* d'Émile Zola.

Émile Zola, *La Fortune des Rougon*, chapitre 1, 1871.

[Le coup d'État du 2 décembre 1851, organisé par Louis-Napoléon Bonaparte, a suscité en Provence des insurrections républicaines, notamment dans le département du Var. C'est cette révolte que décrit Zola au début de La Fortune des Rougon*.]*

La bande descendait avec un élan superbe, irrésistible. Rien de plus terriblement grandiose que l'irruption de ces quelques milliers d'hommes dans la paix morte et glacée de l'horizon. La route, devenue torrent, roulait des flots vivants qui semblaient ne pas devoir s'épuiser ; toujours, au coude du chemin, se montraient de nouvelles masses noires, dont les chants enflaient de plus en plus la grande voix de cette tempête humaine. Quand les derniers bataillons apparurent, il y eut un éclat assourdissant. *La Marseillaise* emplit le ciel, comme soufflée par des bouches géantes dans de monstrueuses trompettes qui la jetaient, vibrante, avec des sécheresses de cuivre, à tous les coins de la vallée. Et la campagne endormie s'éveilla en sursaut ; elle frissonna tout entière, ainsi qu'un tambour que frappent les baguettes ; elle retentit jusqu'aux entrailles, répétant par tous ses échos les notes ardentes du chant national. Alors ce ne fut plus seulement la bande qui chanta ; des bouts de l'horizon, des rochers lointains, des pièces de terre labourées, des prairies, des bouquets d'arbres, des moindres broussailles, semblèrent sortir des voix humaines ; le large amphithéâtre qui monte de la rivière à Plassans, la cascade gigantesque sur laquelle coulaient les bleuâtres clartés de la lune, étaient comme couverts par un peuple invisible et innombrable acclamant les insurgés ; et, au fond des creux de la Viorne[1], le long des eaux rayées de mystérieux reflets d'étain fondu, il n'y avait pas un trou de ténèbres où des hommes cachés ne parussent reprendre chaque refrain avec une colère plus haute. La campagne, dans l'ébranlement de l'air et du sol, criait vengeance et liberté. Tant que la petite armée descendit la côte, le rugissement populaire roula ainsi par ondes sonores traversées de brusques éclats, secouant jusqu'aux pierres du chemin.

1. rivière qui coule près de la ville de Plassans.

Travail préparatoire

Fiches p. 285
1 3 5 6 48

La lecture du texte

Le paratexte (Fiche 1)

Le chapeau introducteur vous permet de situer le passage dans son contexte historique et de voir que la scène décrite a réellement existé. Vous pourrez relever dans le texte les indices de cette écriture réaliste mais vous serez surtout sensible à l'ampleur épique* que confère à l'événement le style de Zola, plus romantique* ici que naturaliste*.

Les spécificités du texte

Vous avez noté que le texte associe étroitement description (Fiche 48) et narration. Aucun personnage ne se détache mais ce qui débute comme une peinture à l'imparfait devient un récit dans lequel s'enchaînent les verbes d'action au passé simple.
Dans ce passage en effet, le roman renoue avec l'épopée et c'est la foule elle-même qui acquiert pleinement le statut de personnage. Cette perspective mérite d'être abordée dans votre commentaire.

Les outils d'analyse

Vous vous appuierez sur le vocabulaire et les procédés de style pour montrer la transfiguration littéraire du peuple. Les comparaisons et les métaphores expriment cette métamorphose de la foule ; les hyperboles* caractérisent la tonalité épique.

La méthode

La lecture et le repérage (Fiche 3)

Lisez le texte plusieurs fois afin d'être sensible à sa spécificité et interrogez-vous sur ce que vous avez ressenti, sur ce que l'auteur a voulu faire. Notez vos impressions de lecture. Puis surlignez sur le texte les éléments qui vous paraissent importants et qui expliquent vos impressions. Repérez les procédés et dégagez l'effet produit.

L'élaboration du plan (Fiches 5 et 6)

En partant de ce que vous avez ressenti et repéré, bâtissez un plan qui mette en avant les différents aspects du texte, en allant du moins important au plus important. Vous pouvez choisir une progression en deux ou trois parties. L'essentiel est d'être cohérent.

Le plan

I. Une scène dont les contours historique et géographique sont estompés
II. Une scène qui fait de la foule un personnage
III. Une scène qui nous propose une vision épique de l'Histoire

Corrigé : plan détaillé

*Les **textes en bleu** apparaissant dans ce corrigé, titres et remarques entre crochets, ne doivent pas figurer dans votre devoir. Nous les avons insérés pour vous guider et vous aider à repérer la progression du commentaire.*

Introduction rédigée (Fiche 12)

Émile Zola, dont le projet littéraire est d'étudier une famille sous le Second Empire, inaugure sa fresque des Rougon Macquart par *La Fortune des Rougon*, un roman qui évoque, dans son premier chapitre, la naissance du Second Empire. Le coup d'État de Louis-Napoléon Bonaparte, le 2 décembre 1851, suscite des insurrections, notamment en Provence, pays natal du romancier. Soucieux d'inscrire l'histoire de sa famille fictive dans un cadre bien réel, Zola dépeint la progression de la révolte populaire dans la campagne de Plassans. Mais sous la plume de l'écrivain ami des peintres, le peuple prend une dimension et une force mythologiques. Le compte rendu est ainsi plus proche de l'épopée que de l'Histoire ; en effet les contours géographiques et historiques sont gommés, le peuple devient un véritable personnage et la scène prend une teinte épique*.

I. Une scène dont les contours historique et géographique sont estompés

[Introduction de l'axe] En écrivain naturaliste* épris de réalité, Zola pose, dans le premier chapitre de son roman, le cadre géographique et historique de la fiction. Mais le peintre, fasciné par la force primitive de la foule, gomme ces contours afin de donner à son tableau une dimension universelle.

A. L'ancrage dans une réalité géographique

Les noms propres permettent de situer précisément la scène : « Plassans », « la Viorne ».

Le paysage évoqué correspond bien à la Provence : la campagne dominée par l'homme (« des pièces de terre labourées, des prairies »), une nature libre marquée par une végétation peu élevée (« bouquets d'arbres », « moindres broussailles »), des « rochers » et une nature vallonnée (« descendait », « les coins de la vallée »...).

B. L'ancrage dans une réalité historique

La présence de *La Marseillaise*, « chant national » rattache la scène à la **période révolutionnaire**.

« La campagne [...] criait vengeance et liberté » : ces deux cris évoquent les brimades subies par le peuple et le désir de s'affranchir d'un pouvoir autoritaire. **Le coup d'État de Louis-Napoléon Bonaparte** suscite une réaction forte au sein d'un peuple qui a hérité des idéaux révolutionnaires.

C. Le gommage des contours

Le coup d'État de 1851 n'est pas explicitement évoqué et le lien avec la Révolution (la légende révolutionnaire de la génération romantique) est

fortement marqué. On ne connaît pas l'objet de la vengeance, de sorte que les cris « vengeance et liberté » peuvent être ceux de tout révolutionnaire. **L'ancrage historique est gommé.**
Il en est de même de l'ancrage géographique : **l'accent est davantage mis sur des éléments naturels universels** (« vallée », « rochers lointains » donc difficilement identifiables, « prairies »...) que sur des lieux déterminés.
[Transition] Ainsi, Zola, en atténuant les contours identifiables de la géographie et de l'Histoire donne une portée universelle à l'événement. Sous sa plume, le peuple, inscrit dans la légende révolutionnaire plus que dans l'Histoire, devient un personnage à part entière.

II. Une scène qui fait de la foule un personnage

[Introduction de l'axe] L'insurrection populaire rassemble un grand nombre de personnes ; mais la foule ne fait qu'un, n'a qu'une voix et une seule force.

A. Le nombre

Dans la foule, on peut encore distinguer **le noyau dur des insurgés** : « la bande », « la petite armée ».
Mais Zola insiste surtout sur **le nombre de ceux qui rejoignent progressivement le groupe.** En raison de l'obscurité, les contours de ce groupe sont difficiles à cerner : « un peuple invisible et innombrable », « il n'y avait pas un trou de ténèbres où des hommes cachés ne parussent reprendre chaque refrain », « au fond des creux ».
Les **termes collectifs** sont nombreux ainsi que les pluriels.
On a l'impression que **l'espace est saturé** : « emplit le ciel », « tout entière », « jusqu'aux entrailles »...

B. La voix unique d'un personnage violent

Les « quelques milliers d'hommes » forment un seul personnage qui pousse un seul cri : « un éclat assourdissant », « La Marseillaise ». De tous côtés (« des bouches », « des voix humaines », « des hommes cachés ») les voix se réunissent pour partager le même chant (« reprendre chaque refrain ») et le même projet (« criait vengeance et liberté »).
L'expression « le rugissement populaire » souligne **cette voix unique** et fait du peuple un personnage uni dans un même projet violent.
Le vocabulaire militaire (« bataillons », « tambour », « petite armée ») associé au chant violent de *La Marseillaise* montre **l'attitude offensive du peuple**.

Les verbes de mouvement et d'action sont nombreux, notamment ceux qui expriment une prise de position : « enflaient », « emplit », « soufflée », « sortir »...
[Transition] La force du peuple promu personnage en marche prend une dimension universelle, donnant à l'évocation de l'événement historique une tonalité épique.

III. Une scène qui nous propose une vision épique de l'Histoire

En effet, ce n'est pas un simple compte rendu de l'insurrection de 1851 en Provence que Zola nous propose ici. La démesure du tableau et l'expression du mouvement relèvent de la transfiguration épique et donnent une dimension tellurique* à la scène.

A. La démesure

De nombreux termes expriment la démesure : des adjectifs (« superbe, irrésistible », « grandiose », « géantes », « monstrueuses », « gigantesque »...), des adverbes (« terriblement », « de plus en plus »). Ces hyperboles* sont caractéristiques de la tonalité épique.
Les comparaisons et les métaphores donnent l'impression que le langage ordinaire ne suffit pas pour exprimer la force du peuple : « des flots vivants », « cette tempête humaine »...

B. Le mouvement

La progression du texte est marquée par la progression du peuple, son avancée dans la campagne et aussi son nombre et sa force croissants. On peut relever les différentes phases de cette progression : « irruption », « se montraient de nouvelles masses noires », « la campagne endormie s'éveilla » « colère plus haute »...
La proposition marquée par une longue énumération de compléments de lieu avant l'apparition du verbe et de son sujet (« des bouts de l'horizon, des rochers lointains [...] semblèrent sortir des voix humaines ») exprime bien (rythme et sens) cette progression du peuple.
Au début du texte, Zola évoque « la paix morte et glacée de l'horizon » et plus loin « les notes ardentes », « la cascade gigantesque ».

C. La dimension tellurique

Sous la plume de Zola, **le peuple devient une créature mythologique**, un monstre (« monstrueuses trompettes ») qui renoue avec les forces telluriques. On voit en effet la campagne se réveiller « jusqu'aux entrailles » ; les rochers, les prairies semblent crier (« des bouts de l'horizon, des rochers lointains [...] semblèrent sortir des voix humaines »). La route est « devenue torrent » et à la fin du texte l'univers entier « jusqu'aux pierres du chemin » est secoué : « l'ébranlement de l'air et du sol ».

Conclusion rédigée (Fiche 13)

Dans les premières pages de *La Fortune des Rougon*, le roman inaugural de la fresque des Rougon Macquart, Émile Zola se montre soucieux de poser un cadre géographique et historique bien réel. Le coup d'État de 1851 signe, dans la douleur et la violence, l'acte de naissance du Second Empire, régime et société dont le romancier se propose d'étudier les rouages. Mais l'écrivain naturaliste est aussi un peintre épique dont le pinceau brosse un tableau plus universel qu'historique. En effet, le peuple, devenu pleinement un personnage, prend une dimension mythologique et fusionne avec les forces mêmes du monde. Donner au peuple cette force « terriblement grandiose », c'est, dans le sillage de l'idéal révolutionnaire, lui donner – lui rêver peut-être – un rôle essentiel dans l'Histoire. C'est aussi montrer, comme ce sera le cas dans *Germinal* avec la représentation des grévistes en colère, que la littérature, y compris lorsqu'elle forme le projet de représenter le réel, est davantage une transfiguration qu'une photographie de la réalité. Et sans doute en cela le texte littéraire dit-il aussi vrai, à sa manière, que le compte rendu des historiens.

SUJET 8

BAC 2022
France métropolitaine

Objet d'étude : Le roman et le récit du Moyen Âge au XXIe siècle

Vous ferez le commentaire de l'extrait de *Jours de colère* de Sylvie Germain.

Sylvie Germain, *Jours de colère*, Chants, « Les frères », 1989, © Éditions Gallimard.

[Situé dans un passé indéterminé, le roman de Sylvie Germain Jours de colère *prend place dans les forêts du Morvan. Le texte suivant est extrait d'un chapitre intitulé « Les frères ». Il présente les neuf fils d'Ephraïm Mauperthuis et de Reinette-la-Grasse.]*

Ils étaient hommes des forêts. Et les forêts les avaient faits à leur image. À leur puissance, leur solitude, leur dureté. Dureté puisée dans celle de leur sol commun, ce socle de granit d'un rose tendre vieux de millions de siècles, bruissant de sources, troué d'étangs, partout saillant d'entre les herbes, les fougères et les ronces. Un même chant les habitait, hommes et arbres. Un chant depuis toujours confronté au silence, à la roche. Un chant sans mélodie. Un chant brutal, heurté comme les saisons, – des étés écrasants de chaleur, de longs hivers pétrifiés sous la neige. Un chant fait de cris, de clameurs, de résonances et de stridences. Un chant qui scandait autant leurs joies que leurs colères.

Car tout en eux prenait des accents de colère, même l'amour. Ils avaient été élevés davantage parmi les arbres que parmi les hommes, ils s'étaient nourris depuis l'enfance des fruits, des végétaux et des baies sauvages qui poussent dans les sous-bois et de la chair des bêtes qui gîtent dans les forêts ; ils connaissaient tous les chemins que dessinent au ciel les étoiles et tous les sentiers qui sinuent entre les arbres, les ronciers et les taillis et dans l'ombre desquels se glissent les renards, les chats sauvages et les chevreuils, et les venelles[1] que frayent les sangliers. Des venelles tracées à ras de terre entre les herbes et les épines en parallèle à la Voie lactée, comme en miroir. Comme en écho aussi à la route qui conduisait les pèlerins de Vézelay vers

Saint-Jacques-de-Compostelle. Ils connaissaient tous les passages séculaires[2] creusés par les bêtes, les hommes et les étoiles.

La maison où ils étaient nés s'était montrée très vite bien trop étroite pour pouvoir les abriter tous, et trop pauvre surtout pour pouvoir les nourrir. Ils étaient les fils d'Ephraïm Mauperthuis et de Reinette-la-Grasse.

1. venelles : petits sentiers.
2. séculaires : qui existent depuis cent ans ou davantage.

Travail préparatoire

Fiches p. 285
1 3 à 5
6 8 9

La lecture du texte

Le paratexte (Fiche 1)

Le chapeau introducteur permet de comprendre l'extrait grâce à des informations sur les personnages présentés et sur le cadre spatio-temporel. Les indications « passé indéterminé », « neuf fils » ainsi que les noms des parents des sept frères rappellent l'univers du conte même si la mention du Morvan introduit un élément réaliste. Ces précisions pourront orienter votre commentaire.
Vous avez peut-être lu *Magnus* qui a obtenu le Goncourt des lycéens en 2005 mais les correcteurs n'attendent ni que vous connaissiez la romancière et *Jours de colère*, ni que vous sachiez que le titre s'inspire du *dies irae* (« jour de colère »), un chant grégorien.

Les outils d'analyse (Fiches 8 et 9)

Votre commentaire devra s'appuyer sur un repérage et une analyse des différents procédés repérés. Intéressez-vous particulièrement aux champs lexicaux, aux temps des verbes, à la syntaxe et au rythme des phrases.

Examinez aussi la composition du texte en rapprochant la dernière phrase de la première.

Faites appel à votre culture : *Le Petit Poucet* (la forêt, les frères, la violence), le christianisme (l'homme créé à l'image de Dieu pour la ligne 1, le pèlerinage de Vézelay vers Saint-Jacques-de-Compostelle).

La méthode

Une lecture attentive et sensible (Fiches 3 et 4)

Lisez plusieurs fois le texte et demandez-vous simplement ce que vous avez lu, ce que vous avez compris et surtout ce que vous avez ressenti. Vous serez sensible à l'étrangeté des personnages et du cadre autant qu'à l'organisation de la description.

Pour préciser vos impressions de lecture, comparez la présentation des personnages dans le texte avec ce que vous avez pu observer dans le récit étudié cette année. Les différences vous aideront à mieux caractériser l'extrait du roman de Sylvie Germain, réaliste (au sens de vraisemblable) et imprégné de merveilleux* (surnaturel).

Le repérage des procédés

Étudiez la composition du texte et, au fil de l'extrait, notez ce que vous repérez comme si vous deviez proposer une étude linéaire.

La composition du plan (Fiches 5 et 6)

En prenant en compte vos impressions de lecture ainsi que votre repérage au fil de l'extrait, dégagez les grandes lignes de votre commentaire. Sans séparer la forme et le contenu, chaque axe doit proposer une définition du texte (« ce texte, c'est... ») en allant du moins important au plus important.

Le plan comprend deux ou trois parties qui se divisent en sous-parties matérialisées dans le devoir rédigé par des alinéas. Si vos sous-parties sont longues, elles peuvent se subdiviser en paragraphes.

Attention : les remarques concernant le style doivent toujours être reliées au sens du texte.

Le plan

I. L'auteure, en nous présentant des personnages à la fois réalistes...

II. ... et imprégnés de merveilleux*, ...

III. ... nous donne à entendre un chant sauvage et mystique*

→ *Corrigé : devoir rédigé p. 81*

Corrigé : devoir rédigé

*Les **textes en bleu** apparaissant dans ce corrigé ne doivent pas figurer dans votre devoir. Nous les avons insérés pour vous guider et vous aider à repérer la progression de votre commentaire.*

Les conseils du professeur

Introduction (Fiche 12)

Avant d'obtenir en 2005, le prix Goncourt des lycéens pour son roman *Magnus*, Sylvie Germain reçoit en 1989 le prix Femina pour *Jours de colère*. Ce récit raconte la vie douloureuse et sauvage des habitants d'un hameau du Morvan. L'extrait étudié présente neuf frères qui, ayant pris l'habitude de chercher leur nourriture dans la forêt, ont fini par adopter sa « solitude » et sa « dureté ». Faut-il les considérer comme les personnages d'un récit réaliste ou bien comme les héros d'un conte ? Après avoir envisagé successivement ces deux perspectives, nous verrons comment l'auteure nous fait entendre un chant sauvage et mystique*.

Présentation de l'auteur, de l'œuvre et de l'extrait

Représentant le réel de façon vraisemblable.

Problématique

Annonce du plan

I. L'auteure, en nous présentant des personnages à la fois réalistes...

L'extrait semble renouer avec la représentation de la misère dans le roman réaliste en nous montrant des personnages vraisemblables que la pauvreté oblige à vivre au sein de la nature.

Introduction de l'axe : présentation de son enjeu et des deux sous-parties

A. Un ancrage réaliste : des personnages dans la misère...

Le cadre et les acteurs de l'histoire sont ancrés dans le réel. En effet, l'action se déroule dans le Morvan, un massif montagneux ancien, selon la terminologie géographique,

La première phrase du paragraphe résume son projet.

« vieux de millions de siècles », un « socle de granit », couvert de forêts. Les saisons sont contrastées, les étés se montrant « écrasants de chaleur », les hivers « longs » et « pétrifiés sous la neige ». Les participes caractérisant respectivement les deux saisons opposées figent tous deux le paysage et ceux qui y vivent. Trop nombreux pour vivre dans la maison « trop étroite » et « trop pauvre » de leurs parents, les neuf frères ont depuis leur enfance misérable pris l'habitude de se nourrir dans les sous-bois. Les deux compléments de conséquence (« pour pouvoir les abriter tous », « pour pouvoir les nourrir ») introduits par l'adverbe « trop » suggèrent la logique qui mène de la pauvreté à l'abandon et aux « colères ».

Le cadre peut être considéré comme réaliste même si l'ouvrage est composé au XXe et non au XIXe siècle, car le réalisme concerne toute œuvre cherchant à représenter plus ou moins fidèlement la réalité.

B. … qui vivent au sein de la nature

Les personnages peuvent aussi être considérés comme réalistes au sens large.

Les frères ont grandi au sein de la nature, loin des hommes. La tournure pronominale « ils s'étaient nourris » renferme les frères sur eux-mêmes tandis que la construction passive « Ils avaient été élevés », sans complément d'agent, efface les parents. Le monde des frères est celui de la forêt avec ses « fougères » et ses « ronces ». Ils côtoient les animaux, « les renards, les chats sauvages et les chevreuils », auxquels ils empruntent sentiers et venelles pour parcourir « à ras de terre » le territoire hostile des « ronciers » et des « épines ». S'ils « connaiss[ent] […] tous les sentiers qui sinuent entre les arbres », ils ne savent rien de la richesse des émotions et des sentiments humains si bien que « tout en eux pren[d] des accents de colère, même l'amour ». Ils ignorent aussi le langage des hommes, leur chant étant « fait de cris, de clameurs, de résonances et de stridences ». Loin de la société humaine, les frères sont devenus solitaires et durs, d'une solitude et d'une dureté qu'ils partagent avec la nature.

Pensez à repérer et commenter les procédés grammaticaux.

Appuyez-vous sur des citations en veillant à leur exactitude et à leur insertion.

[Transition] Sylvie Germain imagine la misère, voire la déshumanisation de ses personnages mais, lu sous un autre angle, le récit évoque un univers plus merveilleux* que réel.

II. ... et imprégnés de merveilleux*, ...

En effet, les personnages s'apparentent à des créatures sylvestres si bien que le lecteur a l'impression d'être plongé dans un conte.

Ce connecteur relie l'introduction de l'axe à la transition.

A. Des personnages qui se confondent avec la nature

Annonce des deux sous-parties

Non seulement les frères vivent coupés des hommes, mais ils sont devenus fils des forêts qui les ont « faits à leur image ». Ces liens du sang et de la ressemblance prennent racine dans « leur sol commun, ce socle de granit d'un rose tendre vieux de millions de siècles ». De même qu'il est dans cet extrait impossible de distinguer les frères les uns des autres, de même, ils se confondent avec la nature qui les a nourris et façonnés : « Un même chant les habitait, hommes et arbres ». Ils se confondent aussi avec les animaux, adoptant leurs trajets sinueux « entre les herbes et les épines ». La sauvagerie des « baies » et des « chats » est devenue la leur. Par ailleurs, leur parfaite connaissance des bois, de ses « sentiers » et de ses « venelles » prend une dimension cosmique car les chemins sont aussi ceux « que dessinent au ciel les étoiles », les « venelles » sinuant « en parallèle à la Voie lactée ». Loin d'être une simple évocation réaliste de la misère, le récit nous invite à rejoindre l'imaginaire atemporel et merveilleux des mythes et des contes.

Nouvelle étape dans le paragraphe

À la mesure du cosmos universel

La reprise d'un terme assure la transition entre les deux sous-parties.

B. Des personnages de conte

L'imparfait de description, le présent de vérité générale et les phrases nominales, en empêchant de dater l'histoire, rappellent le genre du conte. Les neuf frères n'évoquent-ils pas d'ailleurs les sept frères du Petit Poucet abandonnés par leurs parents ? Dans les deux cas, la forêt est leur univers, un monde inquiétant, « brutal », « heurté ». Les personnages de Sylvie Germain comme les frères du Petit Poucet n'ont pas de prénom mais un pronom, « ils », « les » (ligne 1) « eux » (ligne 10) ou l'indéfini « tous » qui, à la fin du texte, au sein même de la maison familiale, souligne l'absence d'individualisation. Alors que, chez Perrault, les frères, sauvés par le plus petit d'entre eux, échappent au monde menaçant des bois, dans *Jours de colère*, ils semblent des génies sylvestres, créatures devenues « sauvages » à force de se nourrir des « végétaux [...] qui poussent dans les sous-bois et de la chair des bêtes ». Les personnages du récit surprennent d'autant plus le lecteur que le mouvement du texte est inverse par rapport à la réification suggérée. En effet, « hommes des forêts », créés « à leur image » par les bois eux-mêmes, ils sont, à la fin du texte, des humains ordinaires, « fils d'Ephraïm Mauperthuis et de Reine-la-Grasse », deux personnages mystérieux.

Qui vit dans la forêt (*silva* en latin).

Transformation en chose, déshumanisation

[Transition] Plus étrange que réaliste malgré le cadre, le récit brouille nos repères et nous conduit dans les profondeurs d'un monde atemporel, à la fois sauvage et mystique.

La transition rappelle ce qui vient d'être montré et annonce ce qui va suivre.

III. ... nous donne à entendre un chant sauvage et mystique

Les frères font entendre le chant sauvage de la nature qui les a façonnés, exprimant ainsi une vision mystique* du monde.

Annonce des deux sous-parties

A. Un chant sauvage

La note douce du « granit d'un rose tendre [...] bruissant de sources » fait ressortir par contraste la violence du paysage, celle des « ronces », des saisons extrêmes, des « chats sauvages » et des « sangliers ». Le champ lexical de la brutalité se ramifie : « dureté », « saillant », « heurté », « stridences », « chair des bêtes ». Les frères et la nature partagent la « puissance » et la « solitude », un même « chant brutal » qui imprègne jusqu'aux « joies » car tout prend « des accents de colère, même l'amour ». La syntaxe, elle aussi heurtée, fragmentée en phrases nominales*, saillantes de toutes ses anaphores*, paraît une matière brute à la façon du granit. Si le chant des frères, « sans mélodie » se réduit à des clameurs plus anciennes que le langage, celui de la voix narrative, offre ses propres mots à ces « résonances » et ces « stridences » primitives pour évoquer un paysage « vieux de millions de siècles ».

Ce signe indique une coupe ; n'hésitez pas à l'utiliser pour éviter les citations trop longues et mettre ainsi en avant les éléments importants pour votre analyse.

Nous distinguons la voix narrative de l'auteure.

B. Une vision mystique* du monde

Cette ancienneté, qui confine à l'atemporalité, inscrit le récit dans l'imaginaire des mythes et des récits religieux. L'expression « faits à leur image » rappelle la Genèse mais ici ce sont les forêts qui façonnent les frères et Ève est absente, ce qui place la création sous le signe du manque et de la colère. À la fin du texte, les pèlerins semblent plus heureux ; ayant quitté la basilique de Vézelay, haut lieu de la chrétienté médiévale, ils empruntent une route que l'on devine « parallèle à la Voie lactée » pour rejoindre Saint-Jacques-de-Compostelle où ils espèrent sans doute ne pas être « confronté[s] au silence ». Par ailleurs, le titre même du roman s'approprie le *dies irae* (« jour de colère »), ce très ancien chant grégorien qui évoque le Jugement dernier et la misère humaine. Sans enfermer son récit dans les contours définis du christianisme, Sylvie Germain relie la souffrance et la colère de ses personnages au « chant brutal » de l'humanité. Le texte prend une dimension à la fois cosmique et mystique pour évoquer « les passages séculaires creusés par les bêtes, les hommes et les étoiles ».

> Transition entre les deux sous-parties

> Le premier livre de la Bible relate la création du monde et précise que Dieu a créé l'homme (Adam et Ève) à son image. On ne souligne pas (pas d'italique) les titres des livres de la Bible.

> Cette ville espagnole est la destination d'un pèlerinage chrétien très fréquenté.

Conclusion (Fiche 13)

Tout en posant le cadre d'un récit réaliste, la voix narrative brouille les repères du lecteur en l'emmenant dans les profondeurs des mythes et des contes. Les neuf frères sont les victimes de la pauvreté ; ils sont aussi des créatures façonnées par la forêt, habités par un « chant brutal », immémorial, celui des arbres et du monde sauvage. Leur connaissance des « venelles tracées à ras de terre » comme des « chemins que dessinent au ciel les étoiles » a une dimension cosmique et mystique.

Cette fusion de l'homme et de la nature, traverse la littérature depuis le romantisme ; on la retrouve, avec la même atemporalité, chez Giono, dans *Regain* par exemple, ou, de façon apaisée et sensuelle chez Colette, dans *La Naissance du jour*, tout à l'opposé du *dies irae* de Sylvie Germain.

> Bilan des trois étapes de l'analyse

> Le *dies irae* est en général chanté lors des funérailles (à l'opposé de la « Naissance »).

> Ouverture sur un thème littéraire

SUJET 9

BAC 2024
France métropolitaine

Objet d'étude : Le roman et le récit du Moyen Âge au XXIe siècle

Vous ferez le commentaire de l'extrait d'*Édouard* de Claire de Duras.

Claire de Duras, *Édouard*, 1825.

[Le narrateur, Édouard, tombe amoureux d'une jeune veuve, la duchesse de Nevers. Fils d'un avocat, il ne peut lui avouer son amour parce qu'il n'est pas noble. Il passe cependant un été avec elle au château de Faverange.]

Madame de Nevers s'était assise dans l'embrasure d'une des fenêtres pour respirer l'air frais du soir ; un grand jasmin qui tapissait le mur de ce côté du château montait dans la fenêtre, et s'entrelaçait dans le balcon. Debout, à deux pas derrière elle, je voyais son profil charmant se dessiner sur un ciel d'azur, encore doré par les derniers rayons du couchant ; l'air était rempli de ces petites particules brillantes qui nagent dans l'atmosphère à la fin d'un jour chaud de l'été ; les coteaux, la rivière, la forêt, étaient enveloppés d'une vapeur violette qui n'était plus le jour, et qui n'était pas encore l'obscurité. Une vive émotion s'empara de mon cœur. De temps en temps un souffle d'air arrivait à moi ; il m'apportait le parfum du jasmin, et ce souffle embaumé semblait s'exhaler de celle qui m'était si chère ! Je le respirais avec avidité. La paix de ces campagnes, l'heure, le silence, l'expression de ce doux visage, si fort en harmonie avec ce qui l'entourait, tout m'enivrait d'amour. Mais bientôt mille réflexions douloureuses se présentèrent à moi. Je l'adore, pensai-je, et je suis pour jamais séparé d'elle ! Elle est là ; je passe ma vie près d'elle, elle lit dans mon cœur, elle devine mes sentiments, elle les voit peut-être sans colère : eh bien ! jamais, jamais, nous ne serons rien l'un à l'autre ! La barrière qui nous sépare est insurmontable, je ne puis que l'adorer ; le mépris la poursuivrait dans mes bras ! et cependant nos cœurs sont créés l'un pour l'autre. Et n'est-ce pas là peut-être ce qu'elle a voulu dire l'autre jour ! Un mouvement irrésistible me rapprocha d'elle ; j'allai m'asseoir sur cette même fenêtre où elle était assise, et j'appuyai ma tête sur le balcon. Mon cœur était trop plein pour parler.

« Édouard, me dit-elle, qu'avez-vous ? – Ne le savez-vous pas ? » lui dis-je. Elle fut un moment sans répondre ; puis elle me dit : « Il est vrai, je le sais ; mais si vous ne voulez pas m'affliger, ne soyez pas ainsi malheureux. Quand vous souffrez, je souffre avec vous ; ne le savez-vous pas aussi ? – Je devrais être heureux de ce que vous me dites, répondis-je, et cependant je ne le puis. – Quoi ! dit-elle, si nous passions notre vie comme nous avons passé ces deux mois, vous seriez malheureux ? » Je n'osai lui dire que oui ; je cueillis des fleurs de ce jasmin qui l'entouraient, et qu'on ne distinguait plus qu'à peine ; je les lui donnai, je les lui repris ; puis je les couvris de mes baisers et de mes larmes.

Travail préparatoire

Fiches p. 285
1 2 5 6 8 29 47 63

Le paratexte

La lecture du paratexte (Fiche 1)

Le paratexte indique que l'extrait se rattache au mouvement du romantisme :
1) le motif de l'amour interdit entre un bourgeois et une aristocrate ;
2) le thème de l'aveu impossible ;
3) le cadre spatio-temporel d'un château en plein été ;
4) la date de publication : 1825.

L'objet d'étude : Le roman et le récit du Moyen Âge au XXIe siècle

Cet extrait de roman est l'occasion pour le narrateur-personnage d'explorer les sentiments contraires que lui inspire l'amour : l'ivresse et la plénitude d'une part, la douleur et le chagrin d'autre part. Le passage rapproche l'œuvre de Claire de Duras d'un roman d'analyse. On distingue en effet les romans d'analyse de ceux qui privilégient l'action.

La lecture autonome (Fiche 2)

En lisant l'extrait, remarquez que le château est noyé dans une nature foisonnante ; le texte s'ouvre et se ferme sur les fleurs d'un « grand jasmin ». Les thèmes de l'amour, de la douleur et de la nature s'entrelacent : l'auteure emprunte ici au registre lyrique*.

Les outils d'analyse

Le fil de la narration (Fiches 47 et 63)

L'extrait s'ouvre sur la description de la duchesse : l'emploi de l'imparfait de description permet d'offrir le portrait paisible d'un « doux visage ». Puis, la première personne du singulier apparaît : le narrateur-personnage livre l'exploration des mouvements contraires de son for intérieur. Enfin, le discours* rapporté direct permet de faire entendre la voix des amants qui s'interrogent sur leur impossible bonheur.

Le lexique (Fiches 8 et 29)

Le lexique de l'amour est facile à repérer : « amoureux », « mon cœur », « enivrait d'amour », « mes sentiments ». À ce lexique s'ajoute celui de la souffrance : « douloureuses », « affliger », « souffre », « malheureux ». Le thème de l'amour prend ici une tonalité pathétique. Ne laissez pas de côté le lexique de la nature car il est omniprésent dans l'extrait : « jasmin », « azur », « coteaux », « rivière », « forêt ».

La méthode

L'élaboration du plan (Fiches 5 et 6)

Réunissez et organisez vos observations pour rendre compte du caractère descriptif de l'extrait sans oublier de mettre en valeur le caractère douloureux de l'amour. Il s'agira ensuite de montrer que c'est la nature qui permet aux amants de transgresser les barrières sociales qui les éloignent.

Le plan

I. Un tableau idyllique
II. Douleurs d'un amour impossible
III. La nature, seule médiation entre les amants par-delà les barrières sociales

Corrigé : devoir rédigé

*Les **textes en bleu** apparaissant dans ce corrigé ne doivent pas figurer dans votre devoir. Nous les avons insérés pour vous guider et vous aider à repérer la progression du commentaire.*

Les conseils du professeur

Introduction (Fiche 12)

Dans son drame romantique *Ruy Blas* (1838), Victor Hugo offre au spectateur une histoire d'amour impossible entre un valet et une reine. Quelques années auparavant, en 1825, Claire de Duras avait déjà exploité ce motif romantique dans son roman *Édouard*. L'extrait proposé de cette œuvre présente ici la réunion de deux amants (un avocat et une duchesse) séparés par des barrières sociales. Après la description d'un tableau idyllique où se dégage le profil de la duchesse, la voix narrative se fait entendre pour partager avec le lecteur les douleurs d'un cœur meurtri par une passion impossible. C'est finalement un dialogue amoureux qui se tisse entre les deux personnages par l'intermédiaire des fleurs de jasmin. Mais comment le tableau parfait d'une nature harmonieuse peut-il être le cadre d'un amour si douloureux ?

Accroche

Introduction de l'extrait

Présentation du thème principal qui relève d'un décor idéal en pleine nature.

Explicitation de la structure de l'extrait

Problématique

Nous étudierons le tableau idyllique qui s'offre au lecteur de prime abord. Puis, nous nous intéresserons à l'expression douloureuse de la passion amoureuse. Enfin, nous observons que dans cette scène romantique*, la nature joue un rôle de médiateur entre les amants par-delà les frontières sociales.

Annonce des trois parties du commentaire

I. Un tableau idyllique

Premièrement, l'extrait du roman de Claire de Duras offre au lecteur la peinture idyllique d'un couple amoureux dans un château en pleine nature.

Annonce de l'idée de la 1re partie

A. Le doux portrait de la femme aimée

D'une part, le narrateur emprunte à l'art pictural en proposant le portrait de la femme aimée. Non seulement, le lexique de la peinture apparaît d'emblée avec les termes « se dessiner » (l. 5), « profil » (l. 4), « tapissait » (l. 2), mais les nombreux indicateurs spatiaux donnent l'impression que la duchesse est un modèle qui pose pour un peintre : « dans l'embrasure », « assise » (l. 1), « dans la fenêtre » (l. 3), « debout, à deux pas derrière elle » (l. 4), « sur un ciel d'azur » (l. 5), « cette même fenêtre où elle était assise » (l. 23), « sur le balcon » (l. 24). La femme aimée est ainsi mise en valeur dès le début de l'extrait. De plus, la périphrase* « celle qui m'était si chère » (l. 12) ainsi que l'omniprésence de la troisième personne du singulier « elle » permettent à la fois de placer la duchesse au centre du tableau et de la contempler de loin. Tout ceci est renforcé par le recours à l'indicatif imparfait – « tapissait » (l. 2), « voyais » (l. 4), « apportait » (l. 11), « enivrait » (l. 14) – car sa valeur descriptive inscrit le portrait de la duchesse hors du temps et permet de livrer au lecteur, par le regard du narrateur amoureux, l'image intemporelle d'une femme idéalisée.

Présentation de l'idée de la sous-partie

Rapprochez les procédés grammaticaux, lexicaux ou de style qui concourent au même effet, ici le portrait idéalisé de la femme aimée.

B. Un paysage aussi foisonnant qu'harmonieux

D'autre part, la duchesse trône dans un décor naturel aussi foisonnant qu'harmonieux. La richesse de la nature apparaît à travers l'énumération « les coteaux, la rivière, la forêt » (l. 7-8) ainsi qu'à travers les pluriels « derniers rayons » (l. 5) « petites particules brillantes » (l. 6), « campagnes » (l. 13) qui véhiculent l'idée d'un foisonnement luxuriant. À cela s'ajoutent les multiples adjectifs à connotation méliorative qui viennent qualifier les substantifs renvoyant à une nature douce et harmonieuse : l'« air frais » (l. 2), le « grand jasmin » (l. 2), le « souffle embaumé » (l. 11). L'harmonie est encore renforcée par la mélodie qui accompagne la description de ce paysage délicieux. En effet, les allitérations* en [v] (« vapeur violette », l. 8), et en [f] (« souffle »,

Reprise du titre noté au brouillon

Les adjectifs « foisonnant » et « harmonieux » sont développés avec des citations commentées.

« parfum ») accompagnent le tableau de cette atmosphère naturelle sereine et feutrée.

[Transition] Or, ce décor idyllique enveloppe paradoxalement deux amants dont l'amour est impossible, interdit par la société.

Conclusion de la 1re partie et annonce de la 2e partie

II. Douleurs d'un amour impossible

Deuxièmement, cet amour idéalisé est cependant impossible : la passion d'un avocat et d'une duchesse se heurte ici aux frontières sociales condamnant ainsi le narrateur-personnage à un profond chagrin.

En balisant la progression de votre analyse grâce à des adverbes, vous en facilitez la lecture.

A. L'expression intense de la passion

D'abord, cet extrait d'*Édouard* de Claire de Duras, en faisant entendre la voix du narrateur-personnage, devient le lieu d'expression d'une passion amoureuse intense. En effet, l'œuvre prend les allures d'un roman d'analyse puisqu'à travers la déclinaison du lexique de l'amour, le narrateur propose au lecteur une exploration de ses propres tourments sentimentaux : « émotion » (l. 9), « cœur » (l. 17), « sentiments » (l. 17). De plus, le rapprochement des deux personnages est matérialisé par l'entrelacement des pronoms personnels « je »/« elle », puis « je »/« vous », finalement réunis en un « nous » qui surgit à partir de la dix-huitième ligne. L'intensité de la passion est également véhiculée par les nombreuses hyperboles* : « tout m'enivrait » (l. 14), « si fort en harmonie » (l. 14), « si chère » (l. 12), « avec avidité » (l. 12), « mille réflexions douloureuses » (l. 15), « insurmontable » (l. 19). La négation restrictive « je ne puis que l'adorer » (l. 20) et la double négation « jamais, jamais, nous ne serons rien l'un à l'autre ! » (l. 18-19) à valeur hyperbolique nourrissent aussi l'épanchement ardent des sentiments du narrateur.

Présentation de l'idée de la sous-partie

Catégorie de romans qui donne la priorité à la description et à l'étude des sentiments intimes, par opposition aux romans qui privilégient l'action (romans d'aventure par exemple).

B. Les plaintes de la voix narrative

Or, si cette effusion sentimentale est particulièrement intense, c'est que la voix narrative exprime sa passion, au sens étymologique, c'est-à-dire que l'amour

Présentation de l'idée de la sous-partie

est ici source de douleur. En effet, le recours au registre pathétique* avec la répétition de l'adjectif « malheureux » (l. 27, l. 31) et du verbe « souffrir » (l. 28) ainsi que les exclamations « je suis pour jamais séparé d'elle ! » (l. 16), « eh bien ! » (l. 18) permettent d'exprimer le vif chagrin du narrateur. Ce dernier se présente dans une posture de victime impuissante de l'amour : à cet égard, la première personne est souvent, dans la syntaxe, placée en objet « s'empara de mon cœur » (l. 9-10), « un souffle d'air arrivait à moi » (l. 10) « tout m'enivrait » (l. 14), « mille réflexions douloureuses se présentèrent à moi » (l. 15). Enfin, l'antithèse* finale « je les couvris de mes baisers et de mes larmes » (l. 34) oppose et associe l'amour et le chagrin, montrant ainsi le caractère amer de la passion.

> Grammaticalement, le sujet effectue l'action tandis que l'objet (COD ou COI) la subit.

[Transition] Ainsi, la tonalité plaintive de cet extrait s'explique par l'impossibilité de l'amour entre les deux personnages séparés par des barrières sociales.

> Conclusion de la 2e partie et annonce de la 3e partie

III. La nature, seule médiation entre les amants par-delà les barrières sociales

Troisièmement, seule la nature peut, dans ces conditions sociales, offrir aux amants une médiation (voire une échappatoire) par-delà les interdits sociaux.

> Annonce de l'idée de la 3e partie

A. Sensualité de la nature

Les éléments naturels semblent répondre à la plainte de la voix narrative par l'éveil des sens. En effet, la mélancolie ambiante se mêle à la description sensuelle de la nature. L'odorat s'impose ici comme le sens privilégié avec l'emploi du verbe « respirer » (l. 2, l. 12) et des substantifs « air » (l. 2, l. 10), « atmosphère » (l. 7), « jasmin » (l. 2), « souffle » (l. 10), « parfum » (l. 11) ou encore « vapeur » (l. 8). À l'odorat s'ajoutent la vue avec « embrasure » (l. 1), « azur » (l. 5), « violette » (l. 8), mais aussi le toucher avec « jour chaud » (l. 7), « air frais » (l. 2), « dans mes bras » (l. 20), et même l'ouïe avec la mention de la « rivière » (l. 8). La nature paraît donc s'animer autour des deux amants, et véhicule ainsi

> Présentation de l'idée de la sous-partie

> Noms

la sensualité amoureuse ambiante, notamment grâce aux synesthésies* qui mêlent l'odorat à la vue : « vapeur violette » (l. 8), « parfum du jasmin » (l. 11). Les sens, ainsi mis en éveil, traduisent et portent, au cœur de la nature, l'émoi amoureux des personnages.

B. Symboliques du jasmin

Non seulement la nature prend vie au contact de ces amoureux malheureux, mais elle propose surtout, à travers le jasmin, une médiation possible entre eux. Tous les verbes de mouvement comme « rapprocha d'elle » (l. 22-23), « j'allai m'asseoir sur cette même fenêtre où elle était assise » (l. 23) ou « poursuivrait dans mes bras » (l. 20) révèlent le désir de rapprochement physique par-delà les frontières sociales. Or, c'est bel et bien la nature qui offre, avec le jasmin, le moyen de cette transgression. D'une part, à la fin de l'extrait, le jasmin, par une hypallage devient l'objet-fétiche d'une étreinte amoureuse : « je les couvris de mes baisers et de mes larmes » (l. 34) confie le narrateur à propos des fleurs ; d'autre part, dès le début de l'extrait, le jasmin qui envahit le mur du château apparaît comme la métaphore d'une nature puissante qui l'emporte sur toutes les constructions humaines, qu'il s'agisse d'un bâtiment (le château) ou de codes sociaux (l'interdit amoureux).

Par conséquent, si l'aveu d'Édouard n'est socialement ni recevable ni exprimable, la nature supplée, en revanche, à cette incapacité par l'intermédiaire du jasmin.

Présentation de l'idée de la sous-partie

Figure de style consistant à attribuer, à un ou plusieurs mots d'une phrase, ce qui convient à d'autres (ici, au lieu d'embrasser la duchesse, Édouard embrasse les fleurs).

Conclusion de la 3e partie

Conclusion (Fiche 13)

Ainsi, cet extrait du roman *Édouard* offre d'abord le tableau idyllique d'une jeune femme à la fenêtre d'un château pour faire ensuite entendre la plainte de la voix narrative éplorée par l'amour. Ici, Claire de Duras, dix ans avant *Le Lys dans la vallée* emprunte à la tradition lyrique : comme le poète Orphée, Édouard s'épanche sur sa douleur face à l'impossibilité de connaître le bonheur amoureux et c'est la nature, douce, sensuelle et bienveillante qui se fait non seulement le réceptacle de ses plaintes, mais aussi le moyen d'exprimer ses tourments.

Bilan des trois parties du devoir

Les fleurs jouent un rôle essentiel dans *Le Lys dans la vallée* (1835) de Balzac.

SUJET 10

BAC 2022
Amérique du Nord
(centres étrangers groupe 2)

Objet d'étude : Le théâtre du XVIIe siècle au XXIe siècle

Vous ferez le commentaire de l'extrait de *Lorenzaccio* d'Alfred de Musset.

Alfred de Musset, *Lorenzaccio*, Acte III, scène 3, 1834.

[Ce dialogue se déroule en Italie, dans la ville de Florence, au XVIe siècle. Lorenzo est proche de son cousin le duc Alexandre de Médicis qui gouverne la ville. Le chef des républicains Philippe Strozzi demande à Lorenzo d'agir contre le duc Alexandre qui se comporte comme un tyran. En effet, Pierre et Thomas, les fils de Philippe, viennent d'être arrêtés et risquent d'être exécutés.]

PHILIPPE – Il faut nous délivrer des Médicis, Lorenzo. Tu es un Médicis toi-même, mais seulement par ton nom ; si je t'ai bien connu, si la hideuse comédie que tu joues m'a trouvé impassible et fidèle spectateur, que l'homme sorte de l'histrion[1]. Si tu as jamais été quelque chose d'honnête, sois-le aujourd'hui. Pierre et Thomas sont en prison.

LORENZO – Oui, oui, je sais cela.

PHILIPPE – Est-ce là ta réponse ? Est-ce là ton visage, homme sans épée[2] ?

LORENZO – Que veux-tu ? dis-le, et tu auras alors ma réponse.

PHILIPPE – Agir ! Comment, je n'en sais rien. Quel moyen employer, quel levier mettre sous cette citadelle de mort, pour la soulever et la pousser dans le fleuve ; quoi faire, que résoudre, quels hommes aller trouver, je ne puis le savoir encore. Mais agir, agir, agir ! Ô Lorenzo, le temps est venu. N'es-tu pas diffamé, traité de chien et de sans cœur ? Si j'ai tenu en dépit de tout ma porte ouverte, ma main ouverte, mon cœur ouvert, parle, et que je voie si je me suis trompé. Ne m'as-tu pas parlé d'un homme qui s'appelle aussi Lorenzo, et qui se cache derrière le Lorenzo que voilà ? Cet homme n'aime-t-il pas sa patrie, n'est-il pas dévoué à ses amis ? Tu le disais, et je l'ai cru. Parle, parle, le temps est venu.

LORENZO – Si je ne suis pas tel que vous le désirez, que le soleil me tombe sur la tête.

Philippe – Ami, rire d'un vieillard désespéré, cela porte malheur ; si tu dis vrai, à l'action ! J'ai de toi des promesses qui engageraient Dieu lui-même, et c'est sur ces promesses que je t'ai reçu. Le rôle que tu joues est un rôle de boue et de lèpre[3], tel que l'enfant prodigue[4], ne l'aurait pas joué dans un jour de démence ; et cependant je t'ai reçu. Quand les pierres criaient à ton passage, quand chacun de tes pas faisait jaillir des mares de sang humain, je t'ai appelé du nom sacré d'ami ; je me suis fait sourd pour te croire, aveugle pour t'aimer ; j'ai laissé l'ombre de ta mauvaise réputation passer sur mon honneur, et mes enfants ont douté de moi en trouvant sur ma main la trace hideuse du contact de la tienne. Sois honnête, car je l'ai été ; agis car tu es jeune, et je suis vieux.

Lorenzo – Pierre et Thomas sont en prison ; est-ce là tout ?

Philippe – Ô ciel et terre, oui ! c'est là tout. Presque rien, deux enfants de mes entrailles qui vont s'asseoir au banc des voleurs. Deux têtes que j'ai baisées autant de fois que j'ai de cheveux gris, et que je vais trouver demain matin clouées sur la porte de la forteresse ; oui, c'est là tout, rien de plus, en vérité.

Lorenzo – Ne me parle pas sur ce ton ; je suis rongé d'une tristesse auprès de laquelle la nuit la plus sombre est une lumière éblouissante. *(Il s'assoit près de Philippe.)*

Philippe – Que je laisse mourir mes enfants, cela est impossible, vois-tu ! On m'arracherait les bras et les jambes, que, comme le serpent, les morceaux mutilés de Philippe se rejoindraient encore et se lèveraient pour la vengeance. Je connais si bien tout cela ! Les Huit[5] ! un tribunal d'hommes de marbre ! une forêt de spectres, sur laquelle passe de temps en temps le vent lugubre du doute qui les agite pendant une minute, pour se résoudre en un mot sans appel. Un mot, un mot, ô conscience ! Ces hommes-là mangent, ils dorment, ils ont des femmes et des filles ! Ah ! qu'ils tuent et qu'ils égorgent ; mais pas mes enfants, pas mes enfants !

---

1. histrion : bouffon.
2. homme sans épée : expression méprisante.
3. lèpre : maladie contagieuse qui ronge la peau et les membres, ici au sens figuré.
4. enfant prodigue : mauvais fils quittant son père, dans l'Évangile avant d'être pardonné par celui-ci.
5. Les Huit : assemblée qui garde le pouvoir de juger les criminels dans la ville de Florence.

Travail préparatoire

Fiches p. 285
1 3 5 6
8 à 10 29 52 62

Les outils d'analyse

Le paratexte (Fiche 1)

Notez bien l'époque (la Renaissance) et le cadre de l'action. Notez aussi la date de publication et rattachez l'auteur au mouvement romantique. La pièce, qui mêle les registres comiques et tragiques, est un drame romantique*.

Vous pouvez tout de suite repérer le vocabulaire politique (« gouverne », « chef des républicains », « agir contre », « tyran », « arrêtés », « exécutés ») dans le chapeau introducteur et deviner rapidement que l'on a affaire à un complot politique organisé par Lorenzo et Philippe contre le duc de Florence, Alexandre de Médicis.

Un dialogue (Fiches 10 et 52)

Le théâtre repose sur le dialogue, c'est-à-dire l'échange de répliques entre deux ou plusieurs personnages. C'est par le dialogue que l'action se noue et se dénoue. Lorsque deux personnages sont seuls sur scène et se confient l'un à l'autre – comme c'est le cas ici – on parle d'un duo. Le duo de l'acte III, scène 3 de *Lorenzaccio* réunit deux amis dans l'intimité. Il permet, d'une part, à Philippe de confier son chagrin à Lorenzo, d'autre part de révéler aux spectateurs la préparation d'un complot contre Alexandre et enfin de leur dévoiler la véritable identité de Lorenzo.

Remarquez aussi le déséquilibre entre les répliques de ce dernier, très courtes, composées de quelques mots seulement, et les répliques de Philippe, beaucoup plus longues et développées. Lorenzo est en retrait méditatif alors que Philippe exprime tout son chagrin et sa révolte.

Les procédés grammaticaux et stylistiques (Fiches 8, 29 et 62)

Examinez la tonalité révoltée des mots de Philippe et repérez :

– la tonalité polémique* avec la ponctuation forte (exclamations, interrogations), les questions rhétoriques (« N'es-tu pas diffamé, traité de chien et de sans cœur ? ») ;

– la tonalité pathétique avec les apostrophes* lyriques* (« Ô Lorenzo, Ô ciel et terre »), le vocabulaire macabre (« citadelle de mort », « mares de sang humain », « têtes clouées », « mutilés », « spectres », « vent lugubre », « égorgent », etc.).
Observez aussi les modes des verbes (impératif et subjonctif) afin de bien percevoir l'exhortation de Philippe envers Lorenzo pour détrôner le tyran.
Repérez le champ lexical du théâtre (« hideuse comédie », « spectateur », « histrion », « se cache derrière », « le rôle que tu joues ») qui indique une mise en abyme* : Lorenzo est un acteur dans la pièce (le rôle joué : « histrion », « diffamé », « chien », « sans cœur » / la véritable nature : « honnête », « homme qui aime sa patrie », « dévoué à ses amis »).

La méthode

Une première lecture (Fiche 3)

À la première lecture, le dialogue de Lorenzo et Philippe vous apparaît déséquilibré et pathétique. Demandez-vous pourquoi ce déséquilibre est utile à la scène : que permet-il d'apprendre sur l'intrigue, sur les personnages, et notamment sur Lorenzo ?

La composition du plan (Fiches 5 et 6)

Notez vos impressions de lecture et élucidez le texte en vous appuyant sur le chapeau introducteur sans perdre de vue cette première impression d'un déséquilibre.
Organisez votre commentaire en mettant en avant ce qui rend utile cette scène à la pièce : à quoi sert cette scène ? que permet-elle d'apprendre et de comprendre ?

Le plan

I. Une intrigue politique intense
II. Un duo pathétique et déséquilibré
III. Le portrait ambigu de Lorenzo par Philippe

→ *Corrigé : plan détaillé p. 98*

Corrigé : plan détaillé

*Les **textes en bleu** apparaissant dans ce corrigé ne doivent pas figurer dans votre devoir. Nous les avons insérés pour vous guider et vous aider à repérer la progression du commentaire.*

Les conseils du professeur

Introduction rédigée (Fiche 12)

Au XIXe siècle, l'esthétique romantique se traduit en partie par un goût prononcé des dramaturges pour les intrigues familiales et politiques des grandes familles italiennes de la Renaissance : alors que Victor Hugo s'intéresse aux Borgia de Venise avec *Lucrèce Borgia* en 1833, Alfred de Musset se consacre aux Médicis de Florence avec *Lorenzaccio* en 1834. Il met en scène un complot politique organisé contre le tyran de Florence, Alexandre, par le chef des républicains, Philippe Strozzi. Or, pour assassiner le duc et par là-même libérer ses fils, Philippe se tourne vers le cousin d'Alexandre, Lorenzo, qu'il appelle à agir urgemment, mais il se heurte à l'étrangeté de Lorenzo. Dans quelle mesure l'appel de Philippe au complot contre Alexandre révèle-t-il au cœur de la pièce la véritable nature de Lorenzo ? Nous étudierons d'abord la mise en scène d'une intrigue politique intense autour de la préparation d'un complot. Puis nous nous intéresserons à ce duo pathétique et déséquilibré formé par Lorenzo et Philippe. Enfin, nous examinerons le portrait ambigu de Lorenzo dépeint par les paroles de Philippe.

> Amorce du sujet par une remarque générale concernant l'auteur de l'extrait choisi.
>
> Présentation de la pièce : profitez de l'introduction pour montrer vos connaissances littéraires.
>
> Présentation de l'extrait
>
> Problématique formulant une question sur l'intérêt de l'extrait
>
> Annonce du plan : 3 phrases pour plus de clarté

I. Une intrigue politique intense

A. Un contexte politique et juridique désastreux

La scène s'ancre dans un contexte politique et juridique désastreux :

– Philippe décrit avec colère **l'inhumanité et la violence** des juges qui condamnent à mort les opposants du duc Alexandre, comme le traduisent les **nombreuses**

> Formulation explicite de l'idée de la sous-partie pour clarifier le plan et la direction de la démonstration.

exclamations révoltées : « Les Huit ! un tribunal d'hommes de marbre ! », « Ah ! qu'ils tuent et qu'il égorgent ».
– Cette même assemblée juridique de Florence est présentée avec dédain par **la métaphore** de la « forêt de spectres ».
– De même, le **déictique à connotation péjorative** « *Ces hommes-là* » révèle la colère de Philippe contre les **dysfonctionnements juridiques** d'une **cité corrompue**.

Expression démonstrative permettant de montrer quelque chose ou quelqu'un de loin (ceci, cela, celui-là, celle-ci, etc.).

B. Le secret d'un complot imminent

Dans ce **contexte politique sombre**, deux hommes, Philippe et Lorenzo se retrouvent dans le **secret d'un complot imminent** :
– Une **atmosphère confidentielle** propice à **la conjuration** règne ici : le **tutoiement**, l'**apostrophe*** « Ami ». La **gradation ascendante** « ma porte ouverte, ma main ouverte, mon cœur ouvert » souligne également **la complicité** des deux hommes.
– De plus, **l'accumulation des passés composés** à valeur de résultat (« je t'ai bien connu », « je t'ai reçu », « ont douté », etc.), **la répétition de l'expression** « Le temps est venu » (2 fois) ainsi que **l'adverbe temporel** « aujourd'hui » révèlent **l'urgence de l'assassinat**. Les deux personnages semblent avoir attendu bien longtemps ce moment.

Figure de style qui consiste à créer un effet d'intensification, de *crescendo* (gradation ascendante) ou d'atténuation, de *decrescendo* (gradation descendante).

C. La stratégie de Lorenzo progressivement révélée

L'**atmosphère secrète** de cette **scène de complot** révèle **le rôle politique** tenu par Lorenzo à Florence depuis plusieurs années :
– **L'apostrophe* lyrique***, adressée par Philippe à Lorenzo, « Ô Lorenzo », montre que le chef des républicains se tourne vers le cousin (pourtant détestable) d'Alexandre. Ainsi, le spectateur comprend que Lorenzo est apparemment **un partisan des républicains**.
– Les **questions rhétoriques** adressées à Lorenzo par Philippe mentionnent un « moyen », un « levier » et des « hommes » pour détruire « la citadelle de mort » : tout ce **vocabulaire de la conjuration** adressé à Lorenzo

opère un **renversement de situation**. Le spectateur comprend que le « chien » serait en réalité un **patriote**.

II. Un duo pathétique et déséquilibré

A. L'appel désespéré de Philippe à l'action politique

Ce dialogue laisse essentiellement la parole à Philippe qui crie désespérément au cours de la scène son désir de justice :
– La **répétition du verbe *agir*** : « Agir ! », « Mais agir, agir, agir ! » ainsi que l'**exhortation** « à l'action ! » fait apparaître un **polyptote*** insistant sur la nécessité d'un acte politique fort, en l'occurrence, l'assassinat du duc.
– Les **nombreux impératifs** « sois-le », « parle, parle », « sois », « agis » ainsi que la **tournure injonctive** « il faut » montrent le caractère désespéré et suppliant de l'appel de Philippe auprès de Lorenzo. C'est un **appel à l'aide**.

Incitation vive à faire quelque chose

B. Le chagrin pathétique d'un père

Le désespoir de Philippe est consécutif à l'emprisonnement de ses deux fils, et se lit à travers l'omniprésence du **registre pathétique** par lequel il crie sa douleur de père :
– la **répétition finale** « pas mes enfants ! pas mes enfants ! », l'**exclamation** « Que je laisse mourir mes enfants, cela est impossible, vois-tu ! », la **comparaison hyperbolique** au serpent (lignes 42-44) et la **synecdoque*** des deux enfants devenus deux têtes « clouées sur la porte de la forteresse » font entendre les pleurs désespérés d'un homme qui cherche la vengeance et le réconfort auprès d'un ami ;
– le désespoir déchirant de Philippe se lit aussi à travers le **laconisme* haché** de certaines de ses phrases comme s'il ne pouvait plus qu'avouer son impuissance à sauver ses fils de l'échafaud : « Pierre et Thomas sont en prison », « oui, c'est là tout, rien de plus, en vérité ».

Le commentaire s'appuie sur un relevé et une analyse des procédés de style, toujours présentés en lien avec le sens du texte.

C. Le mystérieux mutisme de Lorenzo

Face au chagrin de Philippe, Lorenzo manifeste un étrange **mutisme**, comme l'indique la **disproportion de ses répliques** face à celles de Philippe :

– Les **prises de parole** de Lorenzo se caractérisent par leur **brièveté** : « Que veux-tu ? », « Est-ce là tout ? », comme s'il prenait avec beaucoup de distance, voire un certain **désintérêt**, le chagrin de son ami, ce qui renforce **les doutes du spectateur** quant à la réelle bonté de Lorenzo.
– À cela s'ajoutent les **phrases énigmatiques** de Lorenzo : l'**hyperbole*** convoquant le soleil (lignes 19-20), puis l'antithèse* mêlant la clarté à l'obscurité (« je suis rongé d'une tristesse auprès de laquelle la *nuit* la plus sombre est une *lumière* éblouissante ») obscurcissent son propos.

III. Le portrait ambigu de Lorenzo par Philippe

A. La description d'une nature double et paradoxale

Les paroles de Philippe éclairent la connaissance du spectateur sur l'**identité paradoxale de Lorenzo** :
– Les **nombreuses antithèses*** employées par Philippe permettent d'opposer **Lorenzaccio et Lorenzo** : là où Lorenzaccio apparaît comme un « histrion » et un « sans cœur », le véritable Lorenzo est présenté comme « honnête » et « dévoué à ses amis ».
– D'**autres antithèses** renforcent encore le caractère étrange de ce personnage détestable, pourtant aimé d'un honnête homme : **d'un côté, il y a Lorenzaccio, cet être méprisable et odieux** (« les pierres criaient sur ton passage, « chacun de tes pas faisait jaillir des mares de sang humain », « ta mauvaise réputation ») ; de l'autre côté, il y a **Philippe, le bienveillant et honnête homme** (« je t'ai reçu », « je t'ai appelé du nom sacré d'ami », « mon honneur », « ma main »).
– La **référence biblique** à l'« enfant prodigue » achève de **brosser le portrait paradoxal** de Lorenzaccio, à la fois « prodigue » et décadent, mais aussi « enfant » et ami de Philippe.

Le surnom « Lorenzaccio » est formé à l'aide d'un suffixe péjoratif en *-accio* qui traduit la perversité du personnage. Le titre met en lumière le rôle méprisable emprunté par Lorenzo.

Dans l'Évangile de Luc, un fils, après avoir dilapidé toute la fortune que son père lui avait confiée, implore son pardon. Lorenzo, qui s'est conduit en débauché et qui revient vers Philippe, est comparable à ce « fils prodigue ».

B. La révélation d'un habile jeu d'acteur

Les paroles de Philippe révèlent surtout **le rôle joué** depuis plusieurs années par Lorenzo :
– La scène dévoile **la mise en abyme*** qui structure toute la pièce : **le lexique du théâtre** (« spectateur »,

« comédie », « histrion », « le rôle que tu joues », « un rôle », « se cache derrière ») montre que Lorenzo est un **hypocrite** (étymologiquement « derrière le masque »), il joue le rôle de Lorenzaccio pour mieux pouvoir assassiner le duc.
– Mais ce **lexique du théâtre** est marqué par la **connotation péjorative**, comme l'indiquent les termes « hideuse » ou encore « de boue et de lèpre » : ainsi, Lorenzo joue **un rôle abject qui le dégrade**, le pervertit et le corrompt dans le but de **tromper Alexandre**.

C. Le maintien de l'ambiguïté

Malgré cette révélation, le personnage de Lorenzo demeure **ambigu** dans cette scène :
– D'une part, il apparaît comme un **sbire odieux d'Alexandre**, comme l'indique l'**insulte** « homme sans épée » par laquelle Philippe accuse Lorenzo d'un manque de noblesse, de courage et même de virilité. À cela, Lorenzo répond avec une **agressivité** véhiculée par l'emploi de **l'impératif négatif** « Ne me parle pas sur ce ton », laissant entendre une certaine **hostilité** entre les deux hommes.
– D'autre part, il apparaît pourtant comme un **être profondément doux et compatissant : la didascalie** « *(Il s'assoit près de Philippe)* » met en scène une posture **bienveillante et tendre**. Cet élan **amical** tranche avec **l'apparente froideur** de Lorenzo et nuance les premières impressions du spectateur à l'égard du personnage.

En assassinant le Duc, Lorenzo accomplit la vengeance de Philippe, mais, peu après, détesté de tous, il est poignardé dans la rue. Il meurt alors sans avoir pu révéler sa véritable nature héroïque.

Conclusion rédigée (Fiche 13)

Ainsi, cette scène de drame romantique est révélatrice d'une certaine esthétique théâtrale : il s'agit à la fois d'offrir aux spectateurs le tableau mystérieux d'un complot imminent qui le tient en haleine, mais aussi de révéler, à travers un dialogue déséquilibré et profondément triste, la véritable identité du personnage éponyme*, au-delà des apparences seules. À la fin du XIXe siècle, la comédienne Sarah Bernhardt s'approprie et marque définitivement le rôle de Lorenzo : l'interprétation féminine d'un rôle masculin permet alors de rendre subtilement compte de l'ambiguïté insoluble de ce personnage double et paradoxal créé par Musset.

Bilan synthétique des grandes parties du commentaire.

Ouverture en lien avec l'œuvre étudiée et la problématique de l'extrait.

SUJET 11

4 heures

Objet d'étude : Le théâtre du XVIIe siècle au XXIe siècle

Vous ferez le commentaire de l'extrait de *Ruy Blas* de Victor Hugo.

Victor Hugo, *Ruy Blas*, acte I, scène 3, 1838.

[Quelques années avoir partagé une vie libre, deux amis, Don César, un noble, et Ruy Blas, un homme du peuple, se retrouvent. Ce dernier est devenu le valet de Don Salluste, un grand d'Espagne.]

RUY BLAS

Hier, il[1] m'a dit : – Il faut être au palais demain.
Avant l'aurore. Entrez par la grille dorée. –
En arrivant il m'a fait mettre la livrée,
Car l'habit odieux sous lequel tu me vois,
Je le porte aujourd'hui pour la première fois.

DON CÉSAR, *lui serrant la main.*

Espère !

RUY BLAS

Espérer ! Mais tu ne sais rien encore.
Vivre sous cet habit qui souille et déshonore,
Avoir perdu la joie et l'orgueil, ce n'est rien.
Être esclave, être vil ; qu'importe ? – Écoute bien :
Frère ! je ne sens pas cette livrée infâme,
Car j'ai dans ma poitrine une hydre[2] aux dents de flamme
Qui me serre le cœur dans ses replis ardents.
Le dehors te fait peur ? Si tu voyais dedans !

DON CÉSAR

Que veux-tu dire ?

RUY BLAS

Invente, imagine, suppose.
Fouille dans ton esprit. Cherches-y quelque chose
D'étrange, d'insensé, d'horrible et d'inouï.

Une fatalité dont on soit ébloui !
Oui, compose un poison affreux, creuse un abîme
Plus sourd que la folie et plus noir que le crime,
Tu n'approcheras pas encor de mon secret.
– Tu ne devines pas ? – Hé ! qui devinerait ? –
Zafari ! dans le gouffre où mon destin m'entraîne,
Plonge les yeux ! – je suis amoureux de la reine !

DON CÉSAR

Ciel !

RUY BLAS

Sous un dais[3] orné du globe impérial,
Il est, dans Aranjuez ou dans l'Escurial,
– Dans ce palais, parfois, – mon frère, il est un homme
Qu'à peine on voit d'en bas, qu'avec terreur on nomme ;
Pour qui, comme pour Dieu, nous sommes égaux tous
Qu'on regarde en tremblant et qu'on sert à genoux :
Devant qui se couvrir est un honneur insigne[4] :
Qui peut faire tomber nos deux têtes d'un signe ;
Dont chaque fantaisie est un événement ;
Qui vit, seul et superbe, enfermé gravement
Dans une majesté redoutable et profonde,
Et dont on sent le poids dans la moitié du monde.
Eh bien ! – moi, le laquais, – tu m'entends, – eh bien ! oui,
Cet homme-là ! le roi ! je suis jaloux de lui !

DON CÉSAR

Jaloux du roi !

RUY BLAS

Hé, oui ! jaloux du roi ! sans doute,
Puisque j'aime sa femme !

DON CÉSAR

Oh ! malheureux !

---

1. *il :* le ministre du roi.
2. *hydre :* monstre mythologique
3. *dais :* tenture fixée au-dessus d'une estrade ou d'un trône.
4. *insigne :* remarquable. Les Grands d'Espagne avaient le privilège de conserver leur chapeau en présence du roi.

Fiches p. 285
4 5 10 39

Travail préparatoire

Les outils d'analyse

L'histoire littéraire

En classe de 2nde comme en 1re, vous avez eu l'occasion de découvrir les mouvements littéraires dans lesquels se sont inscrites les grandes œuvres de notre répertoire théâtral.
Victor Hugo est le chef de file du romantisme, un courant qui rejette dans les années 1830 la rigidité du classicisme et prône le naturel. Cette esthétique affecte aussi bien les genres théâtraux que l'alexandrin : le cloisonnement entre comédie et tragédie laisse place au drame* romantique ; l'alexandrin s'assouplit.
Vous vous demanderez en quoi la scène de *Ruy Blas* s'inscrit dans ce mouvement littéraire.

Victor Hugo

Vous avez déjà lu, au collège et au lycée, des pages de Victor Hugo, qu'il s'agisse d'un poème, d'un roman, d'un discours engagé ou d'un drame. La multiplicité des talents de l'écrivain indique une démesure dont ses héros – Claude Gueux, Jean Valjean, Gavroche, Hernani, Ruy Blas... – se font l'écho.

Les connaissances grammaticales et stylistiques

La rhétorique hugolienne [de Victor Hugo] est particulièrement riche. Repérez les effets de rythme, les gradations, les métaphores, les hyperboles... Soyez sensible aux ruptures, aux exclamations, à la syntaxe complexe de la longue phrase des vers 24 à 35 et à la composition de la réplique qui la contient.

La versification (Fiche 39)

Si *Ruy Blas* est un drame en vers, Hugo s'écarte du modèle racinien. « J'ai disloqué ce grand niais d'alexandrin » écrit-il dans *Les Contemplations*. Préférant le naturel au lisse, il malmène les rythmes (le vers 36) sans pour autant renoncer systématiquement à la césure (le vers 29 par exemple) ou nier les ressources de la diérèse* (« impéri-al », « Escuri-al »).
Il est donc nécessaire de disposer ici d'un minimum de notions de versification.

La démarche

Commenter un texte théâtral (Fiche 10)

Le texte théâtral est destiné à être représenté. Vous devez prendre en compte cette spécificité en examinant les didascalies aussi attentivement que les répliques.

Les grandes lignes de la progression (Fiches 4 et 5)

Quelles sont les grandes caractéristiques du texte ? En quoi nous touche-t-il ? Quelles sont les intentions de Victor Hugo dans cette scène ? Si vous deviez présenter en deux ou trois phrases, ce qui est important ici, que diriez-vous ?

Dans un premier temps, prenez en compte ce que vous avez éprouvé et ce que vous savez. Vous pourrez ainsi tracer les grandes lignes de votre progression.

Le plan

I. Une scène d'aveu classique*...

II. ... représentative du drame romantique*...

III. ... et du héros selon Hugo

Corrigé : devoir rédigé

*Les **textes en bleu** apparaissant dans ce corrigé, titres et remarques entre crochets, ne doivent pas figurer dans votre devoir. Nous les avons insérés pour vous guider et vous aider à repérer la progression du commentaire.*

Introduction (Fiche 12)

« 25 février 1830 ! Cette date reste écrite dans le fond de notre passé en caractères flamboyants ! ». Ces propos de Théophile Gautier évoquent la célèbre bataille d'*Hernani*. Si les partisans des Classiques* *[Le mot doit être pris dans son sens littéraire : évitez de l'employer dans le sens de « traditionnel ».]*

et ceux des romantiques en sont venus aux mains, c'est dire à quel point le drame romantique* rompait avec les critères en vigueur depuis Racine et Molière. Les principes que Victor Hugo a exposés en 1827 dans la préface de *Cromwell*, président également, en 1838, à l'écriture de *Ruy Blas*. L'exposition développée au fil de l'acte I présente le valet éponyme* dans la première scène et Don César, un aristocrate, dans la deuxième. La troisième met en présence le laquais et le grand d'Espagne pour révéler leur amitié ancienne *[Présentation du contexte et de l'œuvre]*. À cette occasion, Ruy Blas avoue progressivement l'inconcevable : son amour pour la reine. Hugo reprend ici le *topos** de la scène d'aveu tel qu'on le rencontre dans la tragédie *[Présentation du texte]*. Que devient cette scène conventionnelle sous la plume du chef de file des romantiques ? *[Problématique]* Nous verrons comment Victor Hugo, reprenant le schéma de la scène d'aveu classique*, l'inscrit dans l'esthétique du drame romantique et contribue à peindre le portrait d'une nouvelle sorte de héros. *[Annonce du plan]*

I. Une scène d'aveu classique...

Victor Hugo ne renie pas le classicisme dans cette scène d'aveu ; en effet, il attribue à Don César le rôle traditionnel du confident, retarde la révélation pour accentuer la tension dramatique et mettre en relief le caractère scandaleux de la vérité révélée.

A. Le rôle du confident

Dans la scène 3 de l'exposition de *Ruy Blas,* l'aveu destiné aux spectateurs se fait à un confident dont le rôle sera de faire parler le héros et de communiquer sa propre émotion à la salle. Dans notre passage, les répliques de Don César sont très brèves ; si les deux premières comportent un verbe, les trois suivantes tendent à se réduire à une interjection : « Ciel ! », « Oh ! malheureux ! ». Réduites à deux ou quatre syllabes, elles initient systématiquement un alexandrin qui se prolonge dans les propos de Ruy Blas comme si leur fonction était de donner la parole au personnage éponyme.

De plus, Don César ne parle pas de lui ici, comme il a pu le faire au début de la scène *[avant notre passage]*, et ses courtes répliques ne portent que sur son interlocuteur. Les deux premières ont pour noyau un verbe à la deuxième personne (« Espère ! », « veux-tu ») et les deux dernières emploient chacune un adjectif se rapportant à Ruy Blas. L'aveu se fait dans le cadre d'une amitié ancienne et solide qui a fait fi des barrières sociales : l'aristocrate Don César, parce qu'il voit en son interlocuteur un ami de valeur et non un simple laquais, est le confident idéal, le seul à pouvoir entendre la vérité scandaleuse qui va être révélée. Au début de notre passage, il exprime d'ailleurs tout son soutien à son ami. L'impératif encourageant « Espère ! » est souligné par un geste qui abolit les frontières entre les castes sociales ; en « serrant la main » de Ruy Blas, Don César garantit son amitié et rend possible l'expression d'une vérité qui, justement, bouscule les rapports sociaux.

Par ailleurs, le trouble du confident se communique aux spectateurs. La réplique « Que veux-tu dire ? » est à la fois un artifice théâtral destiné à déclencher la révélation et une marque d'inquiétude. Par la suite, la modalité exclamative, les interjections et la syntaxe averbale *[sans verbe]* rendent perceptible le trouble de Don César. Lointain héritier du chœur antique, le confident invite ici le spectateur à se lamenter avec lui sur le sort du héros : « Oh ! malheureux ! ». *[Transition]* Ainsi, Victor Hugo, bien que chef de file du romantisme, ne renie pas ici les procédés de l'esthétique classique. La composition de la scène le montre également.

B. La révélation progressive et la tension dramatique

La progression de notre passage retarde la révélation de façon à accentuer la tension dramatique. Après une première réplique qui rappelle sa condition de laquais, Ruy Blas annonce une révélation : « tu ne sais rien encore ». L'adverbe « encore » et la négation, tous deux repris au vers 20, expriment l'aveu tout en contribuant à le retarder. Ce jeu d'annonce et de retardement maintient l'imminence dont se nourrit la tension dramatique.

Le dévoilement s'effectue en trois temps et la gradation est la même dans les trois répliques concernées. Tout d'abord une annonce qui suscite l'attente : « tu ne sais rien encore » (vers 7), « Invente, imagine, suppose. » (vers 14), « Sous un dais orné du globe impérial, [...] il est un homme » (vers 24 à 26). Puis une gradation : « ce n'est rien », « qu'importe » pour la première étape, une succession d'impératifs et d'adjectifs (« étrange », « insensé », « horrible » et « inouï ») dans un deuxième temps. Dans la troisième réplique concernée, la longue phrase des vers 24 à 35 est ponctuée par l'anaphore* du relatif : deux « que » aux vers 27 et 29, quatre « qui » aux vers 28, 30, 31 et 33, deux « dont » aux vers 32 et 35. L'accumulation des neuf subordonnées relatives *[aux huit mentionnées s'ajoute « et qu'on sert à genoux »]* développant l'antécédent « un homme », retarde la révélation de l'identité du personnage évoqué tandis que la « terreur » et le « redoutable » déclinés tout au long du passage ajoutent l'angoisse à l'attente. Enfin, dans chacune de ces trois répliques, le dernier vers marque un moment essentiel de la révélation. Le chiasme* du vers 13 qui achève la première étape oppose le « dehors » et le « dedans » : le dehors connu, c'est la « livrée infâme », la révélation, quant à elle, portera sur le dedans, c'est-à-dire les sentiments. Dans la deuxième réplique, la seconde partie du vers conclusif (vers 23) livre enfin la vérité : « je suis amoureux de la reine ! ». Mais ce n'est pas tout, la dernière étape se présente comme le point culminant de la révélation : l'homme caractérisé par les neuf relatives est le roi si bien que la passion avouée au vers 23 présente au vers 37 la face plus terrible encore d'une jalousie envers le souverain lui-même. *[Transition]* Les effets d'annonce et de retardement créent une tension dramatique tout en accentuant la force bouleversante de la vérité révélée.

C. Une vérité scandaleuse

Après avoir fait de son « habit odieux », de « cette livrée infâme », la métonymie* de sa condition d'homme « vil », Ruy Blas se tourne vers le sommet de la hiérarchie, la reine au vers 23 puis, plus haut encore, celui « Qu'à peine on voit d'en bas », le roi au vers 37. Ce grand écart social montre à quel point la vérité dévoilée est scandaleuse.

Scandaleuse au point d'être indicible ! La syntaxe elliptique* de la proposition principale au vers 13 *[La subordonnée « Si tu voyais dedans » n'est pas accompagnée d'une principale formulée.]*, laisse entendre que le « dedans » n'est pas nommable. Aux vers 16 et 17, la rime et la diérèse rapprochent « inouï » et « ébloui » : la vérité ne peut être ni entendue ni regardée. Seuls les détours de la métaphore et du comparatif permettent de l'approcher. Ainsi la passion s'incarne dans la double (le monstre puis le feu) métaphore de l'« hydre aux dents de flamme » ; elle « compose un poison affreux, creuse un abîme ». Le comparatif du vers 19 accumule les termes négatifs sans parvenir à nommer ce qui reste encore un « secret ». Dans la troisième réplique de l'aveu, c'est le roi lui-même qui est indicible : « il est un homme [...] qu'avec terreur on nomme », en réalité qu'on ne nomme pas encore, si ce n'est avec des relatives qui sont autant de périphrases* approchant peu à peu l'impensable rival. Le spectateur sait pourtant qu'il est question du roi puisque la reine a été mentionnée au vers 23. Aucune attente, aucune surprise ici donc : du « globe impérial » à la « majesté redoutable », les nombreux indices sont là pour nous dire que si le nom du rival ne peut être prononcé c'est parce que la jalousie de Ruy Blas, plus encore que son amour pour la reine, brave une interdiction absolue.

[Transition] Si Victor Hugo reprend ici les ressorts de la tragédie classique, cette scène d'aveu, pourtant, est également représentative du drame romantique.

II. ... représentative du drame romantique...

Sans renier les procédés qui ont fait leur preuve dans le théâtre classique, Victor Hugo met en œuvre en 1838 le mélange des genres et le naturel, deux caractéristiques du drame romantique.

A. Le mélange des genres

Dans le théâtre classique, la tragédie et la comédie occupent des territoires bien distincts. Victor Hugo, en préface à son drame *Cromwell*, dénonce cette « arbitraire distinction des genres » et, rejetant l'« ancien régime littéraire », prône une esthétique nouvelle. Dans *Ruy Blas*, il place l'aveu conventionnel d'un amour tragique sous un éclairage qui appartient davantage à la comédie. En effet, si Don César, un grand d'Espagne, peut évoluer dans une sphère tragique, Ruy Blas est un valet comme le soulignent son costume et ses propos, ce qui est impensable pour les partisans de l'esthétique classique. De plus, Ruy Blas est le personnage principal, le personnage éponyme et, quand il mentionne « cet habit qui souille et déshonore », il se permet d'employer le vocabulaire noble de la tragédie pour évoquer sa condition de laquais.

Les liens que l'intrigue elle-même noue entre les conditions sociales abolit les frontières entre les genres classiques. Lorsque Ruy Blas se dit « amoureux de la reine » puis « jaloux du roi », il brouille le jeu social et réunit le « sublime » royal exposé dans la tragédie et le « grotesque » d'un valet jaloux de « cet homme-là » *[Dans la préface de* Cromwell, *Hugo prône ce rapprochement du « sublime » et du « grotesque »]*. La dernière réplique de Ruy Blas rappelle même, avec un accent presque comique, le bon sens traditionnel du valet de comédie : « Hé oui ! jaloux du roi ! sans doute, / Puisque j'aime sa femme ». En mélangeant de la sorte les genres et les tonalités, le drame romantique se veut plus naturel.

B. Le naturel

« La nature donc ! La nature et la vérité. » : la troisième scène de *Ruy Blas* illustre bien cette injonction* formulée dans la préface de *Cromwell*. Certes, Victor Hugo continue à employer l'alexandrin et la rhétorique qui le soutient : la phrase des vers 24 à 35 par exemple ou bien la diérèse à la rime des vers réguliers 16 et 17, 24 et 25. Mais il fait le choix de la souplesse, étouffe souvent la césure*, a recours aux interjections : « Eh bien ! – moi, le laquais, – tu m'entends, – eh bien ! oui ». La reprise de l'adverbe « oui » (vers 18 et 36), comme les « Écoute bien » ou « tu m'entends », accentuent la force orale des propos et contribuent ainsi au naturel revendiqué par le dramaturge.

La première réplique de notre passage semble particulièrement prosaïque. Aucun de ces « mots de qualité », de ces « syllabes exquises » dont Victor Hugo se moquera dans *Les Contemplations*. La chronologie est simple : « hier », « demain », « Avant l'aurore », « En arrivant ». Le lexique, à l'image des actions elles-mêmes, se veut très ordinaire : « dire », « être », « entrer », « arriver », « faire », « mettre ». De même, la syntaxe épouse très simplement la situation relatée dans les trois premiers vers. Don Salluste, représenté par le pronom « il » et défini par son statut de ministre, est un personnage qui « dit », ordonne (« il faut », « Entrez ») alors que Ruy Blas, son subalterne désigné par le pronom « m' », est en position de complément d'objet. Le recours au discours direct enchâssé dans la réplique relève du même souci de simplicité et de naturel.

[Transition] Sans négliger les ressources du théâtre classique, Victor Hugo, en mélangeant les genres et en assouplissant l'alexandrin, brandit la bannière du drame romantique pour donner vie à un héros selon ses aspirations.

III. ... et du héros selon Hugo

Faisant fi des conventions sociales, Ruy Blas est un héros complexe à l'image de la démesure hugolienne *[de Victor Hugo]*.

A. Un héros au-delà des conventions sociales

Pour mieux rompre avec le cloisonnement des genres dans l'esthétique classique, Hugo imagine l'amitié entre un grand d'Espagne et un simple laquais. Au-delà de l'artifice théâtral, cette fraternité entre deux hommes que tout devrait séparer dans l'Espagne du XVIIe siècle, dessine la silhouette du héros selon Hugo. Si Ruy Blas se sent souillé par la livrée qu'il se voit contraint de porter, c'est que celle-ci le rend « esclave » et « vil ». On devine ici un écart, une opposition, entre la tenue, le « dehors » et ce qu'est vraiment Ruy Blas, un homme qui a connu « la joie et l'orgueil » et qui, autant qu'un noble, craint le déshonneur. D'ailleurs, si notre héros est devenu l'ami de Don César, c'est bien que la grandeur d'âme n'a rien à voir avec la condition sociale. Le roi lui-même, « seul et superbe » a beau peser « dans la moitié du monde », il n'est en définitive, à l'issue de la longue phrase des vers 24 à 35, que « Cet homme-là », un homme ordinaire dont un laquais peut oser être jaloux.

Notre passage définit des relations fondées sur l'estime mutuelle et non sur le rang social. Don César serre la main de Ruy Blas et lui exprime toute sa compassion ; ce dernier le tutoie, emploie son surnom Zafari au vers 23 et l'appelle à deux reprises (vers 10 et 26) « Frère ». Il n'hésite pas à lui avouer son amour pour la reine alors qu'il s'agit d'une passion interdite. Victor Hugo semble mettre en scène des conditions sociales éloignées pour mieux montrer que les sentiments et les valeurs morales tiennent à l'individu et non à sa position. *[Transition]* Mais le héros selon Hugo s'avère plus complexe encore.

B. Un héros complexe

Chez Corneille ou Racine, la complexité du Cid, de Titus ou de Phèdre tient au dilemme qui les déchire. Ruy Blas est différent : la scène 3 ne dévoile pas un déchirement entre devoir et passion. En effet, la complexité de notre héros n'est pas le fait d'un écartèlement entre deux impératifs. Aucune hésitation chez lui mais plutôt la conscience d'éprouver un sentiment présenté comme oxymorique* : « je suis jaloux de lui », « je » étant un simple laquais et « lui » le « superbe » et « redoutable » roi d'Espagne.

Pris dans la fatalité de cette situation impensable (« le gouffre où le destin m'entraîne »), il éprouve lui-même, non pas un dilemme *[Mémorisez l'orthographe de ce mot.]* tragique, mais des émotions contradictoires. D'abord, il adhère tout à fait à la hiérarchie sociale de son temps : tout en bas de l'échelle, sa condition de valet, signalée par « l'habit odieux » est « infâme » ; il se voit déshonoré, « esclave » et « vil » tandis que, à l'autre extrémité du spectre social, le roi « vit, seul et superbe, enfermé gravement / Dans une majesté redoutable et profonde ». Dans ces vers 33 et 34, la royauté se décline sous forme d'un nom, d'un adverbe et de quatre adjectifs. Associée à Dieu au vers 28, sommet d'une verticalité suggérée par les expressions « Qu'à peine on voit d'en bas » et « qu'on sert à genoux », elle incarne un pouvoir absolu qui inspire à Ruy Blas une admiration mêlée de « terreur ». Mais, paradoxalement, ses propos abolissent dans le même temps cette hiérarchie : s'il voit sa tenue comme « infâme », c'est qu'il se sent homme d'honneur.

Quant au roi, malgré tout le respect qu'impose son rang, il n'est finalement pour notre héros qu'un homme – « cet homme-là » – dont on peut être jaloux. *[Transition]* Ces contradictions font de Ruy Blas un personnage complexe selon la démesure hugolienne.

C. Un héros selon la démesure hugolienne

En effet, les répliques de notre héros romantique présentent une cohérence au-delà de leurs contradictions. Qu'il s'agisse de la livrée déshonorante et du prestige royal ou, de l'autre côté, de la désacralisation du roi, la démesure est devenue la norme. Ruy Blas manifeste le même excès, quand il tarde à nommer celui « Devant qui se couvrir est un honneur insigne » ou quand, juste après, il lance sa lapalissade « Hé, oui ! jaloux du roi ! sans doute, / Puisque j'aime sa femme ! ».

Les hyperboles sont dans cette scène les marqueurs de la démesure hugolienne. Le procédé affecte le lexique (« ardents », « inouï », « abîme »...) et se traduit notamment par un rythme binaire dû au doublement amplificateur des termes ou des constructions : « qui souille et déshonore », « la joie et l'orgueil », « compose un poison affreux, creuse un abîme », « Plus sourd que la folie et plus noir que le crime », « seul et superbe »... Les sonorités, dans un jeu d'assonances* et d'allitérations*, se font écho pour souligner les reprises : « souille » / « déshonore », « dehors »/ « dedans », « compose » / « creuse »...

Conclusion (Fiche 13)

Ainsi, une lecture attentive de la scène 3 de *Ruy Blas* permet d'écarter un malentendu concernant le drame romantique. D'*Hernani* *[Pièce de Victor Hugo qui a fait scandale lors de sa première représentatio en 1830.]*, on aurait tort de ne retenir que le gilet rouge d'un Théophile Gautier se battant contre les partisans de Racine. Victor Hugo ne rejette pas le classicisme : il le dépasse en proposant une esthétique qui en absorbe les traits pour dessiner le portrait d'un nouveau héros. Cette scène d'aveu en témoigne. En effet, elle emprunte à la tragédie classique des procédés qui ont fait leur preuve : le rôle du confident, la rhétorique de la révélation imminente, la vérité scandaleuse. Mais, Ruy Blas, sans craindre le déshonneur ni s'inquiéter des règles, ose être amoureux de la reine et jaloux du roi. Même si, dans l'acte V, le dernier mot revient à la mort, rien n'est impossible au héros romantique et sa souffrance est proportionnelle à cette infinie liberté. Ruy Blas ressemble à Hernani et annonce d'une certaine façon, bien que dans un autre genre, Jean Valjean, le forçat devenu maire dans *Les Misérables* : ces grandes figures de notre univers littéraire sont animées par le souffle démesuré de Victor Hugo lui-même.

SUJET 12

4 heures

Objet d'étude : Le théâtre du XVIIe siècle au XXIe siècle

Vous ferez le commentaire de l'extrait de *Rhinocéros* d'Eugène Ionesco.

Eugène Ionesco, *Rhinocéros*, acte I, 1959, © Éditions Gallimard.

[Au début de la pièce, deux amis se retrouvent, dans une ville où une étrange maladie, « la rhinocérite », transformera peu à peu les habitants, sauf Bérenger, en rhinocéros. Cette transformation constitue une image de la montée du nazisme ou d'autres formes de totalitarisme.]

JEAN, *l'interrompant* – Vous êtes dans un triste état, mon ami.

BÉRENGER – Dans un triste état, vous trouvez ?

JEAN – Je ne suis pas aveugle. Vous tombez de fatigue, vous avez encore perdu la nuit, vous bâillez, vous êtes mort de sommeil…

BÉRENGER – J'ai un peu mal aux cheveux…

JEAN – Vous puez l'alcool !

BÉRENGER – J'ai un petit peu la gueule de bois, c'est vrai !

JEAN – Tous les dimanches matin, c'est pareil, sans compter les jours de la semaine.

BÉRENGER – Ah non, en semaine c'est moins fréquent, à cause du bureau…

JEAN – Et votre cravate, où est-elle ? Vous l'avez perdue dans vos ébats !

BÉRENGER, *mettant la main à son cou* – Tiens, c'est vrai, c'est drôle, qu'est-ce que j'ai bien pu en faire ?

JEAN, *sortant une cravate de la poche de son veston* – Tenez, mettez celle-ci.

BÉRENGER – Oh, merci, vous êtes bien obligeant. *(Il noue la cravate à son cou.)*

JEAN, *pendant que Bérenger noue sa cravate au petit bonheur* – Vous êtes tout décoiffé ! *(Bérenger passe les doigts dans ses cheveux.)* Tenez, voici un peigne ! *(Il sort un peigne de l'autre poche de son veston.)*

BÉRENGER, prenant le peigne – Merci. *(Il se peigne vaguement.)*

Jean – Vous ne vous êtes pas rasé ! Regardez la tête que vous avez. *(Il sort une petite glace de la poche intérieure de son veston, la tend à Bérenger qui s'y examine ; en se regardant dans la glace, il tire la langue.)*

Bérenger – J'ai la langue bien chargée.

Jean, *reprenant la glace et la remettant dans sa poche* – Ce n'est pas étonnant !...

(Il reprend aussi le peigne que lui tend Bérenger, et le remet dans sa poche.)

La cirrhose[1] vous menace, mon ami.

Bérenger, inquiet – Vous croyez ?...

Jean, à *Bérenger qui veut lui rendre la cravate* – Gardez la cravate, j'en ai en réserve.

Bérenger, *admiratif* – Vous êtes soigneux, vous.

Jean, *continuant d'inspecter Bérenger* – Vos vêtements sont tout chiffonnés, c'est lamentable, votre chemise est d'une saleté repoussante, vos souliers... *(Bérenger essaye de cacher ses pieds sous la table.)* Vos souliers ne sont pas cirés... Quel désordre !... Vos épaules...

Bérenger – Qu'est-ce qu'elles ont, mes épaules ?...

Jean – Tournez-vous. Allez, tournez-vous. Vous vous êtes appuyé contre un mur... *(Bérenger* étend *mollement sa main vers Jean.)* Non, je n'ai pas de brosse sur moi, cela gonflerait les poches. *(Toujours mollement, Bérenger donne des tapes sur ses* épaules pour *en faire sortir la poussière blanche ; Jean* écarte *la tête.)* Oh là là... Où donc avez-vous pris cela ?

Bérenger – Je ne m'en souviens pas.

Jean – C'est lamentable, lamentable ! J'ai honte d'être votre ami.

Bérenger – Vous êtes bien sévère...

1. *cirrhose :* maladie du foie.

Travail préparatoire

Fiches p. 285

1 5 7 10 66

La lecture du chapeau introducteur (Fiche 1)

Le chapeau introducteur doit toujours être lu avec beaucoup d'attention. Ici, les informations qu'il vous apporte ouvrent trois perspectives que vous devrez explorer.

L'intrigue et le titre de la pièce

L'introduction esquisse le déroulement de l'intrigue et présente les deux personnages. La pièce, qui montre la progression de la « rhinocérite », est associée à l'adjectif « étrange ». Le cadre, « une ville », importe peu : l'histoire, bien qu'imaginaire, a sans doute une portée universelle. Le dénouement est évoqué : seul Béranger échappera au malheur.

Les deux personnages sont d'abord présentés comme amis mais le paratexte signale leur destin différent. Béranger est le personnage principal puisqu'il sera le seul rescapé. On se demande comment il se fait qu'il échappe au fléau alors que son ami Jean sera atteint.

La place de l'extrait

Le texte se situe « au début de la pièce » et vous devrez donc l'aborder comme faisant partie de l'exposition*. Les deux personnages ne savent pas encore qu'une épidémie sévit et leur échange ordinaire n'éclaire pas le titre de l'œuvre. Mais, malgré cet écart, comme dans toute scène d'exposition, le dramaturge*, tout en cherchant à capter l'attention, apporte au spectateur les éléments indispensables à la compréhension de ce qui va se dérouler.

L'interprétation

La pièce date de 1959. D'origine roumaine, Eugène Ionesco (1909-1994) a connu le nazisme et les autres formes de totalitarisme, notamment le communisme dans le bloc soviétique.

L'introduction vous invite à chercher dans la scène (dialogue mais aussi vêtements et gestes) ce qui débouche sur l'interprétation proposée.

Les outils d'analyse

Le genre (Fiche 7)

Ionesco fait partie des dramaturges qui considèrent que les paroles des personnages ne sont qu'une des composantes du théâtre et que le décor, les costumes, les jeux de scène sont tout aussi importants (Fiche 10).

La scène est comique et la gravité de l'enjeu, signalée dans le chapeau introducteur, ne doit pas vous le faire oublier. Interrogez-vous sur ce que Ionesco emprunte à la comédie et sur la façon dont il renouvelle le théâtre comique.

Les procédés

Examinez les modalités* (Fiche 66) et le lexique : en quoi rendent-ils compte du tempérament des deux personnages ? Étudiez le lien entre les répliques et les didascalies, les répétitions, tout ce qui fonde les différentes formes comiques : geste, caractère, mot, situation...

La méthode

Organiser le commentaire (Fiche 5)

En vous appuyant sur vos impressions de lecture (le décalage, le comique) et sur le paratexte, bâtissez votre commentaire en gardant pour la fin l'interprétation proposée dans le chapeau introducteur : le conformisme et l'autoritarisme de Jean font qu'il sera une des victimes de la « rhinocérite » alors que Béranger, négligé mais tolérant, sera le seul à échapper à l'épidémie.

Le plan

I. Une scène d'exposition comique
II. Le renouvellement du théâtre comique
III. Deux personnages opposés : la fonction symbolique de la scène

Corrigé : devoir rédigé

Les ***textes en bleu*** *apparaissant dans ce corrigé, titres et remarques entre crochets, ne doivent pas figurer dans votre devoir. Nous les avons insérés pour vous guider et vous aider à repérer la progression du commentaire.*

Introduction (Fiche 12)

Molière est sans doute, dans notre histoire littéraire, l'auteur pivot du genre de la comédie. Il cristallise la tradition antique (Plaute ou Térence) et s'approprie les pirouettes de la *commedia dell'arte*. Il ouvre la voie à

Marivaux et Beaumarchais. Le XIXe siècle remet en cause la séparation des genres et, dans le drame romantique*, tragédie et comédie se côtoient. Après la Seconde Guerre mondiale, de nombreux dramaturges, comme Eugène Ionesco, ont continué de mêler les genres et les tonalités autrefois distingués. *Rhinocéros* s'ouvre sur les retrouvailles de deux amis aux personnalités opposées, Béranger et Jean. Le dialogue vivant remplit les fonctions d'information et de séduction attachées à l'exposition *[annonce de la première partie]* ; il contribue également à renouveler le théâtre comique *[l'adverbe « également » signale l'annonce de la deuxième partie]* ; enfin *[l'adverbe « enfin » montre qu'il va s'agir de la présentation du dernier axe d'étude]*, les positions des deux personnages préparent la suite de la pièce et la discussion qui a lieu autour de la tenue négligée de Bérenger constitue déjà une réflexion sur le conformisme et la tolérance, réflexion qui sera l'enjeu principal de la pièce.

I. Une scène d'exposition comique

La scène d'exposition est destinée à informer et à séduire le spectateur.

A. Une scène qui informe

Le passage étudié apporte les renseignements nécessaires à la compréhension de la pièce.

En effet, en découvrant, au lever de rideau, les personnages sur la scène, le spectateur situe l'intrigue dans le temps historique. Les costumes sont contemporains et on peut relever, dans les répliques comme dans les didascalies, des mots qui vont dans ce sens : « cravate », « veston ». Le vocabulaire employé signale également cette modernité ; le niveau de langue est familier et recourt fréquemment à des expressions imagées (« mort de sommeil », « mal aux cheveux », « gueule de bois »...). Le milieu social des personnages ainsi que leur mode de vie se laissent deviner de la même manière. On apprend que Bérenger est un employé de bureau et que la vie s'organise selon le calendrier du travail. En effet, Jean s'écrie : « Tous les dimanches matin, c'est pareil, sans compter les jours de la semaine » ; pour lui, le dimanche doit se distinguer des autres jours. C'est le cas aussi pour Bérenger qui répond : « en semaine c'est moins fréquent, à cause du bureau... » Par ailleurs, Jean accorde beaucoup d'importance à l'apparence vestimentaire : « Et votre cravate, où est-elle ? », « Vos vêtements sont tout chiffonnés », etc. Ce souci exacerbé peut être interprété comme un indice social et inscrire les deux amis dans la catégorie de la petite-bourgeoisie.

Mais cette exposition qui informe quant à l'époque et au mode de vie des personnages semble ne pas poser d'intrigue. Le sujet de la discussion est très anodin et ne constitue pas réellement un enjeu possible. Bérenger a « encore perdu la nuit » et son ami Jean lui reproche son apparence négligée et ses habitudes : « La cirrhose vous menace, mon ami. » On ne voit pas se nouer ici un problème que la situation finale devra résoudre et on a l'impression de surprendre une conversation presque ordinaire. Ce manque crée un effet de surprise et d'attente tout en étant, en lui-même, une source d'information : la pièce ne verra pas se dérouler une histoire comme chez Molière. Le monde représenté est vide, ordinaire, sans intérêt. Alors que la comédie classique est riche en problèmes et péripéties, cette pièce moderne raconte au contraire le vide de nos existences, un vide dangereux car sans doute propice à une rapide contagion de la « rhinocérite ».

B. Une scène qui séduit

Ainsi, l'exposition, même si elle surprend en raison du thème anodin de la discussion, joue pleinement son rôle informatif. Tout en posant les éléments nécessaires à ce qui va ensuite se dérouler, elle séduit le spectateur grâce, notamment, à la vivacité du dialogue. Les marques d'oralité sont nombreuses. On peut relever des interjections telles « Ah non », « Oh, merci », ou « Oh là là », une apostrophe* (« mon ami ») ou des impératifs à valeur de contact : « Tiens », « Tenez. » Les redoublements appartiennent aussi à ce langage oral : « Vous êtes soigneux, vous », « C'est lamentable, lamentable. »

La diversité des modalités*, sans être spécifique de l'oral, contribue à animer le dialogue. On rencontre en effet outre les phrases déclaratives, des interrogatives variées exprimant une simple question (« Qu'est-ce qu'elles ont, mes épaules ? »), ou bien un étonnement (« qu'est-ce que j'ai bien pu en faire ? ») ou encore un reproche (« Et votre cravate, où est-elle ? »). La modalité exclamative est fortement présente pour exprimer les reproches successifs de Jean : « Vous puez l'alcool ! », « Vous êtes tout décoiffé ! », « Quel désordre ! » Les phrases injonctives, nombreuses également, sont, dans la bouche de Jean, une marque d'autorité : « Tenez, mettez celle-ci », « Regardez la tête que vous avez », « Gardez la cravate. »

Le dialogue acquiert un relief supplémentaire grâce au jeu sur l'implicite que manifestent les points de suspension. Peut-être les phrases achevées par ces points se prolongent-elles dans un geste ou une mimique significative car la finalité du texte théâtral est sa mise en scène. Le non-dit théâtral devient spectacle et la pièce prend, devant le spectateur, toute son épaisseur : « J'ai un peu mal aux cheveux... », « Vous croyez ?... », « Vous êtes bien sévère... »

[Transition] Alors que le contenu des répliques semble inscrire l'intrigue dans un monde sans intérêt, le spectateur, mis en situation d'attente, découvre une scène qui renouvelle le théâtre comique.

II. Le renouvellement du théâtre comique

Dans *Rhinocéros*, Ionesco amuse le spectateur avec les procédés traditionnels de la comédie tout en renouvelant le genre.

A. Les marques de la comédie

Ce passage d'exposition reprend les conventions classiques* de la comédie. À la différence de la tragédie qui représente des actions impliquant des héros de haut rang, la comédie met en scène des personnages ordinaires ou populaires. Jean, préoccupé par la tenue vestimentaire de son ami, et Bérenger, employé de bureau « dans un triste état », sont bien des personnages de comédie. L'emploi du langage familier imagé, malgré le vouvoiement, est l'un des indices de la comédie liés à la condition sociale des personnages. En général, les préoccupations des personnages de comédie concernent le quotidien. Il suffit de rappeler le « mes gages ! mes gages ! » de Sganarelle à la toute fin du *Dom Juan* de Molière. Dans *Rhinocéros*, Bérenger évoque la réalité contraignante : « en semaine c'est moins fréquent, à cause du bureau. » Et Jean ne cesse de se référer aux contraintes du réel : « vous avez encore perdu la nuit, vous bâillez, vous êtes mort de sommeil... » ; on comprend là un lien de causalité ; c'est parce que Bérenger n'a pas dormi de la nuit qu'il se trouve le dimanche matin dans « un triste état ». De même, un peu plus loin, on retrouve cette même relation de cause à effet qui exprime le poids de la réalité : « Vous ne vous êtes pas rasé ! Regardez la tête que vous avez » ; « Vous vous êtes appuyé contre un mur... » : ici, ce sont les points de suspension qui expriment les conséquences « lamentable[s] » de l'incident. L'importance du quotidien concret, typique de la comédie, se traduit également par l'importance accordée aux accessoires, qu'il s'agisse des costumes (cravate, chemise, souliers) ou des objets tels le peigne, la « petite glace » ou l'hypothétique brosse vers laquelle Bérenger tend machinalement la main.

B. Les ressorts du comique

Cette scène fait jouer les ressorts traditionnels du comique. Le comique de caractère repose à la fois sur l'importance excessive accordée aux apparences chez Jean et sur la naïveté de Bérenger. Jean, ne cessant de faire des reproches à son ami, se présente comme un personnage attaché à ce qui se voit : « votre cravate, où est-elle ? », « Vos vêtements sont tout chiffonnés », « Vos souliers ne sont pas cirés… » Bérenger, lui, montre le « triste état » de quelqu'un qui n'a pas dormi ; il avoue avoir « un peu mal aux cheveux », « un petit peu la gueule de bois ». Les didascalies, à la fin du passage, indiquent qu'il agit « mollement ». De plus, sa naïveté fait sourire ; alors que son ami se montre agressif et autoritaire et qu'il n'hésite pas à dire « J'ai honte d'être votre ami », Bérenger garde son admiration pour Jean : « Bérenger (admiratif) : Vous êtes soigneux, vous. »

Au comique de caractère vient s'ajouter un comique de gestes basé sur la répétition et la chute. Tout d'abord, après avoir constaté la tenue négligée de Bérenger, Jean, comme une sorte de clown prestidigitateur, sort de sa poche un objet et le tend à son ami : une cravate, un peigne, une « petite glace ». La quatrième fois, le scénario est modifié ; c'est la chute. Bérenger, comme habitué à ce que son ami lui apporte une solution pratique pour remédier à ses épaules salies, « étend mollement sa main vers Jean ». Mais Jean, pour le plaisir du spectateur, dira : « Non, je n'ai pas de brosse sur moi, cela gonflerait les poches. »

Le comique de mots repose également sur la répétition, notamment autour du « triste état » dû à l'alcool. Cette expression se prolonge : « vous avez encore perdu la nuit », « J'ai un peu mal aux cheveux… », « Vous puez l'alcool ! », « J'ai un petit peu la gueule de bois », « La cirrhose vous menace. » Alors que Jean insiste de plus en plus sur la gravité de la situation (« triste état », « alcool », « cirrhose »), Bérenger, lui, s'efforce de minimiser les faits en répétant l'adverbe « un peu » sans pour autant s'opposer à son ami (« c'est vrai »). C'est surtout chez Jean que la répétition prend sa force comique : il reprend l'impératif « tenez » et, par trois fois l'adjectif « lamentable ». Ajouté au comique de gestes et au comique de caractère, le comique de mots constitue l'un des ressorts efficaces du rire. Ionesco reprend les procédés traditionnels et les marques conventionnelles de la comédie classique*. Mais il dépasse ces codes et renouvelle le genre.

C. Le renouvellement du théâtre comique

Tout d'abord, Bérenger et Jean ne sont pas des personnages-types de la comédie. Leurs relations ne sont pas non plus stéréotypées. S'il est question d'amitié à plusieurs reprises (« mon ami », « J'ai honte d'être votre ami »), cette amitié est remise en cause par l'agressivité de Jean : « C'est lamentable, lamentable ! J'ai honte d'être votre ami. » Les repères du spectateur sont brouillés et rien ne lui permet de s'identifier à l'un ou l'autre des deux personnages. Ni le « triste état » et surtout le manque de conviction de Bérenger, ni l'attitude méprisante et agressive de Jean ne constituent des modèles. Toutefois, la douceur naïve de Bérenger rend le personnage sympathique.

L'exposition est également déroutante. On a vu que le dialogue entre Bérenger et Jean ne posait aucun problème susceptible d'être résolu par un enchaînement de péripéties. Alors que le spectateur attend une histoire, Ionesco lui donne à entendre une conversation anodine autour de la tenue négligée de Bérenger. Les mots « cravate », « peigne », « glace », « chemise » deviennent les mots clés de l'échange et on ne voit pas le lien avec le rhinocéros annoncé par le titre.

[Transition] Cette scène d'exposition déroutante renouvelle le théâtre comique sans abandonner la fonction traditionnellement critique du genre.

III. Deux personnages opposés : la fonction symbolique de la scène

En mettant en scène deux personnages opposés, Ionesco amorce une critique du conformisme et de l'autoritarisme que la pièce approfondira par la suite.

A. Jean : un symbole du conformisme et de l'autoritarisme

Si Jean reproche à Bérenger sa tenue négligée, c'est parce que lui-même accorde beaucoup d'importance à l'apparence et aux codes sociaux que représente la cravate. Sans chercher à savoir, ni ce que Bérenger ressent ni les raisons profondes de son « triste état », il reste à la surface des choses : des vêtements « tout chiffonnés », des souliers non cirés. Une cravate pour se conformer à l'usage, un peigne pour remettre ses cheveux en ordre, une glace destinée à vérifier que l'on donne une image de soi convenable : les accessoires qui remplissent les poches de Jean ont, par-delà leur fonction comique, une portée symbolique. « Quel désordre ! » s'exclame Jean, exprimant son attachement à l'ordre et à l'apparence. Ce souci d'un extérieur conforme aux exigences sociales est si profondément ancré dans l'esprit de Jean qu'il finit par dire : « J'ai honte d'être votre ami. »

Les nombreux reproches adressés à Bérenger révèlent l'emprise de la norme sociale sur Jean. La « fatigue » et le « sommeil » sont présentés négativement (« tombez », « vous êtes mort ») de même que l'alcool : « Vous puez l'alcool ! » Tout ce qui n'appartient pas au monde social de la cravate et du peigne mais relève au contraire du plaisir est défini comme une perte : « vous avez encore perdu la nuit », « Vous l'avez perdue dans vos ébats ! » La répétition de l'adjectif « lamentable » est un verdict sans appel qui exprime cet ordre moral autoritaire et intolérant. Les marques de l'autorité sont d'ailleurs très nombreuses dans la bouche de Jean. Les impératifs sont fréquents et il a recours au présent de vérité générale pour affirmer une vérité unique : « Tous les dimanches matin, c'est pareil », « La cirrhose vous menace », « C'est lamentable, lamentable ! » Jean détient la vérité (« Je ne suis pas aveugle ») et cette vérité absolue prime sur les sentiments qu'il pourrait éprouver, son amitié notamment. On comprend que Jean sera l'une des premières victimes de la « rhinocérite », cette maladie qui symbolise toutes les formes de totalitarisme contre lesquelles s'érige Ionesco.

B. Bérenger et l'hésitation tolérante

L'attitude de Bérenger est bien différente de celle de son ami et l'on devine dans ce passage les raisons qui font qu'il échappera à la rhinocérite. D'abord, sa tenue négligée montre qu'il accorde peu d'importance au regard des autres et aux conventions. Ni cravate, ni souliers cirés. Ce qui se fait lui importe peu. Pourtant, Bérenger n'est pas un marginal ; il occupe une place ordinaire dans la société puisqu'il est employé de bureau. Mais il aime vivre à sa guise sans se laisser influencer par les autres ; il ne sera pas atteint par la contagion du totalitarisme, ce modèle de pensée unique.

De plus, Bérenger refuse la violence qui sera représentée par le rhinocéros ; il répond avec douceur aux reproches agressifs de Jean et accepte d'être critiqué et remis en question : « Tiens, c'est vrai ! », « Vous croyez ? » ; il va même jusqu'à remercier ou complimenter son ami, montrant ainsi qu'il ne cherche nullement à imposer son mode de vie : « Oh, merci, vous êtes bien obligeant », « Vous êtes soigneux, vous. » Lorsque Jean, après une série de reproches durs, s'écrie qu'il a honte d'être son ami, la réponse de Bérenger n'exprime aucune colère : « Vous êtes bien sévère... » Mais cette douceur tolérante ne signifie pas que Bérenger n'ait pas sa propre opinion ; il affirme ce qu'il pense mais sans agressivité, comme en témoignent la dernière réplique du passage ou bien, au début, son : « Ah non, en semaine c'est moins fréquent, à cause du bureau... » À la différence de son ami, ses affirmations sont tempérées par des adverbes : « J'ai un peu mal aux cheveux... », « J'ai un petit peu la gueule de bois. » Très différent de Jean,

Bérenger se montre tolérant et peu soucieux de se conformer aux usages sociaux ; il s'inquiète plus de la vérité (l'adjectif « vrai » revient plusieurs fois) que des apparences.

Conclusion (Fiche 13)

Ainsi, cette exposition qui semblait poser un dialogue anodin pour surprendre le spectateur remplit pleinement sa fonction informative, voire programmatique ou symbolique. Certes, la conversation des deux amis ne pose pas les éléments d'une intrigue, comme cela pourrait se faire dans une exposition traditionnelle, mais le comportement des deux personnages oppose déjà les valeurs de la douceur et de la tolérance à celles, dangereuses, du conformisme et de la violence. De cette manière, Ionesco, tout en renouvelant le théâtre, renoue avec la tradition de la comédie en ce qu'il reprend les procédés traditionnels du comique et certains codes du genre, mais surtout en ce que son théâtre joue un rôle didactique* et donne une vision critique du monde.

La dissertation

La dissertation

La dissertation porte sur une des quatre œuvres au programme et sur son parcours associé. Elle permet de vérifier vos connaissances ainsi que votre **capacité à organiser et approfondir une réflexion.**

Choisir le sujet de dissertation

• Vous pouvez choisir de traiter le sujet de dissertation **si vous maîtrisez la technique de l'exercice, si vous comprenez clairement la question posée et si vous disposez de connaissances précises** sur l'œuvre et le parcours au programme.
• Une dissertation obtient **une bonne note** quand elle répond aux critères suivants :
– le sujet est compris ;
– le devoir répond à la question posée ;
– les règles de la dissertation sont respectées ;
– les connaissances sont solides et bien employées : plus de la moitié du devoir est occupée par des exemples précis ;
– le plan est clair et cohérent ;
– le devoir est correctement rédigé.

La lecture du sujet

La composition du sujet de dissertation

Le plus souvent, le sujet de dissertation comprend **trois étapes** :
1. Un **constat** qui lie la question proprement dite à l'œuvre et au parcours.
2. Le **problème à analyser,** sous la forme d'une question ou d'une affirmation à discuter.
3. Des **indications méthodologiques** rappelant notamment la place des exemples (ces derniers seront principalement choisis dans l'œuvre au programme).

Le type de sujet

Il existe deux grands types de sujets, en fonction de la nature grammaticale de la question posée. Les interrogations **totales** supposent un plan **dialectique** alors que les interrogations **partielles** demandent un plan **analytique** (voir p. 127).

L'analyse du sujet

• Sans laisser de côté aucun des termes du sujet, **dégagez la question posée.** Gardez, autant que possible, dans votre introduction, les termes employés et assurez-vous de bien comprendre leur signification et leur portée, c'est-à-dire ce qu'ils impliquent.
• **Délimitez ensuite précisément le champ d'étude**: s'agit-il plutôt des personnages, du genre, des tonalités, des enjeux de l'œuvre ou du parcours ?

Les grandes lignes du plan

⚠ Rappel

Les grandes lignes du plan se devinent dans le sujet lui-même car **la dissertation doit présenter, de manière cohérente et organisée, les différentes réponses** possibles à la question posée.

Le plan analytique (ou thématique)

• Lorsqu'une question commence par un mot interrogatif (*pourquoi, en quoi, comment*...) et admet grammaticalement une infinité de réponses possibles, il s'agit d'une interrogation « partielle » qui implique un plan analytique. Vous devrez dégager deux ou trois réponses pertinentes à la question posée et les présenter de façon logique et dynamique.
• Quand la question est introduite par « Dans quelle mesure », il est possible de proposer deux réponses qui développent la réflexion, puis une 3e partie qui ouvre une perspective différente, voisine de la réfutation.

Ex. : Dans quelle mesure le titre *La Peau de chagrin* éclaire-t-il les principaux enjeux du roman ? (sujet 20)

1) Le titre est un miroir de l'intrigue.
2) Le titre met en avant le thème central de la destruction.
3) Le titre est une accroche énigmatique qui invite le lecteur à rechercher les différents enjeux du roman.

Le plan dialectique

• Quand la question posée par le sujet est « totale », elle n'admet grammaticalement que **deux réponses** possibles: « oui » et « non ». En formulant les deux réponses contradictoires, vous avez posé les grandes orientations de votre plan ; cependant, comme il ne s'agit pas de présenter un sondage d'opinion mais une pensée cohérente, vous devez **reformuler les réponses de façon à rendre leur cohabitation possible au sein de la même réflexion.**

• Dans ce type de plan, une **3e partie** (la synthèse), qui dépasse la contradiction des deux premières parties (la thèse et l'antithèse), est la bienvenue. Mais, si vous ne trouvez pas cette 3e réponse, renoncez-y plutôt que de proposer une perspective hors sujet ou, au contraire, répétitive par rapport à ce qui a été déjà dit. En ce cas, donnez de l'ampleur à votre conclusion en proposant une vision plus synthétique et élargie du problème.

L'introduction : trois étapes

Conseils

• Ne commencez pas votre constat par une banalité du type : « De tout temps, les hommes… »

• Ne vous écartez pas des termes du sujet.

• Ne répondez pas à la question dès l'introduction, car cela rendrait le développement inutile.

• Ne présentez pas lourdement le plan : au lieu de « Dans une première partie, je… », préférez « Dans un premier temps », « D'abord », « Ensuite », « Enfin »…

L'usage est de proposer une introduction formée d'un seul paragraphe mais il est possible aussi de matérialiser par un alinéa les trois étapes ou bien de détacher simplement l'annonce du plan. Appliquez les consignes de votre professeur.

Étape 1 **Amenez le sujet en partant d'une observation incontestable** ; par exemple, présentez l'œuvre et montrez en quoi elle s'inscrit dans le parcours au programme.

Étape 2 **Posez le problème du sujet.** Une expression comme « À ce propos, on peut se demander si… » peut exprimer le lien entre le constat initial et la question qui va être examinée au cours de la dissertation. Si le sujet comprend une citation, vous devez la reproduire dans son intégralité avant de formuler clairement la question..

Étape 3 **Annoncez le plan** de façon précise et souple.

La conclusion : deux étapes

Conseils

- Ne réduisez pas la 1re étape à un résumé : il faut plutôt souligner la logique de la progression.
- Ne proposez pas, en guise d'ouverture, un proverbe (« Les goûts et les couleurs... »), une évidence, une question trop large (« Quel est le rôle de la littérature ? »), une erreur historique...

Les deux étapes de la conclusion peuvent être réunies ou bien scindées en deux paragraphes pour plus de clarté. Suivez les conseils de votre professeur.

Étape 1 **Proposez une réponse à la question du sujet** en rassemblant les différentes pistes abordées.

Étape 2 **Élargissez la réflexion à une problématique plus vaste** en privilégiant le domaine littéraire ou, plus généralement, artistique (pensez aux prolongements étudiés au cours de l'année). Une question, une citation sont également possibles, à condition, bien entendu, d'être pertinentes.

⚠ Attention

Dans les 12 dissertations qui suivent, nous avons choisi de vous proposer de nombreux exemples ainsi que des citations afin de vous permettre d'élargir vos connaissances et votre réflexion. Vous serez ainsi mieux armés pour aborder des sujets divers.
Dans vos dissertations en cours d'année ou lors de l'épreuve terminale, on ne vous demande pas de vous appuyer sur autant d'exemples : vous devez choisir ceux qui vous conviennent, en privilégiant l'œuvre au programme.

SUJET 13

Cahiers de Douai

Œuvre : *Cahiers de Douai*, Arthur Rimbaud
Parcours : Émancipations créatrices

« Tu as bien fait de partir, Arthur Rimbaud ! » s'exclame René Char dans *Fureur et Mystère* en 1948. Comment les *Cahiers de Douai* illustrent-ils le titre du poème de René Char ?
Vous répondrez à cette question dans un développement organisé en vous appuyant sur le recueil d'Arthur Rimbaud, sur les textes que vous avez étudiés dans le cadre du parcours associé et sur votre culture personnelle.

Travail préparatoire

Fiches p. 285
15 18 21
Fiche œuvre 1

La lecture du sujet

La composition du sujet

Le sujet comprend trois parties : une citation inaugurale, une question et une consigne qui renvoie aux exigences méthodologiques de la dissertation et précise le champ des exemples.

Le type de sujet (Fiches 18 et 21)

La question posée par le sujet est une interrogation partielle qui admet plusieurs réponses possibles et implique donc un plan analytique.

La problématique (Fiche 15)

Il convient d'abord d'analyser la citation de René Char, poète de l'aube et de la révolte qui appréciait tout particulièrement Rimbaud dont il publia et préfaça les œuvres. La phrase exclamative fait l'éloge de Rimbaud. Avec un tutoiement complice, Char célèbre l'appel de l'ailleurs qui a gouverné la vie d'Arthur Rimbaud. Pourquoi les départs ont-ils été salutaires à l'adolescent de 1870 ? En creusant le sens du verbe « partir », on verra qu'il implique la rupture et la découverte, la libération et la création et qu'il fait écho au titre du parcours : « Émancipations créatrices ».

La méthode

Les exemples

Pour les *Cahiers de Douai*, œuvre au programme, revenez sur vos poèmes préférés illustrant l'invitation au voyage, à la sensualité, ou l'écriture de la révolte. Faites appel aux lectures linéaires qui vous ont permis d'approfondir l'étude de certains poèmes.
N'hésitez pas à citer des vers retenus. L'objet d'étude « poésie » nécessite, plus encore que les trois autres domaines du programme, la mémorisation de citations. Vous retiendrez aisément les vers qui vous ont touchés ou surpris. Veillez à leur exactitude et privilégiez les citations courtes qui seront plus faciles à utiliser.
Les autres exemples seront puisés dans vos lectures. Vous pouvez évoquer les sources d'inspiration de Rimbaud, notamment Hugo et Baudelaire.

L'élaboration du plan

Le plan analytique facilitera l'approche des différentes facettes de l'émancipation aboutissant à un renouvellement de l'écriture poétique.

I. L'adolescent fugueur
II. La révolte contre la société
III. La rupture avec la tradition

→ *Corrigé : devoir rédigé p. 132*

Corrigé : devoir rédigé

Les textes en bleu apparaissant dans ce corrigé ne doivent pas figurer dans votre devoir. Nous les avons insérés pour vous guider et vous aider à repérer la progression de la dissertation.

Les conseils du professeur

Introduction (Fiche 27)

En juillet 1870, Napoléon III déclare la guerre à la Prusse. L'armée française mal préparée est rapidement défaite et l'Empereur est fait prisonnier à Sedan. Le 4 septembre 1870, la République est proclamée. Les *Cahiers de Douai* ont été écrits pendant cette période, entre mars et octobre 1870, alors que le jeune Rimbaud était en fugue et en révolte contre l'autorité maternelle et la société. « Tu as bien fait de partir, Arthur Rimbaud ! » déclare le poète René Char dans *Fureur et Mystère* en 1948. Comment expliquer cet appel de l'ailleurs si salutaire ? Nous suivrons les pas de l'adolescent fugueur en quête d'un nouveau monde avant de découvrir le rejet de la société associé au départ, et le désir d'émancipation créatrice qui est son corollaire.

Présentation de l'œuvre sur laquelle porte le sujet

Citation présente dans la consigne et question soulevée

Présentation des trois axes du plan

I. L'adolescent fugueur

L'adolescent entravé laisse libre cours à son besoin de mouvement, à son goût de la nature, à sa quête de l'amour.

Introduction présentant les trois sous-parties de l'axe I

A. Le mouvement

C'est le désir d'échapper à l'ennui, au sentiment d'enlisement qui explique l'errance et les fugues adolescentes de Rimbaud en 1870 à Paris puis à Douai en traversant la Belgique. On trouve des références à ce besoin de liberté et à ces échappées dans les *Cahiers de Douai*. **La récurrence du verbe « aller »** marque les poèmes d'avancée et de mouvement qui sont au cœur du recueil. Dès le premier poème « Sensation », la volonté de partir

Une sous-partie peut compter plusieurs paragraphes quand l'idée développée présente différents aspects.

Pour faciliter la lecture, l'idée directrice de chaque paragraphe est ici en gras.

s'affirme, à deux reprises, au futur : « j'irai » et « j'irai loin, bien loin ». Associant son amante, le jeune poète utilise aussi le pronom « nous » dans « Rêvé pour l'hiver » : « nous irons ». On repère ensuite des variations avec le même verbe au conditionnel « nous irions » et « j'irais » dans « Les réparties de Nina ». Sans but, sans itinéraire précis, le déplacement procure une ivresse libératrice. Dans le dernier poème « Ma bohème », qui marque une distance et un retour sur soi, le voyage est une errance conjuguée à l'imparfait « Je m'en allais », « J'allais sous le ciel, Muse ! ».

Dans « Sensation », Rimbaud se compare à un « bohémien ». Si le mot « bohème » est encore mis en valeur dans le titre du poème qui clôt le recueil, c'est qu'il définit le **mode de vie de Rimbaud** et son libre vagabondage sur les routes, sans contraintes. La comparaison avec le Petit Poucet suggère l'errance. Avec ses vêtements usés, son paletot qui devient idéal, il dort à la belle étoile. Il est le poète qui va, ivre d'espace et de liberté.

Certains poèmes pourtant évoquent des **espaces clos**, des lieux d'enfermement tels le petit wagon rose de « Rêvé pour l'hiver », l'auberge du « Cabaret-Vert » ou la salle à manger brune du poème « La maline ». Datés d'octobre 1870, ces poèmes renvoient à des moments de pause au cours des fugues. « Depuis huit jours, j'avais déchiré mes bottines / Aux cailloux des chemins », écrit-il avant d'entrer, avec un sentiment de bonheur, au Cabaret-Vert. De même que le train est paradoxalement un endroit de fermeture et de mouvement, ces lieux immobiles préparent donc un nouveau départ. Le dernier vers de « Rêvé pour l'hiver » reste énigmatique mais confirme ce goût du voyage : « Qui voyage beaucoup »... est sans doute heureux.

Il est indispensable de mémoriser des citations pour étayer l'analyse.

B. L'appel de l'ailleurs

Rimbaud ressent constamment dans ces années d'adolescence l'appel de l'ailleurs, le besoin de se réfugier dans **la nature**. Dans « Sensation », Rimbaud est en communion avec la nature. Il cherche la fraîcheur de l'herbe,

La première phrase du paragraphe annonce le thème de l'analyse.

le charme des sentiers, le vent inspirant. Dans « Roman », « les tilleuls sentent bon dans les bons soirs de juin ! ». Le premier quatrain du « Dormeur du val » est d'abord le cadre idyllique d'une nature vivante et lumineuse, où le poète fait halte, « un petit val qui mousse de rayons ».

Au sein de la nature, le poète goûte une **extase sensorielle** : le parfum des tilleuls le comble, de même que « le vent chargé de bruits » (« Roman »). Dans « Sensation », il foule « l'herbe menue ». Ailleurs, c'est toute une palette de couleurs qui se déploie devant ses yeux : aux « soirs bleus d'été », répond le « bon matin bleu, qui vous baigne / Du vin du jour » (« Les réparties de Nina »).

> Veillez à insérer correctement les citations dans votre analyse (voir Fiche 11).

Aux côtés de la plénitude sensorielle, **les quatre éléments** sont convoqués accompagnant la fugue et la dynamisant : la terre et sa force vitale, le vent, qui stimule l'imaginaire du marcheur, les « gouttes de rosée » qui le revigorent (« Ma bohème »), le feu du soleil qui « sablerait d'or » les grands bois (« Les Réparties de Nina »).

C. Le désir amoureux

Pour l'adolescent, l'appel de l'ailleurs se double de **l'appel de l'amour**. Cette fusion est soulignée par la comparaison qui clôt « Sensation » : « Et j'irai loin, bien loin, comme un bohémien, / Par la Nature, heureux comme avec une femme ». Au cœur de la nature, « on sent dans les choses ouvertes / Frémir les chairs ». Le poème « Soleil et chair » est un hymne à la fécondité incarnée par Vénus. Tout est frémissement dans la nature et la terre renferme « le grand fourmillement de tous les embryons ». La Nature offre un amour infini, universel, sans objet, qui donne au départ l'allure d'une naissance : « Ô splendeur de la chair ! Ô splendeur idéale ! / Ô renouveau d'amour, aurore triomphale », s'écrie le jeune homme en partance.

> Le signe / marque la séparation des vers.

« On n'est pas sérieux quand on a dix-sept ans » (« Roman »). Le désir amoureux, **la quête érotique est aussi l'aiguillon du départ**. « Le cœur fou robinsonne » devant la « demoiselle aux petits airs charmants ». Dans « Première soirée », la rencontre a eu lieu et le poème est au passé. Un climat de légèreté est installé par la présence de la jeune femme et le cheminement du baiser. La sensualité de la scène équivaut à un départ. Dans le poème « Rêvé pour l'hiver », composé lors d'une fugue en Belgique, la rencontre est au futur. « Un petit baiser, comme une folle araignée, / Te courra par le cou »... L'adolescent rêve d'une complicité amoureuse jalonnant son voyage. Lors des pauses à Charleroi, la servante de la Maline se prête à un jeu amoureux sans lendemain, celle du Cabaret Vert, « la fille aux tétons énormes, aux yeux vifs » le comble d'aise.

Ces fantasmes amoureux sont le signe d'une libération associée au départ. Mais que fuit Arthur Rimbaud ?

La question annonce l'enjeu de la 2e partie.

II. La révolte contre la société

Le besoin du départ est lourd de grondements intérieurs. En partant, Rimbaud rompt avec les conformismes sociaux, politiques et religieux.

Les trois adjectifs annoncent les trois sous-parties.

A. La révolte sociale

Rimbaud veut **s'affranchir des contraintes familiales et sociales**, se libérer du conformisme bourgeois qui lui pèse tant à Charleville. En juillet 1870, il assiste à un concert militaire « place de la gare à Charleville », une place « taillée en mesquines pelouses », un « square où tout est correct », une nature domestiquée si différente des espaces infinis dont rêve l'adolescent. Le poème « À la musique » est l'occasion d'une satire des bourgeois spectateurs. D'étonnantes caricatures nous livrent des « rentiers à lorgnons », des employés de bureau « bouffis », des « clubs d'épiciers retraités ». On sent tout le mépris de Rimbaud pour ce bourgeois « épatant sur son banc la rondeur de ses reins ». Si l'adolescent lui aussi, dans « La Maline », choisit par dérision de s'épater dans son « immense chaise », c'est après une longue errance en Belgique. On retrouvera ce goût de la caricature dans le poème de Jules Laforgue « Soleil couchant » où « [son] gros propriétaire / Ricane du bohème [et...] / Tourne béatement ses pouces et digère ».

Partir, c'est aussi **rompre avec l'injustice sociale**, condamnant les enfants à la misère. Dans « Les Effarés », on ressent, en miroir à la critique des nantis, la compassion de Rimbaud pour ces « pauvres petits pleins de givre » regardant le boulanger cuire son pain. Dans « Le Forgeron », Rimbaud, au prix d'un détour historique, rejoint le peuple révolutionnaire de 1792. Par la voix du forgeron qui s'adresse à Louis XVI, le roi déchu, « debout sur son ventre » il exalte le peuple ouvrier « foule toujours accrue ». Ce poème prophétique qui date de 1870, alors que Rimbaud en 1871 participera peut-être au soulèvement de la Commune, marque une rupture en même temps qu'une prise de conscience.

Il est important de connaître le contexte de l'écriture de l'œuvre.

B. La révolte politique

Derrière Louis XVI, on peut voir se profiler **l'Empereur Napoléon III, nouvelle cible de la satire et signe de rejet politique**. Dans « Rages des césars », Napoléon III devient le symbole de tous les dictateurs, lui qui, par son coup d'État, voulut « souffler la Liberté ». On le voit placé en résidence surveillée en Allemagne après la défaite de Sedan le 2 septembre 1870, caricaturé en « Homme pâle » cheminant le long des pelouses fleuries regardant « filer de son cigare en feu, / Comme aux soirs de Saint-Cloud, un fin nuage bleu ». Dans « L'éclatante victoire de Sarrebruck », un poème au titre antiphrastique daté d'octobre 1870, l'empereur « s'en va, roide, sur son dada ». Chef de guerre ridicule, il est « féroce comme Zeus et doux comme un papa ».

Car pour le jeune Rimbaud, **l'Empereur est responsable de la guerre, ce fléau qu'il rejette si vivement.** « Le Dormeur du val » écrit aussi en octobre 1870, alors que Rimbaud est réfugié à Douai après sa première fugue à Paris, est peut-être une chose vue qui l'a incité à partir. Sedan n'est qu'à vingt kilomètres de Charleville. La chute du poème tient lieu de dénonciation : « Tranquille. Il a deux trous rouges au côté droit ». Dans « Le Mal », le « Roi » qui raille ses soldats qui pourtant se font tuer, c'est encore Napoléon III ou Guillaume de Prusse,

Les analyses précises effectuées lors des études linéaires peuvent nourrir de façon fine vos analyses.

comme en témoignent les couleurs des uniformes qui se confondent dans la mort : « écarlates ou verts ».

C. La révolte religieuse

Partir c'est **refuser le mal, la guerre et la religion qui la cautionne**. Rimbaud dénonce en effet le Roi responsable de ces atrocités mais aussi Dieu qui les permet et qu'il désacralise en le nommant « un Dieu ». Dans ce poème anticlérical, ce Dieu, indifférent aux souffrances humaines est aussi vénal puisque « des mères, ramassées sous leur vieux bonnet noir / Lui donnent un gros sou lié dans leur mouchoir ».

En écho au « Mal », « Le châtiment de Tartufe » propose **une satire de l'imposture**. La religion, si pesante pour l'adolescent avide de liberté, est coupable d'un refoulement du corps et de la sexualité. Et le méchant qui arrache la « chaste robe noire » est Molière ou son émule, Rimbaud. La religion incarne l'hypocrisie sociale et morale qu'il a si bien connue à Charleville. Dès mai 1870, dans « Soleil et chair », Rimbaud affirmait son rejet du catholicisme au nom d'un syncrétisme païen : « Oh ! la route est amère / Depuis que l'autre Dieu nous attelle à sa croix ; / Chair, Marbre, Fleur, Vénus, c'est en toi que je crois ! ».

> La comédie de Molière s'intitule *Le Tartuffe ou l'Imposteur*.

Si l'émancipation est critique, elle est aussi créatrice. Le voyage étant indissociable de la poésie, Rimbaud, en partant, va trouver une liberté d'écriture. Il devait donc partir.

> Reprise des termes du parcours qui éclairent votre réflexion. Les termes « critique » et « créatrice » assurent la transition entre les deux parties.

III. La rupture avec la tradition

Certes, l'adolescent est un héritier de la tradition poétique, mais il découvre au cours de ses errances une voie nouvelle et une émancipation créatrice.

> Présentation des trois sous-parties

A. Un héritier

Le jeune Rimbaud a une réelle **culture classique**. À Charleville, il a traduit Lucrèce et étudié Virgile. « Soleil et chair » témoigne de son goût pour la mythologie, le monde ancien. **Il s'inspire naturellement de ses modèles.** On peut retrouver dans la légèreté de « Première soirée » des échos du poème de Victor Hugo terminé en 1855 « Vieille chanson du jeune temps », lointain souvenir d'une promenade avec Rose : « Moi, seize ans, et l'air morose ; / Elle, vingt, ses yeux brillaient ». Mais c'est l'engagement du poète romantique qui l'a surtout marqué. La foule « hurlant comme une mer » dans « Le Forgeron » rappelle le peuple océan célébré par le poète des *Châtiments*. On peut considérer « Ophélie » et « Soleil et chair » comme un hommage aux Parnassiens et plus particulièrement à Banville, destinataire des poèmes. Enfin, c'est surtout Baudelaire qui l'inspire. Comme lui, il est comblé par les synesthésies et apprend à extraire la beauté de la laideur. Le « Bal des pendus », une grotesque danse macabre, fait en effet moins écho à la pathétique « Ballade des pendus » de François Villon qu'à « Un voyage à Cythère » où Baudelaire décrit « de féroces oiseaux perchés sur leur pâture / [qui] détruisaient avec rage un pendu déjà mûr ».

Dans les *Châtiments* (1853), Victor Hugo dénonce Napoléon III.

François Villon est un poète du XVe siècle.

B. Une autre voie

Ophélie n'est pas seulement l'héroïne mythique chère aux Parnassiens, elle est une image du poète rêvant de « l'âpre liberté » et dérivant « aux rayons des étoiles ». **Rimbaud s'est en effet vite écarté de ses modèles**. Le sonnet « Le Dormeur du val », tout en ellipse et retenue, un « chef d'œuvre de prétérition* », selon Pierre Brunel, se démarque du poème narratif de Victor Hugo « Souvenir de la nuit du 4 » qui commence brutalement par « L'enfant avait reçu deux balles dans la tête ».

Ophélie est une héroïne de Shakespeare *(Hamlet)* qui meurt noyée.

Si la nature est célébrée dans les *Cahiers de Douai*, le **lyrisme* est vite discrédité**. Le poète emprunte la voie nouvelle de l'autodérision. Dans « Ma Bohème », Rimbaud se moque du jeune poète qui « rimant au milieu des ombres fantastiques, / Comme des [...] lyres, [...] tirai[t] les élastiques de [ses] souliers blessés, un pied contre [son] cœur ». « Les réparties de Nina » nous présente une mise en scène ironique de l'amour romantique.

Les crochets indiquent qu'une citation a été modifiée pour être correctement insérée dans la phrase.

Lors de la promenade sentimentale, l'élan amoureux est brusquement brisé par des références rustiques incongrues aux odeurs de « fumiers chauds » ou à la vache qui « fientera ». Mais surtout, Nina vit dans une autre sphère ; empêtrée dans des conventions petites bourgeoises, elle répond prosaïquement à l'invitation amoureuse du jeune homme par une brève question : « Et mon bureau ? ». Dans « Vénus anadyomène », Rimbaud renverse les codes attendus. La laideur s'accentue à mesure que la Vénus surgit non des eaux mais de sa baignoire. À l'inverse des blasons* traditionnels, la description part des « cheveux bruns » pour aboutir à la large « croupe » de Vénus « Belle hideusement d'un ulcère à l'anus ».

Le lyrisme amoureux est mis à mal, et le **lyrisme épique*** est lui aussi dévalorisé. Avec « les bons Pioupious qui faisaient la sieste » à Sarrebruck, nous sommes loin des soldats de l'an II.

Les soldats de l'an II (1793) ont été idéalisés par la légende révolutionnaire.

C. L'émancipation créatrice

Le lexique s'ouvre en effet à toutes les provocations. Dans le même poème, « Papa » rime avec « dada ». et « Boquillon, rouge et bleu, très naïf, sur son ventre / Se dresse, et, présentant ses derrières : " De quoi ?... " » Le lexique vulgaire côtoie les familiarités, les jurons côtoient les onomatopées.

Rimbaud **fait éclater les conventions poétiques** en même temps qu'il revisite les formes traditionnelles, tel le sonnet, en jouant des rimes et des discordances métriques*. Les audacieux rejets du poème « Au cabaret vert » révèlent un monde coloré et prosaïque avec le « jambon rose et blanc parfumé d'une gousse / D'« ail ». Les nombreux tirets qui déstabilisent la syntaxe miment l'élan des départs. Procédant par élans et par à-coups, l'écriture transgressive est en marche.

Mémorisez le lexique de la versification et des procédés de style (rejet : fiche 40).

Conclusion (Fiche 28)

Rimbaud est bien « l'homme aux semelles de vent » célébré par Verlaine. Il n'a jamais fini de partir. Comme l'écrit René Char dans la suite de son poème, il a « bien fait d'éparpiller aux vents du large » tous ses ressentiments. Dans le poème des *Illuminations* (1873-1875) intitulé « Départ », on lit ces mots auxquels le jeune Rimbaud aurait volontiers souscrit au temps des *Cahiers de Douai* : « Assez vu [...] Assez eu [...] Assez connu ». Le départ est provoqué par une inadéquation entre le poète et son environnement. En partant, il fuit la sottise et la furie des hommes, mais il rencontre au sein de la nature un sentiment de plénitude et découvre une liberté d'esprit face à l'esprit de sérieux. La rupture est salutaire et devient une promesse de création poétique.

Bilan des trois axes de la dissertation

Cette double volonté de fuite et de découverte se retrouvera épanouie dans la fulgurante aventure du « Bateau ivre » quand le poète connaîtra l'éveil sur un nouveau matin du monde et la délivrance de la pesanteur : « La tempête a béni mes éveils maritimes. Plus léger qu'un bouchon, j'ai dansé sur les flots ».

Ouverture vers ce que sera la révolution poétique de Rimbaud

SUJET 14

4 heures

La Rage de l'expression

Œuvre : *La Rage de l'expression*, Francis Ponge
Parcours : Dans l'atelier du poète

Dans *Proêmes* (1948), Francis Ponge affirme qu'« écrire, c'est refaire ». En quoi ce propos rend-t-il compte du travail d'écriture du poète dans *La Rage de l'expression* ?

Vous répondrez dans un développement construit en vous appuyant sur votre lecture de l'œuvre, sur les textes lus dans le cadre du parcours associé « Dans l'atelier du poète » et sur votre culture personnelle.

Travail préparatoire

Fiches p. 285
14 15 18 21 23 24
Fiche œuvre 2

La lecture du sujet

La composition du sujet (Fiche 15)

Le sujet est introduit par l'expression « Francis Ponge affirme que... » : c'est donc le poète lui-même qui tient ce propos sur son œuvre. Il s'agit d'une réflexion personnelle de l'auteur sur son propre recueil.

L'enjeu du sujet est de définir l'écriture poétique : les deux verbes à l'infinitif « écrire » et « refaire », ainsi que l'emploi du verbe « être » (« c'est ») montrent que le poète propose une définition de son travail d'écriture.

Enfin, le verbe « refaire » est essentiel : il renvoie non seulement à l'étymologie grecque de poésie, *poiein*, qui signifie « faire, fabriquer, façonner », mais le préfixe *re-* est également essentiel car il suppose que la poésie est plutôt une re-fabrication, une re-création, une re-construction.

La compréhension du sujet (Fiche 14)

D'une part, le sujet suppose que le poète reprend ce qui existe déjà. Son écriture est une reprise, une re-création qui occasionne un nouveau regard sur le monde, une re-découverte des éléments qui entourent le sujet humain.

D'autre part, le verbe « re-faire » souligne l'importance du geste de création en mettant en avant non seulement le travail acharné de l'écrivain mais aussi la matérialité de l'écriture. Pour Francis Ponge, l'écriture poétique est un travail manuel, un exercice de manipulation incessante, une expérimentation scientifique par laquelle il cherche indéfiniment le terme le plus juste pour dire le monde.

La méthode

Identifier le type de sujet pour tracer les grandes lignes du plan (Fiches 18 et 21)

L'affirmation est accompagnée d'une question introduite par le pronom interrogatif « en quoi » qui invite à explorer les différents aspects du sujet, et ce, sans forcément le contester. Il faudra donc choisir un plan analytique qui envisage deux ou trois conditions essentielles pour valider le propos de Francis Ponge.

Approfondir les différents aspects de la question (Fiches 23 et 24)

Notez les extraits du recueil où il vous semble que le poète s'attarde sur des éléments simples du quotidien pour les transfigurer grâce à son travail poétique. Examinez ensuite tous les éléments du texte de Francis Ponge où le poète joue avec la langue en manipulant notamment la typographie (italiques, majuscules, caractères, etc.) et les sonorités.

Ouvrir une troisième perspective

Sans répéter l'idée d'une redécouverte du monde par l'écriture poétique (1re partie), ni l'image du poète en travailleur acharné qui multiplie les tentatives d'écriture comme un expérimentateur (2e partie), vous pouvez montrer que l'écriture semble finalement une pratique ludique pour le poète qui manipule les mots à l'envi.

Le plan

I. Écrire, c'est refaire le monde pour le redécouvrir
II. Si « écrire, c'est refaire », alors le poète est un expérimentateur qui multiplie les tentatives d'écriture
III. L'enjeu, pour F. Ponge, c'est de « refaire » le monde grâce au langage

Corrigé : devoir rédigé

Les textes en bleu apparaissant dans ce corrigé ne doivent pas figurer dans votre devoir. Nous les avons insérés pour vous guider et vous aider à repérer la progression de la dissertation.

Les conseils du professeur

Introduction (Fiche 27)

En 1977, à l'occasion de l'inauguration du musée Georges Pompidou à Paris, Francis Ponge, dans *L'Écrit Beaubourg*, loue les vertus de cette architecture moderne qui dévoile aux passants son armature brute : la structure du bâtiment est entièrement visible, rien ne la couvre, tout l'expose. À l'instar de cette architecture dénudée, Francis Ponge entend, lui aussi, exhiber son travail en expliquant sa démarche d'écriture poétique. Ainsi, le poète définit dans *Proêmes* (1948) son travail d'écriture : « écrire, c'est refaire », affirme-t-il. Quelques années avant la publication de *La Rage de l'expression* (1952), ce journal poétique composé de brouillons, de notes, de réflexions et de correspondances, l'écrivain entend déjà mettre au jour sa méthode poétique. Il rejette alors la conception romantique d'une inspiration divine par laquelle le poète crée, fait, fabrique des vers dans un élan transcendant. Au contraire, il nous emmène au cœur de son atelier en plein chantier où il promeut le travail acharné, l'exercice répété et l'entraînement incessant au brouillon : « écrire », c'est

Accroche

Présentation de la citation sur laquelle repose la question

Transcendant : qui vient de l'au-delà, qui trouve son origine en Dieu.

donc bel et bien « re-faire », autrement dit, réécrire, reprendre, chercher un autre mot, en corriger un autre, en ajouter encore un autre, à l'infini. En quoi le recueil hybride de *La Rage de l'expression* permet-il de mettre au jour la démarche du poète qui « refait » sans cesse le monde ? Nous observerons d'abord que le poète *re*fait, *re*crée, *re*fabrique et *re*façonne le monde pour en offrir à ses lecteurs une *re*découverte. Nous verrons alors que le poète apparaît comme un travailleur acharné, un expérimentateur inépuisable qui multiplie les tentatives d'écriture pour *re*construire le monde qui l'entoure. Enfin, nous nous intéresserons aux techniques d'écriture employées par ce poète qui explore indéfiniment la langue en quête de la parfaite tournure poétique.

Reformulation du sujet

Formulation de la problématique

Annonce des trois parties du plan

I. Écrire, c'est refaire le monde pour le redécouvrir

« Écrire, c'est refaire » car le poète, empruntant des sujets préexistants et les renouvelant, recrée le monde pour mieux le redécouvrir.

Présentation des sous-parties de l'axe I

A. Écrire, c'est reprendre des sujets préexistants

Pour le poète, **écrire consiste à reprendre un sujet déjà existant**. Ce sujet, qu'il lui soit familier ou étranger, préexiste toujours au travail poétique. Dans *La Rage de l'expression*, le poète ajoute à « La Mounine » un titre alternatif : « Notre après coup sur un ciel de Provence ». Nous soulignons ici l'expression « après coup » qui indique que le travail poétique vient toujours *a posteriori*. « Écrire » n'est donc pas tant (contrairement à une idée reçue) « créer » de toutes pièces, que, comme l'affirme Ponge lui-même, « refaire ». De plus, dans ce fragment du recueil, il est question de reconstituer la couleur du ciel de Provence qu'a déjà peint son contemporain Auguste Chabaud (1882-1955). Par conséquent, lorsque le poète recourt à la métaphore picturale pour peindre le bleu provençal à travers des expressions comme le « Rose pervenche à mine de crayon » ou l'« Azur à mine de plomb », il s'inscrit dans l'héritage d'un travail artistique qui le précède.

Les sous-parties peuvent être scindées en paragraphes pour développer des aspects différents de l'argument.

Développement d'un exemple

Reprendre en poésie une œuvre d'art préexistante n'est pas propre à F. Ponge. D'autres poètes retiennent aussi notre attention en « refaisant » des œuvres d'art qui nous sont familières. Par exemple, dans les années 1940, René Char reprend dans *Fureur et Mystère*, *La Madeleine à la veilleuse* du peintre Georges de La Tour. Pourtant, si le poète recrée en poésie la figure picturale de la Madeleine peinte au XVIIe siècle, ce n'est pas seulement pour l'imiter : c'est surtout pour en faire le symbole d'une Résistance lumineuse au milieu des ténèbres de l'Occupation.

Nous mettons en gras l'idée directrice de chaque paragraphe.

Le champ des exemples ne se réduit pas au recueil étudié.

B. Mais écrire, c'est recréer avec originalité

Pour « refaire », il ne suffit donc pas de reproduire simplement un modèle. Il faut **recréer des objets sans céder à la facilité de l'imitation**, ce qui suppose une certaine originalité afin de se distinguer de la routine poétique, et ce, grâce à des images inédites. Avec « Le Mimosa », Francis Ponge met en scène une fleur bien connue, mais elle se voit transfigurée par le travail poétique : ainsi, le mimosa avec ses fleurs cotonneuses, devient grâce à la comparaison pongienne « poudré comme Pierrot ».

La première phrase du paragraphe expose l'argument qui va être développé.

Développement d'un exemple

C'est là le propre de l'écriture poétique que de **choisir des objets banals pour les recréer, les refaçonner et les transfigurer** grâce à des images inouïes. Dans *Le Parti-pris des choses*, Ponge s'intéressait déjà à des éléments naturels galvaudés. S'imposait alors la nécessité de se montrer original afin de ne pas seulement imiter, mais bien de « refaire » le monde. C'est le cas notamment du « Papillon » : ce poème s'achève sur la métaphore d'un « minuscule voilier des airs maltraité par le vent en pétale superfétatoire ». L'association de l'image du « minuscule voilier » et du terme savant « superfétatoire » offre au lecteur un papillon poétique qui lui apparaît tel qu'il ne lui était jamais apparu auparavant.

Superfétatoire : ajouté inutilement, superflu.

C. Écrire, c'est redécouvrir le monde

En *re*fabriquant ainsi le vivant – la faune et la flore notamment – qui nous entoure, **le poète retient notre attention, et nous invite à redécouvrir le monde, à le**

Dissertation

***re*-regarder**. Dans *La Rage de l'expression*, le poète s'intéresse à « L'Œillet», et plus spécifiquement à sa tige. Le retour incessant à cet élément de la fleur par les expressions récurrentes « à bout de tige » ou « à l'extrémité de sa tige » force le lecteur à observer plus attentivement cet objet floral devenu objet poétique.

Développement d'un exemple

Le travail poétique consiste alors, en s'attachant à des éléments familiers, banals et quotidiens, à **sublimer le monde en le recréant par l'écriture**. C'est ainsi que Valéry Larbaud *re*fabrique dans son recueil *Les poésies de A.O. Barnabooth* (1913) « L'Ancienne gare de Cahors ». Il reconstitue cette gare désaffectée qui renaît grâce au travail du poète s'efforçant de la réhabiliter et de la sublimer.

Vous trouverez ce poème étudié dans le sujet 2, page 27.

[Transition] La redécouverte suppose donc pour le poète un travail de *re*fabrication. Mais au-delà et en amont de ce travail de recréation, il est nécessaire de chercher sans cesse à reprendre, à corriger, à ajouter de nouveaux éléments à l'objet original pour en obtenir une version plus belle et plus parfaite.

II. Si « écrire, c'est refaire », alors le poète est un expérimentateur qui multiplie les tentatives d'écriture

Si « écrire, c'est refaire », alors le poète est un expérimentateur qui multiplie les tentatives d'écriture.

Le titre noté au brouillon peut être utilisé dans le devoir pour introduire la partie.

A. La démarche laborieuse de l'écriture

La poésie, en tant que recréation, reprise et reconstruction, emprunte au genre de l'essai. **Écrire, c'est en effet s'exercer à mettre des mots sur les choses.** Selon la définition proposée par Francis Ponge, le poète livre une démarche plutôt qu'un produit fini. Dans *La Rage de l'expression*, le poète expose son labeur qui consiste à s'exercer et à s'essayer au brouillon. Refusant les habitudes de la poésie traditionnelle, le poète propose un travail incessant de réécriture. Dans « La Guêpe », il utilise la métaphore de l'« essaim » pour désigner ce travail de recherche effrénée de mots. Notons alors que l'étymologie d'« essaim », en latin *exagium*, est la même

Exposition de l'argument

Développement d'un exemple

Approfondissement de l'exemple

qu'« essai » et désigne ainsi l'effervescence laborieuse des guêpes. Si le poète affirme dans « L'Œillet » qu'il ne se prétend pas poète, c'est qu'il s'apparente plutôt à un essayiste en poésie. On retrouve à cet égard chez Ponge l'image de la « marqueterie » déjà mobilisée par Montaigne dans ses *Essais III* (chap. 9) pour désigner son écriture enquêtante. Écrire, consiste donc surtout à refaire, à réécrire, à essayer encore et encore.

La dernière phrase du paragraphe synthétise l'idée développée.

B. Une plongée dans l'atelier du poète

L'écriture poétique se définit alors comme un processus, un véritable chantier. Dans une perspective métapoétique, F. Ponge met en scène la poésie comme une pratique où le poète multiplie à l'infini les tentatives d'écriture. Le recueil se présente comme un journal de bord composé d'une diversité de remarques, de notations personnelles et de tentatives successives de création. Le poète offre ainsi une réflexion sur son propre travail. Dans « Le carnet du bois de pins », on scrute de près cette langue enquêtante qui cherche, à travers les multiples variantes qui forment progressivement un « abcès poétique », la bonne formule.

Métapoétique : cas particulier de textes littéraires qui réfléchissent à leur propre création (un poème qui parle de l'écriture poétique, etc.).

À l'inverse des poètes romantiques qui envisagent l'inspiration poétique comme un élan du cœur qui les pousse soudainement à écrire sous la dictée d'une force supérieure, Ponge appréhende plutôt l'écriture poétique comme le résultat d'une longue expérience de la langue. Là où le poète romantique Lamartine, dans la préface des *Méditations poétiques* (1820) trouve son inspiration au cœur des « soupirs » et des « épanchements tendres et mélancoliques [...] d'une âme qui s'abandonne » au cœur de la nature, Ponge propose plutôt une plongée dans son atelier d'artisan où s'exprime sa « rage » de travail, de réécriture, d'exercices infinis.

Mémorisez des vers du recueil étudié mais aussi d'autres poètes.

C. L'autoportrait de l'artiste en artisan

Aussi le poète se présente-t-il comme un travailleur acharné qui ne cesse de refaire et de défaire son propre travail pour atteindre l'expertise des meilleurs artisans. **Le recueil de F. Ponge offre un autoportrait du poète en ouvrier appliqué à son travail.** Dans « Notes prises sur un oiseau », le poète se présente au lecteur en plein travail : « Je me suis appliqué à l'oiseau, avec toute l'attention, toute l'ardeur d'expression dont je suis capable ».

Cahier et crayon en main, l'artiste a donc plutôt, chez Francis Ponge, les traits d'**un artisan tout affairé à son ouvrage, à l'image des poètes de l'OuLiPo** qui vouent l'écriture à l'expérimentation. Ainsi, dans ses *Cent mille milliards de poèmes*, Raymond Queneau met, lui aussi, en lumière son travail poétique. En proposant la forme originale d'un recueil uniquement fait de petites languettes de papier, ce poète montre que son travail est avant tout une affaire de combinaisons multiples et infinies de mots.

OuLiPo : l'Ouvroir de Littérature Potentielle est un groupe d'écrivains qui considère la littérature comme un laboratoire où expérimenter les possibilités de la langue.

La définition pongienne de l'écriture poétique met ainsi en valeur le travail du poète sur les mots. Si « écrire, c'est refaire », alors la poésie est surtout un jeu avec la langue.

La transition permet d'introduire la 3e partie.

III. L'enjeu, pour F. Ponge, c'est de « refaire » le monde grâce au langage

A. Écrire, c'est jouer sans cesse avec les mots

La poésie devient ainsi une activité ludique lors de laquelle **le poète manipule les mots à l'infini pour décrire les objets qui l'entourent**. F. Ponge crée même le terme d'« objeu » pour désigner ce divertissement poétique. Dans *La Rage de l'expression*, à travers l'importance accordée à la typographie, on perçoit combien le poète joue avec les mots en lettres capitales, en minuscules, en italiques, etc. Dans « Note prise pour un oiseau », le poète s'amuse aussi avec le cratylisme des mots : il préfèrerait en effet remplacer le « s » d'« oiseau » par un « l » pour former un nouveau mot, « oileau », dont la sonorité lui semble davantage liée à la réalité animale qu'il désigne. Le poète est donc un jongleur de mots, qui les place et les déplace au fur et à mesure qu'il fait et refait son poème. Aussi la page du cahier sur laquelle le poète travaille est-elle comparable à une toile de peintre

Les mots de liaison marquent les articulations de la réflexion.

Cratylisme : théorie selon laquelle la sonorité des mots renvoie à ce qu'ils désignent.

sur laquelle l'artiste cherche, à force de retouches, à représenter un sujet. Dans ses *Calligrammes*, Apollinaire procède selon cette même méthode ludique. Lorsqu'il peint son « Paysage », il place, dispose et agence les lettres et les mots sur la page de son cahier de telle sorte qu'il s'amuse à reconstituer visuellement la réalité qu'il décrit par l'écriture.

B. Écrire, c'est rechercher sans cesse le mot juste

Le poète est ainsi un explorateur qui s'engage dans une quête effrénée du mot juste. Pour F. Ponge, cette recherche langagière s'effectue notamment grâce à un outil précieux : le dictionnaire *Littré*. Dans « Le Mimosa », le poète partage avec son lecteur ses multiples recherches étymologiques : « j'allai à la bibliothèque consulter le *Littré*, la *Grande Encyclopédie*, le *Larousse* », nous explique-t-il avant d'énumérer tous les mots qui retiennent son attention : « mimosa », « mimeux », « eumimosa », « mimosées ». Le dictionnaire se révèle alors un outil indispensable à la recherche du terme parfait.

> Veillez à insérer correctement les citations dans votre analyse (voir Fiche 11).

De manière générale, **cette exploration méticuleuse de la langue est perceptible chez tout écrivain rigoureux et consciencieux.** À cet égard, F. Ponge est fasciné par la rigueur d'un poète comme Malherbe. À la charnière des XVIe et XVIIe siècles, ce poète de cour compose une littérature de circonstances qui lui impose de nombreuses contraintes et le conduit par conséquent à manipuler sans cesse la langue pour trouver les mots qui célèbreront le mieux le pouvoir royal. Que ses stances* soient adressées au roi Henri IV, à la régente Marie de Médicis ou encore au jeune roi Louis XIII, Malherbe se consacre année après année à la recomposition perpétuelle d'un discours poétique au service du pouvoir politique.

> Littérature de circonstances : textes littéraires écrits, notamment à l'Époque moderne (XVIe-XVIIIe siècles), pour soutenir la cause politique d'un mécène puissant.

C. Écrire, c'est lutter sans cesse contre les mots

Cependant, il ne s'agit pas seulement de jouer avec les mots pour refaire le monde, mais aussi et surtout de lutter avec eux, ou contre eux. Si F. Ponge évoque dans le titre de son recueil une « rage », c'est que **l'écriture implique**

un combat contre la langue. Cette fureur poétique apparaît par exemple à travers la création frénétique de néologismes*. En inventant des mots comme : « soleilleux », « viandeux », « viridité », « glorioleux » ou encore « plumeraie », le poète recrée et refait la langue française. Puisque les mots du dictionnaire échouent à dire la réalité, il est nécessaire de contourner les impossibilités de ce langage imparfait.

Fureur poétique : délire enthousiaste du poète qui le pousse à écrire (traditionnellement, vient d'une force divine mais chez Ponge, naît simplement d'un besoin humain et viscéral d'écrire).

S'engage alors un corps à corps avec les mots, entre le poète et leur matérialité. Dans son recueil *L'arbre le temps* publié en 1964, **Roger Giroux interroge, lui aussi, à plusieurs reprises la capacité du langage à dire le monde** : « Que bâtirais-je avec ma langue ? », « Quel visage appeler ? Quel amour concevoir ? / Ce que dit le poème n'a pas de pouvoir ? / Il consume les mots qui donneraient la vie / Et perpétue la mort d'une aube inassouvie ? », questionne-t-il. C'est bien cette difficulté de la langue endurée par le poète qui le condamne, lors de l'écriture, à refaire sans cesse la tentative de trouver le mot juste.

Conclusion (Fiche 28)

Retour au sujet

Ainsi, le recueil de Francis Ponge permet de mettre au jour la démarche du poète qui « refait » sans cesse le monde. D'une part, le poète recrée et refaçonne le monde pour offrir à ses lecteurs une redécouverte des choses qui les entourent. D'autre part, cette définition de la poésie comme recréation suppose chez le poète un travail acharné d'expériences, de tentatives et d'essais en vue de cette reconstruction poétique du monde. Enfin, c'est bien grâce au langage que le poète explore sans relâche le monde en recherchant sans cesse le mot juste. Dans son roman *La Vagabonde*, Colette exprimait déjà, plusieurs années avant Francis Ponge, cette « rage de l'expression » lorsqu'elle remarquait : « Écrire ! verser avec rage toute la sincérité de soi sur le papier tentateur, si vite, si vite que parfois la main lutte et renâcle [...] pour saisir et fixer, sous la pointe double et ployante, le chatoyant, le fugace, le passionnant adjectif... »

Bilan des 1re, 2e et 3e parties

Ouverture

4 heures

SUJET 15

BAC 2024
Amérique du Nord

Mes forêts

Œuvre : *Mes forêts*, Hélène Dorion
Parcours : La poésie, la nature, l'intime

Le recueil *Mes forêts* est-il seulement un chant personnel ?
Vous répondrez à cette question dans un développement organisé. Votre réflexion prendra appui sur le recueil d'Hélène Dorion au programme, sur le travail mené dans le cadre du parcours associé à cette œuvre et sur votre culture personnelle.

Travail préparatoire

Fiches p. 285
15 18 20 23 à 26
Fiche œuvre 3

La lecture du sujet

La composition du sujet

Le sujet comprend deux étapes : une question et un rappel méthodologique portant sur la nécessité d'organiser le développement et de s'appuyer sur des exemples choisis dans le recueil au programme et dans les textes étudiés ou rencontrés de façon plus personnelle.

Le type de sujet

La question posée par le sujet est une interrogation totale (réponse par « oui » ou « non ») qui appelle un plan dialectique. L'adverbe « seulement », qui est une invitation à ouvrir de nouvelles perspectives, vous met sur la voie de cette démarche et vous rappelle qu'il s'agit moins d'opposer des thèses (la thèse et l'antithèse) que d'expliciter la proposition du sujet pour ensuite, non pas la rejeter, mais la dépasser.

Les notions en jeu (Fiche 15)

Vous devez peser les termes de la question pour cerner la façon dont ils éclairent *Mes forêts* et les autres textes étudiés.

- **« chant »** : dans quelle mesure la poésie d'Hélène Dorion est-elle musicale ? Approfondissez de manière plus large le lien entre poésie et musique en vous rappelant que les œuvres poétiques d'Homère (l'*Iliade* et l'*Odyssée*) étaient organisées en chants que l'aède accompagnait de sa lyre. Pensez aussi à Verlaine.
- **« personnel »** : l'instrument de musique qu'est la lyre a donné l'adjectif « lyrique » utilisé pour désigner l'expression des sentiments. Dans quelle mesure la poésie d'Hélène Dorion relève-t-elle de cette tonalité et en quoi peut-on parler d'écriture de soi pour *Mes forêts* ?
- **« seulement »** : la question ouvre implicitement d'autres perspectives, au-delà du simple chant et de la dimension autobiographique.

La méthode

La construction du plan (Fiches 18 et 20)

Deux réponses émergent grammaticalement de la question posée :
1) le recueil *Mes forêts* est un chant personnel ;
2) le recueil *Mes forêts* n'est pas seulement un chant personnel.

La première partie creusera les notions de « chant » et les enjeux de l'écriture de soi. La deuxième partie pourra proposer de ne pas réduire le recueil à ce chant tourné vers soi mais d'y lire aussi la quête d'une connaissance du monde.

En classe de 1re, ces deux perspectives, à condition d'être approfondies (trois sous-parties pour chacune d'elles) et précisément illustrées, suffisent à faire un bon devoir.

Toutefois, une troisième partie (la synthèse), repartant du « chant », pourra se tourner vers le lecteur destinataire actif du recueil.

La recherche des arguments et des exemples (Fiches 23 à 25)

Notez au brouillon les poèmes et les citations qui sont en lien avec les perspectives que vous avez dégagées. Faites appel aux lectures linéaires qui vous ont permis d'examiner de très près les poèmes ainsi qu'aux synthèses qui ont effectué des rapprochements intéressants.

Pensez au parcours : la « nature » et l'« intime » peuvent être envisagés comme des domaines à célébrer (le chant) mais aussi à découvrir et à partager.
Situez votre analyse dans le cadre plus large d'une réflexion sur les enjeux de la poésie.

La prise en compte des spécificités de l'objet d'étude et de l'auteur (Fiche 26)

Le poème lyrique (le « chant personnel ») provoque des émotions qui priment souvent sur tout raisonnement : votre dissertation devra témoigner de votre sensibilité à l'écriture poétique. Vous devrez vous appuyer sur de nombreuses citations.
Le recueil d'Hélène Dorion est très récent, la poète attache une grande importance à ses lecteurs (site, interviews, lectures publiques) et vous ne pouvez pas rester indifférent à sa démarche.

Le plan

I. *Mes forêts* : un chant personnel
II. Un chant tourné vers le monde, un chemin de connaissance
III. La connaissance partagée : un chant choral

Corrigé : devoir rédigé

Les textes en bleu apparaissant dans ce corrigé ne doivent pas figurer dans votre devoir. Nous les avons insérés pour vous guider et vous aider à repérer la progression de la dissertation.

Les conseils du professeur

Introduction (Fiche 27)

Canadienne francophone, Hélène Dorion compose une œuvre traversée par les préoccupations de notre XXIe siècle. En 2021, le titre de son recueil *Mes forêts* montre à la fois la place accordée à la nature et l'enjeu personnel de l'écriture poétique. En effet, usant du possessif « mes », Hélène Dorion s'approprie le vaste monde des forêts et renouvelle la poésie lyrique*. Mais ce recueil est-il seulement un chant personnel ? Après avoir montré ce que recouvre cette perspective, nous verrons que pour Hélène Dorion, comme pour d'autres poètes avant elle, la voix / voie poétique est aussi une quête de connaissance. Selon elle enfin, cette connaissance est à partager avec le lecteur : le chant personnel devient chant choral.

Amorce du sujet : présentation du recu (titre, auteur, date, enjeu)

Question soulevée par le sujet

Annonce des trois parties du devoir

I. *Mes forêts* : un chant personnel

Mes forêts est un recueil profondément lyrique, dans les deux sens du terme : la poésie se fait musique et la mélodie des vers libres sert l'expression des sentiments. Elle favorise également une harmonie entre le poète et le monde.

Introduction du premier axe : présentation de l'axe et de ses trois sous-parties

A. La mélodie des vers

« De la musique avant toute chose », « De la musique encore et toujours » écrit Verlaine dans son « Art poétique » : depuis l'Antiquité grecque, lorsque la lyre de l'aède* l'accompagnait, la poésie est un chant. Hélène Dorion s'inscrit dans cette tradition. Dans la postface de *Mes forêts*, l'éditeur Bruno Doucey, s'adressant à l'auteure, écrit : « tu as souvent dit que la musique des mots était pour toi aussi importante que le sens ». Dans la section « L'onde du chaos », Hélène Dorion emploie le mot « chant » (p. 62) pour qualifier sa poésie et évoquer sa force « dans la maison noire des mots ». « Une chute de galets » laisse résonner « œuf eau sang reptile poisson os arbre » (p. 48). Le « temps de verre éclaté » est aussi celui d'un vers dont la mélodie s'applique à tisser un lien sonore entre nos « écrans morts » et le « nord perdu » comme pour combler le blanc typographique qui sépare dans le texte les deux expressions. Ces blancs dans la mise en page semblent d'ailleurs des silences sur une partition. La dimension musicale ne se fait pas seulement entendre à l'échelle de la page ; elle

L'ouverture de la sous-partie présente l'idée qui va être développée.

Jadis et naguère, Paul Verlaine (1884)

Les numéros de pages sont ceux de la collection « Sacoche » parue aux Éditions Bruno Doucey. Ne les indiquez pas dans votre devoir.

préside à l'organisation du recueil. Ainsi, dans un souci de composition musicale, la forêt (« mes forêts sont »), faisant écho au poème liminaire (p. 7), conclut chaque section (pp. 39, 51, 93, 113). C'est bien un chant qu'Hélène Dorion propose au fil de son recueil, un chant profondément personnel, « qu'on sent qui fuit d'une âme en allée », comme l'écrit Verlaine à la fin de son « Art poétique ».

La dernière phrase de la sous-partie rappelle ce qui a été montré et introduit la sous-partie qui suit.

B. L'expression des émotions et des sentiments

De la lyre d'Orphée, le poète musicien, on a tiré l'adjectif « lyrique* » qui se rapporte à l'expression des sentiments et peut qualifier *Mes forêts*. En effet, si Hélène Dorion peut écrire « la forêt défriche / en moi tant d'années », c'est que les sentiers et les brèches qu'elle ouvre donnent à voir un monde intérieur. « Les forêts creusent / parfois une clairière / au-dedans de soi » (p. 20). Se souvenant du paysage état d'âme des romantiques, Hélène Dorion s'associe en profondeur à la nature : « mes forêts sont des rivages / accordés à mes pas   la demeure / où respire ma vie » (p. 51). Dans de nombreux poèmes, le pronom personnel « je » se situe au sein de la nature tandis que l'aventure poétique « amorce » une « descente vers soi » (p. 57). Lamartine, peignant dans son poème « L'automne » ce « deuil de la nature » qui « convient à [sa] douleur », adoptait déjà au XIXe siècle une démarche similaire. Le recueil *Mes forêts* présente une dimension autobiographique : « les ombres de ma vie » (p. 28), « ce peu d'écorce qu'est ma vie » (p. 64), « mes désirs et mes soifs » (p. 65). Les verbes de perception, très nombreux, les champs lexicaux de la vue et des sons permettent le jaillissement des sensations et des émotions, caractéristiques de l'écriture de soi. Mais le chant ambitionne aussi d'accorder le poète au monde.

Les poètes de la génération romantique* peignent la nature comme si elle était un miroir de leurs émotions.

Exemple pris en dehors du recueil au programme, *Méditations poétiques*, Alphonse de Lamartine (1820)

Annonce de la 3e sous-partie

C. L'harmonie entre le poète et le monde

En effet, si les forêts d'Hélène Dorion, célébrées dans un chant personnel, forment un « paysage état d'âme » qui nous rappelle le romantisme, le projet poétique diffère de celui de Lamartine dans « L'automne ». Au

XIXe siècle, le « je », est situé au cœur d'une nature perçue comme un simple reflet à la disposition d'un poète désireux de se connaître, d'exprimer ses sentiments et émotions. « Tu contemples ton âme / dans le déroulement infini de sa lame » écrit Baudelaire, héritier des romantiques. Mais la prise de conscience écologique du XXIe siècle a modifié les relations entre l'homme et la nature et demandé une réconciliation dans l'intérêt de tous. Interrogée en 2021 par une journaliste, Hélène Dorion fait sien le combat pour préserver la nature et souhaite une « parole poétique d'amour et de lien avec le vivant ». Son chant personnel célèbre un monde unifié, dans lequel la nature et le « je » ne se distingueraient plus, ni dans la douceur (« par la lenteur du monde / je me laisse étreindre » (p. 69) ni dans la violence (« Il fait un temps de foudre et de lambeaux / d'arbres abattus / au-dedans de soi », p. 67).

« L'homme et la mer », *Les Fleurs du Mal* (1857)

http://www.helenedorion.com/entretienaradiovmmesforets/ : lien pour écouter l'émission de radio

Le signe / marque la fin des vers.

[Transition] Ainsi, musical dans sa composition d'ensemble comme dans le détail des vers libres, le recueil *Mes forêts* est un chant personnel qui, réconciliant l'homme et la nature, renouvelle le lyrisme. Mais ce chant, tourné vers le monde, est également pour Hélène Dorion un chemin de connaissance.

Rappel de la 1re partie

Annonce de la 2e partie

II. Un chant tourné vers le monde, un chemin de connaissance

Hélène Dorion n'est pas enfermée dans la tour d'ivoire de l'intime. Sa poésie part à la découverte de la nature et du monde des hommes. Sa quête ambitieuse, semble toutefois condamnée à rester inaboutie.

Introduction de l'axe : présentation des trois sous-parties

A. La connaissance de la nature

Le titre du recueil montre d'emblée la place de la nature. Les ouvertures des sections évoquent les « galets », « l'écorce », « l'horizon » ou « l'aube ». Les vers, quant à eux, dévoilent « un remous de fourmis / sur la pierre » (p. 36), « l'eau l'or le sel le feu le bois » (p. 106), ou bien encore « lièvres et renards / jungle d'insectes qui scintillent ».

Privilégiez les citations courtes, faciles à mémoriser et à utiliser.

Si la nature est abondante, elle est aussi fragile : Hélène Dorion, bien consciente des dangers qui la menacent, nous fait entendre « le bégaiement des feuilles » (p. 31), « la branche qui tombe » (p. 45), les « mangeoires [qui] se balancent / comme des girouettes égarées » (p. 24), « l'effroi / qui pèse sur demain » (p. 94).

Chez Hélène Dorion, les forêts « sont des aiguilles qui percent la terre / déchirent le ciel » (p. 7), laissent le poète « déchiffr[er] enfin le désordre des branches » (p. 16) « apprendre la langue de l'horizon » (p. 27). Baudelaire dans « Élévation » ne cherchait-il pas lui aussi à comprendre « le langage des fleurs et des choses muettes » ? Sous la plume d'Hélène Dorion, ces dernières deviendront (p. 49, à la toute fin d'une section) ces « choses muettes et nues » qui marquent, comme chez Baudelaire l'aboutissement du poème. Dans *Mes forêts*, les motifs récurrents du sentier et de la brèche, de la fracture qui dépouille ou effrite, expriment cette quête de la vérité du monde. Déchirement (pp. 21, 29) et défrichement (p. 31) sont indissociables de l'entreprise de déchiffrement (p. 14). Hélène Dorion, après Arthur Rimbaud, « dispers[e] gouvernail et grappin » (« Le Bateau ivre »), « casse les branches / casse même le tronc » (p. 29) pour approcher « l'éclaircie qui donnerait envie de grandir » (p. 34).

La sous-partie peut être organisée en plusieurs paragraphes lorsqu'elle développe plusieurs points.

Les Fleurs du Mal, Baudelaire (1857)

B. La connaissance du monde des hommes

Le chemin de connaissance ouvert par *Mes forêts* traverse aussi le monde des hommes. La parole poétique, toujours ambitieuse, se propose d'embrasser le temps, l'Histoire, dans sa globalité. La dernière section remonte à l'époque où « il n'y avait rien / ni ciel   ni océan », « ni dieux ni humains » (p. 99) pour raconter, à la manière de la Genèse (« il y eut un soir et il y eut un matin »), la naissance du monde, du temps et des histoires, des « phrases / pour dire un monde plus vaste / que celui des maisons ». Le poème rassemble toute l'aventure des hommes depuis les « particules lumineuses » jusqu'aux « pixels » et aux « algorithmes » (p. 73) ; il inscrit dans

Le connecteur « aussi » marque le début d'une nouvelle étape de l'analyse.

La Genèse est le premier livre de la Bible.

la grande Histoire nos destins particuliers avec leurs « blouses couleur pastel », « l'étui à crayons », « le club des cinq » puis « le feu de joie dans les corps » (p. 109). Le recueil évoque également la peinture avec « les jardins de Cézanne » et la littérature avec Rilke, Dante ou Éluard (« l'orange bleue comme la Terre », p. 109), tout ce « qui donne sens / à ce qu'on appelle humanité » (p. 111). « Mes forêts sont de longues tiges d'histoire » écrit Hélène Dorion ; les parcourir abolit le temps et célèbre « l'alchimie de vivre / et de mourir » (p. 20).

« La Terre est bleue comme une orange » premier vers d'un poème de Paul Éluard dans *L'Amour la poésie* (1929)

C. Une quête inaboutie

Mais le projet de dire la nature et la vie des hommes est davantage une interrogation qu'une quête aboutie. L'histoire de l'aventure poétique au fil des siècles associe en effet ambition démesurée et impuissance. L'« Élévation » de Baudelaire, citée plus haut, ne se lit pas sans le Spleen qui « pèse comme un couvercle / Sur l'esprit gémissant en proie aux longs ennuis ». Le Voyant, aspirant à inventer « un verbe poétique accessible, un jour ou l'autre, à tous les sens », finit par tourner définitivement le dos à la poésie. Le vers « on a tout raté » (p. 64) qui conclut un des poèmes d'Hélène Dorion après avoir frôlé « l'éternité / bâtie sur un nuage », semble un écho d'un poème au cours duquel Rimbaud, « Loin des oiseaux, des troupeaux, des villageoises » constate son échec : « Pleurant, je voyais de l'or – et ne pus boire. –». Il arrive souvent que le chant du poète qui cherche à « apprendre / la langue de l'horizon » (p. 27) ne parvienne qu'à soulever « la poussière / de spectacles muets comme un trou béant » (p. 62). Le motif de la brèche que nous avons interprété comme une ouverture vers le sens profond du monde ou de l'être, est aussi associé à un champ lexical négatif, celui du vide, de la solitude, de la mort, « quand la rame fracasse le ruisseau / quand la soif casse le verre ». Cet échec de la poésie orphique est inscrit dans le mythe lui-même : si Orphée parvient à pénétrer le monde des morts et des dieux, il ne pourra pas ramener Eurydice à la vie.

Baudelaire, « Spleen IV » *Les Fleurs du Mal* (1857)

Arthur Rimbaud, « Alchimie du Verbe » *Une saison en Enfer* (1873)

« Larme », *Derniers vers* (1872)

Le mythe d'Orphée est souvent convoqué pour caractériser une conception ambitieuse de la poésie.

[Transition] Entre découverte et échec, le recueil *Mes forêts* renoue avec une conception de la poésie comme chemin de connaissance. Bien qu'elle se dérobe sans cesse, l'universalité, cette « langue de l'horizon » (p. 27) qu'apprennent « nuages » et « racines » semble ici le principal enjeu du chant poétique.

Rappel de la 2e partie

Annonce de la 3e partie

III. La connaissance partagée : un chant choral

Le chant choral désigne la pratique du chant en chorale, à plusieurs.

L'expression de soi et l'entreprise de connaissance s'inscrivent en effet chez Hélène Dorion dans le projet plus vaste d'un chant choral auquel le lecteur est invité à contribuer : l'universalité est son horizon, la simplicité sa voie d'accès, l'appel au lecteur son levier.

La première partie de la phrase exprime le projet de l'axe, la seconde le thème de chaque sous-partie.

A. L'universalité comme horizon

Les forêts d'Hélène Dorion sont grandes ouvertes sur le monde. On y observe des oiseaux et des branches, « l'éclosion d'un bourgeon » (p. 45) mais aussi des « glaces qui se rompent » (p. 45), « Une chute de galets » et, de façon plus inattendue, la modernité des « ram zip et chus / sfd et vip », « un temps de ko », « un temps de pixels   d'algorithmes » (p. 73). Le monde moderne est associé à la « terre souillée » quand les hommes ne sont plus que des « insectes affairés » (p. 73). Toutefois, même s'« il fait refus et rejet » de cette modernité, cette dernière, transfigurée par l'écriture poétique, trouve sa place dans le recueil, car le poète rassemble, efface les frontières.

Hélène Dorion s'ouvre à d'autres langues, traduit des poètes, est elle-même traduite. Elle propose des lectures publiques pour faire entendre ses vers, développe un site pour accompagner ses recueils. On y découvre des suggestions de musique à écouter pendant la lecture des poèmes, un court-métrage illustrant « le bruissement du temps ». Les domaines ne sont plus cloisonnés mais ouverts. La poésie devient une parole universelle, approchant peut-être le rêve de Rimbaud d'un « langage poétique accessible un jour ou l'autre à tous les sens ».

Le site http://www.helenedorion.com/ accompagne la lecture de *Mes forêts*.

B. La simplicité comme voie d'accès

Hélène Dorion choisit la simplicité. Comme elle l'explique lors de l'entretien évoqué plus haut, elle n'emploie pas de termes hermétiques mais au contraire « les mots de tous les jours ». Elle interroge les termes qu'elle pense connaître, met un élément en contact avec un autre, « forêt » avec « intérieur » par exemple. La suppression de la ponctuation ne gêne en rien le lecteur car la syntaxe est fluide, soulignée par la brièveté des vers. Parfois même, des blancs viennent écarter les mots : « c'est le temps   dis-tu/ cette fenêtre opaque / qui raconte le voyage ». Le lecteur est guidé dans son cheminement, invité à partager les sensations et les émotions sans chercher nécessairement à tout élucider comme le souhaite d'ailleurs Hélène Dorion elle-même. La structure du recueil est simple également ; les poèmes étant regroupés en sections. Hélène Dorion, loin de sacrifier son ambition poétique, l'offre à tous.

Il est commode de reprendre dans la première phrase le titre choisi au brouillon pour la sous-partie

Transition vers la 3e sous-partie

C. Le lecteur invité à changer son regard

À l'orée du recueil, le lecteur découvre des poèmes brefs aux vers courts puis, lorsqu'il s'est habitué aux premières mesures de la partition, à la voix qui se fait entendre doucement, il est guidé vers des textes plus longs, un monde plus vaste et plus mystérieux. L'expression « mes forêts » qui, dans le titre et dans le poème d'ouverture, noue fortement la relation entre le poète et la nature, lui laisse progressivement une place : « chaque vie » (p. 7) et « soi-même » (p. 13) sont assez larges pour que celui qui écoute s'y installe ; puis un « nos » et un « on » (p. 14) offerts à tous font leur apparition, transformant le chant personnel en un chant choral qui réunit Hélène Dorion et son lecteur. Plus loin, le « toi » (p. 77) esquisse même une relation amoureuse contribuant à une réconciliation générale.

Les mots concrets accrochent et retiennent le lecteur prêt à participer au chant choral, à saisir le langage du monde (« les nuages chuchotent à l'oreille des pierres ») et, en retour, à laisser la nature entendre « nos rêves / et nos désenchantements » (p. 17). Hélène Dorion, dans l'entretien mentionné plus haut, explique qu'elle cherche à « transformer profondément le regard » de ses lecteurs. Elle nous montre « nos vies embrouillées » et nous dit : « tu écoutes le chant des racines / tu deviens la sève / un filet de clarté / qui traverse le tronc » (p. 87).

Sans abuser de cette solution, il est parfois possible de placer les citations entre parenthèses.

Conclusion (Fiche 28)

Jouant sur les reprises et les silences, Hélène Dorion, dans son recueil lyrique *Mes forêts* fait entendre un chant où vibrent ses émotions et son désir de vivre en harmonie avec le monde. Mais ce chant personnel est aussi une entreprise de connaissance, une quête sans cesse recommencée qui vise à l'universalité et attire le lecteur. L'« écriture végétale » (Bruno Doucey), sensuelle, incarnée, rassemble les paysages, la nature et l'homme, le désespoir et l'espérance. Ne s'arrêtant pas à une compréhension rationnelle des textes, le lecteur, s'approprie les sensations offertes, chemine dans les forêts partagées qui « sont un long passage / pour nos mots d'exil et de survie / un peu de pluie sur la blessure / un rayon qui dure / dans sa douceur » (p. 114). En effet, selon Hélène Dorion elle-même, le recueil est « une porte ouverte sur la force des mots pour dire le monde. Et l'aimer ».

Bilan de la 1re partie

Bilan des 2e et 3e parties

Ouverture grâce à une citation sur la poésie (p. 153)

SUJET 16

BAC 2022
Polynésie française

Gargantua

Œuvre : *Gargantua*, François Rabelais
Parcours : Rire et savoir

Dans le roman de Rabelais, *Gargantua*, pensez-vous que le rire ne soit que de l'ordre de la farce ?

Vous répondrez à cette question dans un développement organisé en vous appuyant sur *Gargantua*, sur les textes que vous avez étudiés dans le cadre du parcours associé et sur votre culture personnelle.

Travail préparatoire

Fiches p. 285
15 18 à 20
23 24
Fiche œuvre 4

La lecture du sujet

La composition du sujet (Fiche 15)

La première partie de la consigne est simplement constituée d'une interrogation directe mais la vigilance reste de mise pour éviter le hors sujet.

Le second alinéa rappelle les exigences de la dissertation : une réflexion nourrie (« développement »), organisée et illustrée par des exemples pris dans l'œuvre au programme, les textes liés au parcours associé et votre culture personnelle.

La compréhension de la question (Fiches 15 et 19)

Avant de décider de traiter le sujet, vous devez vous assurer de bien cerner les notions mises en jeu et les attentes de la consigne.

Le noyau de la question, « pensez-vous », fait appel à une réflexion personnelle. Si votre propre lecture de *Gargantua* est sollicitée, c'est à condition de ne pas déroger aux règles de la dissertation (voir page 126).

La question porte sur le « rire » dans *Gargantua*, et non sur l'œuvre dans toutes ses dimensions.

Le mot « farce* » est, bien sûr, à prendre dans son sens littéraire. Vous avez eu l'occasion d'aborder ce genre littéraire au collège, en étudiant Molière, mais aussi en découvrant la culture populaire médiévale dont se nourrit l'œuvre de Rabelais.

La méthode

Identifier le type de sujet pour définir le plan (Fiches 18 et 20)

La question est une interrogation totale* qui accepte deux réponses : « certes, je le pense » et « cependant, je ne le pense pas ». Le plan attendu est donc dialectique. Vous devrez veiller à la cohérence de votre réflexion en évitant de bâtir vos axes de façon contradictoire. Pour cela, le premier titre (réponse « oui ») ne pourra pas être « le rire dans *Gargantua* n'est que de l'ordre de la farce », mais sera « le rire dans *Gargantua* est de l'ordre de la farce ». Cette seconde formulation autorise ensuite le développement de nouvelle(s) perspective(s).

Approfondir les perspectives du plan dialectique (Fiches 23 et 24)

Rappelez-vous les principales caractéristiques de la farce : au Moyen Âge, puisant dans la culture populaire, ce genre théâtral comique représenté entre deux mystères* lors des fêtes religieuses, affectionne les registres obscène et scatologique (en lien avec les excréments). Faites appel si possible à des exemples : *La Farce du cuvier, La Farce de Maître Pathelin*.

Notez tout ce qui dans *Gargantua* rappelle la farce en vous référant à des passages précis et en approfondissant les différents aspects de la définition du genre.

Soyez sensible aux limites (« ne... que ») posées par le sujet à la nature et à la portée du rire chez Rabelais. On attend que vous discutiez cette restriction. Montrez que le rire dans *Gargantua* sait aussi être riche (invention lexicale) et subtil, qu'il véhicule une réflexion.

En vous appuyant sur la place que Rabelais confère lui-même au rire lorsqu'il y voit « le propre de l'homme », vous pourrez approfondir votre analyse dans une troisième partie.

Le plan

I. Dans *Gargantua*, le rire est de l'ordre de la farce

II. La richesse du rire contribue à assurer la force et la pérennité littéraires de *Gargantua*

III. Le rire est, dans *Gargantua*, un art de vivre humaniste*

Corrigé : devoir rédigé

Les textes en bleu apparaissant dans ce corrigé ne doivent pas figurer dans votre devoir. Nous les avons insérés pour vous guider et vous aider à repérer la progression de la dissertation.

Les conseils du professeur

Introduction (Fiche 27)

Une question surgit dès qu'on aborde *Gargantua* : pourquoi François Rabelais, religieux érudit, médecin renommé, éditeur et auteur de savants traités, a-t-il entrepris de publier plusieurs récits mettant à l'honneur un rire débridé tel celui qui retentit devant les tréteaux lorsque les comédiens glissent une farce* entre deux mystères* religieux ? Faudrait-il aller jusqu'à penser que chez Rabelais, le rire, parce qu'il est souvent grossier, n'est que de l'ordre de la farce ? Avant de repousser cette hypothèse en montrant la richesse esthétique et argumentative du rire dans *Gargantua*, nous examinerons l'influence de ce genre théâtral populaire sur le récit de Rabelais. En dernier lieu, nous verrons en quoi le rire est, chez cet auteur de la Renaissance, un véritable art de vivre humaniste.

Amorce du sujet par une remarque générale concernant l'auteur au programme

Présentation de la question

Annonce du plan en 3 parties (Fiche 27)

Sautez deux lignes entre l'introduction et la 1re partie.

I. Dans *Gargantua*, le rire est de l'ordre de la farce

Comme dans le genre de la farce imprégné de culture populaire, le rire manifeste dans *Gargantua* un rejet des repères et des codes, voire leur inversion. Par ailleurs, l'étymologie du mot « farce » porte, sur le rire chez Rabelais, un éclairage intéressant.

Introduction de la partie : son enjeu et sa progression

A. Le rire s'associe à un rejet des codes et des repères

La farce médiévale divertit en mettant en scène des personnages rusés et dépourvus de morale. Ainsi, dans *La Farce de Maître Pathelin*, le spectateur, réjoui par les tromperies en cascade, se libère des codes qui assurent

Pièce anonyme, datée des années 1456-1460

le bon fonctionnement du commerce et de la justice. Rabelais puise dans cette sensibilité populaire pour confier au rire une fonction libératrice. Ne demande-t-il pas à son lecteur de se « dépouill[er] de toute émotion », voire de tout repère ? Comme la vraisemblance dans la farce, la logique est en effet brouillée dans *Gargantua* car il semble impossible d'estimer la taille des géants. On voit le héros se battre pied à pied contre les soldats de Picrochole mais on assiste aussi à des scènes où il retire de ses cheveux des boulets de canon. Les repères culturels sont également mis à mal lorsque le narrateur, Alcofribas Nasier, déploie un lexique scatologique et obscène présent également dans divers fabliaux et farces. Dans le chapitre consacré à la recherche du meilleur « torchecul », le vocabulaire grossier bouscule les références à la forme poétique du rondeau. La religion n'échappe pas non plus au rire libérateur, notamment lors de l'attaque du clos de Seuilly, quand Frère Jean, faisant de la Croix une arme, substitue sans vergogne le « service du vin » au « service divin ». Quant à l'édification de l'abbaye de Thélème, point d'orgue du récit, ne fait-elle pas de l'affranchissement même un principe ? Lorsque la règle est « Fais ce que voudras », tout autre article est nécessairement oublié. Le rire de Rabelais dissout les codes et nous sommes avertis, à l'entrée du récit, que nous ne devrons pas nous « scandalis[er] ». Cette absence de règle promue règle relève de la culture populaire médiévale.

La progression du paragraphe apparaît clairement.

B. Le rire repose sur une inversion des valeurs

L'écrivain russe Mikhaïl Bakhtine a analysé dans *L'Œuvre de François Rabelais et la culture populaire au Moyen Âge et sous la Renaissance* le processus comique de l'inversion. Pour libérer les hommes d'une réalité sombre, le rire ouvre la porte du monde inversé, celui du carnaval qui, dans le calendrier chrétien, rompt les digues de la privation et de la soumission. À une réalité qui impose des règles et prône le recueillement dans la liturgie des Heures, Rabelais oppose la liberté de Thélème et la joie des festins. Ce principe d'inversion est aussi un

Lien avec le A et présentation du thème du B

Déroulement des prières lors des offices catholiques célébrés au fil de la journée.

des ressorts de la farce dont la comédie s'est emparée. Ainsi, dans *Le Malade imaginaire*, il n'est pas de personnage plus stupide que Thomas Diafoirus déroulant sa thèse de médecine devant Angélique avant d'inviter la jeune fille à assister à une dissection. Dans *Les Fourberies de Scapin*, le valet se débrouille pour tromper son maître et, l'invitant à se cacher dans un sac, il lui administre une correction magistrale. À l'opposé des honneurs dus au rang royal, la succession des humiliations subies par Picrochole en fuite vers Lyon évoque la mise à mort du vieux roi de carême lors des fêtes du carnaval. Ainsi, les récits de Rabelais et les farces partagent avec la culture du carnaval le principe de l'inversion. Mais, sous l'angle de l'histoire du théâtre cette fois-ci, d'autres éléments rapprochent *Gargantua* de la farce.

Exemples extérieurs à *Gargantua* (Fiche 24)

C. La place du rire dans *Gargantua* s'apparente à celle de la farce dans le théâtre médiéval

Lien avec le B et présentation du thème du C

En effet, l'étymologie du mot « farce », éclairant la place de ce genre dans le théâtre médiéval, peut nous inviter à considérer différemment le récit de Rabelais. Issu de *farsus*, le participe passé de *farcire* (signifiant « farcir »), le mot « farce » est d'abord un terme de cuisine. Au sens figuré, il désigne les commentaires ajoutés à la liturgie. De ces ajouts, devenus comiques, naît le genre de la farce : la courte pièce destinée à faire rire est jouée entre deux mystères* à l'occasion des fêtes religieuses. Cette alternance de veines didactiques et comiques peut évoquer la composition de *Gargantua*, où les épisodes fantaisistes (la jument et les mouches de la Beauce dans le chapitre XVI) voire scatologiques (l'invention du torchecul au chapitre XIII) cohabitent avec la lettre de Grandgousier à son fils (chapitre XXIX) ou la harangue de ce dernier aux vaincus (chapitre L). On peut également considérer les récits de Rabelais comme des « farces » au sein de son activité de savant. De plus, les chapitres se présentant souvent comme des scènes indépendantes, pourquoi ne pas y voir aussi l'influence des farces auxquelles l'auteur a sûrement assisté quand il participait à des fêtes religieuses ?

Vous n'êtes pas tenu(e) de mémoriser les numéros des chapitres.

[Transition] Cette esthétique de l'alternance rappelle la farce de même que l'inversion et le lexique grossier. On aurait toutefois tort de cantonner ici la forme du rire et sa signification à ce genre médiéval.

Sautez deux lignes entre les parties.

II. La richesse du rire contribue à assurer la force et la pérennité littéraires de *Gargantua*

En effet, le rire dans *Gargantua* ne se réduit pas à un divertissement populaire. Souvent plus subtil qu'on ne le croit, il contribue au plaisir de l'invention littéraire et sert la réflexion.

Introduction de la partie : son enjeu et sa progression (3 sous-parties)

A. Le rire repose aussi sur des procédés subtils

Si, dans *Gargantua*, le comique est à la mesure des géants, exagéré et détonnant, s'il affectionne les registres grossiers, il sait également se montrer subtil. La dimension scatologique de l'épisode au cours duquel le héros noie sous son urine 260 418 Parisiens s'enrichit d'une pointe assassine visant un « peuple dont la bêtise se voit à ce qu'un [...] porteur de reliques [...] rassemble plus de gens que ne le ferait un bon prêcheur évangélique ». Mais, dans cette scène, le geste même de Gargantua ne manque pas de subtilité car il urine en « soubriant », l'étymologie (*sub-ridere* : rire en dessous) nous écartant du grand rire populaire. Les clins d'œil savants ne manquent pas d'ailleurs, comme l'allusion aux mouches (chapitre XVI) qui symbolisent, pour les humanistes, les théologiens de la Sorbonne. Chez Cicéron, elles désignaient déjà les visiteurs importuns. L'onomastique* participe de cette ironie et contribue subtilement à la satire ; Lasdaller est, par exemple, un pèlerin « las d'aller ». Quant au précepteur de Gargantua, le « grand docteur sophiste nommé Maître Thubal Holoferne », le voilà discrédité par « Thubal » qui signifie « confusion » en hébreu et par son nom emprunté à un général de Nabuchodonosor alors qu'il meurt peu glorieusement de la vérole. Le rire repose ici sur une connivence entre lettrés. Ce jeu tout en finesse est une des facettes de l'inventivité rabelaisienne.

La première phrase du paragraphe est une formulation rédigée de son titre dans le plan.

Les exemples doivent être précis. Ne vous contentez pas d'une allusion.

B. Le rire et le plaisir de l'invention verbale

Chez Rabelais, plus que l'inversion farcesque, c'est l'invention qui, le plus souvent provoque le rire. L'auteur jongle avec les références et les sonorités, communiquant sa jubilation au lecteur. Huit cents mots de notre dictionnaire au moins font leur première apparition dans ses récits. À ces termes nouveaux à l'époque s'ajoutent les mots techniques sans doute mal connus et le recours très fréquent à la polynomie*. Les énumérations débordantes, telles que celle du chapitre XII, les jeux sur les sonorités (« depuis que le monde moinant moina de moinerie ») finissent par se substituer au sens : « *Omnis clocha clochabilis in clocherio clochando* [...] ». Comme chez Molière glissant du faux latin dans la bouche de ses médecins, la surenchère submerge le lecteur. Le pouvoir poétique des mots rend possible la libération bienfaitrice d'un rire capable de nous « dépouill[er] », de dissiper ce qui « mine et consume ». En témoigne, au XXe siècle, le poème « Le Grand combat » d'Henri Michaux, qui pourrait évoquer Frère Jean : « Il l'emparouille et l'endosque contre terre ; / Il le rague et le roupète jusqu'à son drâle ». Si le rire dans *Gargantua* entraîne le lecteur dans un tourbillon où le réel paraît se dissoudre, il contribue aussi à révéler cette réalité.

> L'emploi d'un mot de la même famille qu'« inventivité » (p. 167) assure la transition entre le A et le B.

> Mémorisez des citations pour étayer votre réflexion.

> Le titre de l'œuvre est en italique, vous le soulignerez dans la copie manuscrite. Ne confondez pas le titre en italique et le personnage.

C. Le rire sert la réflexion en permettant la satire

À la différence de la farce, genre dans lequel le rire n'a pas d'autre finalité que le divertissement, les aventures des géants éclairent le réel et dénoncent ses défauts. Ainsi, Rabelais ridiculise les précepteurs sophistes de Gargantua pour dénoncer une éducation rétrograde opposée en tous points à celle préconisée par Ponocrates. Alors que les humanistes* prônent l'apprentissage des langues anciennes offrant un accès direct aux textes, le jeune héros est sommé de mémoriser, dans le bon sens mais aussi à l'envers, des commentaires sans fin.

Rabelais s'en prend aussi aux théologiens de la Sorbonne, prisonniers d'un dogme strict qu'il estime coupé des textes sacrés. Sans suivre totalement les partisans de la Réforme, il défend un retour à l'esprit des

> Lorsque la sous-partie développe plusieurs aspects, elle peut être divisée en paragraphes (Fiche 18). Chaque cible (surlignée) de la satire fait l'objet d'un paragraphe.

> Mouvement religieux qui, au XVIe siècle, a donné naissance aux Églises chrétiennes protestantes.

Évangiles et se moque de la superstition, celle qui enrichit le commerce des reliques et nourrit de mauvaises raisons les pèlerinages. L'un des pèlerins ne s'est-il pas mis en route parce que sa femme était laide ?

La soif de conquêtes de Picrochole, rappelant l'esprit conquérant de Charles Quint, est une autre cible importante de la satire dans *Gargantua*. Au nom de la raison et de la tolérance, les humanistes sont partisans de la paix. Aussi Alcofribas Nasier couvre-t-il Picrochole de ridicule alors qu'il loue les efforts de Grandgousier pour parvenir à une conciliation.

Mais le narrateur lui-même est aussi visé : malgré l'anagramme qui les rapproche, Rabelais se sert d'Alcofribas Nasier pour parodier la littérature de foire, les histoires extravagantes telles que celle de la naissance du héros par une oreille de Gargamelle ; il se moque aussi des récits de chevalerie, les compagnons rassemblés autour de Gargantua lors de la guerre contre Picrochole pouvant évoquer *La Chanson de Roland*.

Gargantua n'est pas ici en italique (ou souligné) car il s'agit du personnage et non du titre.

Rabelais, l'humaniste, prend de plus ses distances avec la culture populaire médiévale. La description des repas du jeune héros qui absorbe « quelques douzaines de jambons, de langues de bœuf fumées » et autres mets trouve sa place dans le chapitre XXI consacré à l'éducation des sophistes alors que Ponocrates, le bon précepteur, préconise de son côté un repas « sobre et frugal ». Rabelais se rapproche plutôt de Socrate « toujours riant, toujours buvant à tous et à chacun, toujours se moquant », mais « toujours dissimulant son divin savoir ».

Pour insérer une citation, privilégiez son introduction dans la syntaxe même de votre phrase (Fiche 11).

En scindant la citation avec un « mais », on souligne sa signification.

[Transition] Le rire ne mènerait-il pas justement, au-delà du divertissement et de la satire, à ce « divin savoir » dont parle le prologue ?

Sautez deux lignes entre les parties.

III. Le rire est, dans *Gargantua*, un art de vivre humaniste

Le rire en effet nous propose, dans *Gargantua*, un art de vivre humaniste* : il célèbre la grandeur de l'homme, défend la fraternité, ouvre une voie vers le « haut sens ».

Enjeu de l'axe puis thèmes des trois sous-parties

A. Le rire célèbre la richesse de l'homme

Le grand rire des géants redonne toute sa place à l'homme. Pour l'humaniste italien Pic de la Mirandole, « l'homme est une grande merveille ». Rabelais déploie le réel en de nombreuses énumérations. Dans le chapitre XXVII, le combat meurtrier lui-même est l'occasion de montrer à la fois la complexité du corps humain (« mandibules », « ischios », « suture lambdoïde ») et l'étendue du savoir médical. La narration mélange les formes et les tonalités, croise chronique, épopée et facétie pour la plus grande jubilation du lecteur. Le rire déclenché par les avalanches lexicales, par les diverses hyperboles et distorsions est une louange. Il célèbre le monde, l'homme créé géant à l'image de Dieu.

L'œuvre étudiée est située dans son contexte.

B. Le rire promeut la fraternité

Le rire bienfaiteur défend également la valeur évangélique de la fraternité. Il se partage comme un festin. D'ailleurs, la comédie qui fait une part belle aux repas, célèbre elle aussi la fraternité. Ainsi, Dom Juan rit avec Sganarelle lors du dîner de l'acte IV. De même, la réconciliation et le pardon sont célébrés par un festin à la toute fin des *Fourberies de Scapin*. Le rire instaure une communion des esprits et montre que tous doivent œuvrer pour le bien commun. « La charité ne cherche pas son propre avantage », dit Frère Jean. Cette dimension évangélique est renforcée par la structure en chiasme* d'un récit qui, en se repliant sur lui-même (le chapitre 58 rappelle le 2, les chapitres 56 et 57 sont un écho des chapitres 8 à 15...), place au cœur de notre lecture les chapitres 41 et 42 dans lesquels Frère Jean soutient Gargantua et ses compagnons. L'entraide et l'amitié sont des valeurs clés si bien que lorsque Frère Jean entre chez Grandgousier avec cinq pèlerins et Touquedillon, « ils se [mettent] à festoyer joyeusement tous ensemble ». Le livre lui-même, grâce au rire, contribue activement à pratiquer cette fraternité. En effet, Rabelais médecin vient au secours du lecteur ; en écrivant « de rire » plutôt que « de larmes », non seulement il chasse « la peine qui [le] mine et consume » mais il lui ouvre un accès au « plus haut sens ».

Si *Gargantua* a été interdit par l'Église, Rabelais est toujours resté attaché à son statut de moine.

Dom Juan de Molière (1665)

Utilisez des crochets pour modifier une citation afin de l'insérer dans votre phrase.

C. Le rire invite à une quête du « plus haut sens »

« Il est vrai qu'ici peu de perfection / Vous apprendrez, si n'êtes enclin à rire », avertit l'auteur. Le rire libère le lecteur de ses certitudes. Les surprises du récit brisent les repères et interdisent toute lecture univoque. L'œuvre s'achève d'ailleurs sur une « Énigme en prophétie » interprétée de deux manières radicalement différentes : « la sauvegarde de la vérité divine » pour Gargantua et « une description du jeu de paume » pour Frère Jean. Le rire nous désarçonne et la lecture nous invite alors à demeurer modestes et vigilants devant la multiplicité des significations. L'image des silènes, de l'os à « entommer » (avec « Frère Jean des Entommeurs » ?), les indices à décrypter comme celui des mouches, font de la lecture – et de la vie – une quête active. Au lieu de rester prisonnier d'un sens premier tel Ulysse écoutant les Sirènes (le prologue), le lecteur doit, à la façon du chien de chasse ayant flairé « la substantifique moelle », lire et vivre à la recherche du « plus haut sens ». Et ce dernier, si mystérieux, ne serait-il pas la quête elle-même, cet appel d'air qui nous met en chemin ?

Compagnons de Bacchus, le dieu du vin

Conclusion (Fiche 28)

Les récits « pleins de pantagruélisme » occupent dans notre histoire littéraire une place toute particulière même si le rire qui les caractérise rejoint le genre populaire de la farce : comique grossier et inversion, organisation en scènes venant s'intercaler dans un discours didactique. Le rire dans *Gargantua* est en effet plus subtil qu'il n'y paraît. Défini comme « le propre de l'homme », il contribue à l'invention littéraire ainsi qu'à la dénonciation des carcans, des superstitions, et des prétentions de tous ordre. Il démasque les situations absurdes et figées en même temps qu'il célèbre les valeurs humanistes, la grandeur de l'homme, la fraternité et une voie vers le « haut sens ». Laissons à Flaubert le soin de conclure : « C'est quelque chose, le rire : c'est le dédain et la compréhension mêlés, et en somme la plus haute manière de voir la vie. »

La première partie de la conclusion dresse le bilan de ce qui a été étudié.

La seconde partie élargit la réflexion en proposant une citation extraite d'une lettre de Flaubert à Louise Colet (1854).

SUJET 17

BAC 2022
Polynésie française

Les Caractères

Œuvre : *Les Caractères* (livres V à X), Jean de La Bruyère
Parcours : La comédie sociale

Pensez-vous que La Bruyère n'est qu'un spectateur de la société de son temps ?
Vous répondrez à cette question dans un développement organisé en vous appuyant sur *Les Caractères* livre V à X, sur les textes et documents que vous avez étudiés en classe dans le cadre du parcours, et sur votre culture personnelle.

Fiches p. 285
15 18 à 20 23 24
Fiche œuvre 5

Travail préparatoire

La lecture du sujet (Fiche 15)

La composition du sujet

Le premier alinéa sollicite votre réflexion (« Pensez-vous ») avec une question directe sous la forme d'une interrogation totale* (réponse par « oui » ou « non »).
Le second alinéa rappelle les indications méthodologiques : votre réflexion sera développée (« développement »), organisée et illustrée par des exemples qui ne se réduiront pas à l'œuvre au programme. La culture personnelle est la bienvenue.

Les termes du sujet

Le terme « spectateur », qui vient du latin *spectare* signifiant « regarder, observer attentivement, longuement », indique que le sujet invite à réfléchir au regard porté par La Bruyère sur la société. De plus, le **spectateur** est celui qui regarde, en retrait et en silence, assis dans la salle de théâtre : il assiste passivement au spectacle qui se déroule sous ses yeux. Enfin, le terme relève du vocabulaire théâtral, ce qui amène à lire *Les Caractères* comme une pièce de théâtre.

La négation restrictive « n'est... que » indique immédiatement que le sujet est limité : la question sous-entend d'emblée que La Bruyère est bien plus qu'un simple spectateur.

La compréhension de la question

Le sujet se focalise sur La Bruyère, sur sa posture de moraliste : c'est ce qu'on appelle l'*ethos*, autrement dit le point de vue depuis lequel il se place, la position qu'il choisit et depuis laquelle il compose son œuvre.
La question nous invite à penser d'une part l'auteur des *Caractères* comme le spectateur d'une pièce de théâtre qui serait la société. Mais le sujet amène d'autre part à envisager La Bruyère bien au-delà de ce seul rôle de spectateur passif.

La méthode

Identifier le type de sujet pour tracer les grandes lignes (Fiches 18, 19 et 20)

La forme de la question en « n'est... que » appelle un plan dialectique. Vous devrez appréhender le moraliste sous ses différentes facettes en montrant qu'il est **certes** un spectateur, mais qu'il n'est **cependant** pas réductible à cette posture passive.
La formule « Pensez-vous » semble inviter à développer une réponse personnelle à la question posée mais la dissertation est un exercice qui obéit à des règles dont celle de présenter différentes perspectives.

Approfondir les limites et les possibles dépassements de la question (Fiches 23 et 24)

Notez les paragraphes où le moraliste vous semble vraiment adopter l'attitude d'un spectateur assistant amusé à une pièce de théâtre jouée par la société : quels ressorts La Bruyère actionne-t-il pour nous donner l'impression que l'on assiste, avec lui, dans une salle, à une succession de scènes comiques ?
Examinez ensuite les autres postures adoptées par La Bruyère dans son œuvre. Demandez-vous si son œuvre n'est qu'une observation passive et silencieuse de ses contemporains ou bien si le moraliste ne cherche pas aussi à agir, à être metteur en scène, voire acteur sur la scène de cette comédie sociale.
Pensez aux œuvres que vous avez découvertes à l'occasion de l'étude du parcours associé et qui peuvent élargir le champ de vos exemples

sans vous écarter du sujet. Le terme « spectateur » suggère de rapprocher La Bruyère des dramaturges et vous vous réfèrerez sans doute à Molière.

Ouvrir une troisième perspective
Sans remettre en question son attitude silencieuse de spectateur (1re partie), ni sa critique active de metteur en scène (2e partie), vous pouvez montrer que l'observation de la comédie sociale fait de La Bruyère un précurseur de la sociologie, un anthropologue qui analyse avec amusement ce qu'il voit.

Le plan
I. La Bruyère spectateur
II. La Bruyère metteur en scène
III. La Bruyère anthropologue

Corrigé : devoir rédigé

Les textes en bleu apparaissant dans ce corrigé ne doivent pas figurer dans votre devoir. Nous les avons insérés pour vous guider et vous aider à repérer la progression de la dissertation.

Les conseils du professeur

Introduction (Fiche 27)

Accroche

Tout comme Molière dans ses comédies, La Bruyère observe attentivement ses contemporains pour se moquer de leurs comportements ridicules. Prié par le Grand Condé de se charger de l'instruction de son petit-fils, La Bruyère est projeté à la Cour à la fin du règne de Louis XIV. Dans les galeries, les couloirs et les escaliers du château de Versailles, il découvre ses contemporains et enrichit chaque jour son carnet de notes de remarques caustiques et de caricatures mordantes. Il apparaît alors comme un spectateur amusé, bien souvent acerbe, de la « comédie humaine » qui se joue sous ses yeux. Le terme « spectateur », du latin *spectare* qui signifie « observer

Présentation de l'œuvre

Introduction du sujet

attentivement », permet d'envisager cet auteur comme celui qui regarde la société dans le retrait silencieux et amusé d'une salle de théâtre. Mais dans quelle mesure La Bruyère n'est-il qu'un observateur moqueur regardant passivement se jouer sous ses yeux la comédie du monde ? Nous montrerons que le moraliste est en effet un spectateur silencieux de la société de son temps. Puis, nous verrons que bien plus qu'un spectateur, il est surtout le metteur en scène de cette comédie des *Caractères*. Enfin, nous observerons que le regard de La Bruyère est plutôt celui d'un anthropologue qui scrute et analyse les comportements humains.

Analyse du sujet

Problématique

Annonce du plan : ici, une phrase pour chaque partie

Dissertation

I. La Bruyère spectateur

La Bruyère l'affirme lui-même : il n'a fait qu'observer ses contemporains pour écrire ses *Caractères*. C'est en spectateur de la société de son temps qu'il rédige son œuvre.

Présentation de la partie I en utilisant les termes du sujet

A. Un spectateur en retrait...

Dans la préface des *Caractères*, les premiers mots de La Bruyère insistent sur sa posture de spectateur : « Je rends au public ce qu'il m'a prêté ; j'ai emprunté de lui la matière de cet ouvrage. » Le moraliste rappelle d'entrée de jeu que son œuvre est née du spectacle comique de ses contemporains. Les lecteurs des *Caractères* sont les courtisans que La Bruyère a soigneusement observés à Versailles ; les portraits qu'il compose sont des miroirs qu'il leur tend.

Argument avec citation à l'appui

Spectateur extérieur, en retrait du monde, La Bruyère marque une nette différence entre la salle où il se trouve et la scène qu'il observe. Dans le livre V « De la Société et de la Conversation », l'emploi des pronoms personnels révèle cette distinction : « *Je* le sais, Théobalde, *vous* êtes vieilli [...] *vous* n'êtes plus poète ni bel esprit » (§66). L'opposition entre le « je » associé à La Bruyère, spectateur moqueur d'une part, et le « vous » associé au personnage ridicule du vieux courtisan rend nettement visible la présence d'un quatrième mur* dans *Les Caractères*.

Exemple précis

B. ... parmi d'autres spectateurs complices...

Derrière le quatrième mur, La Bruyère forme avec les autres spectateurs un public qui se moque de cette comédie de la Cour. C'est en tout cas ce que traduisent les références énigmatiques à des courtisans connus du moraliste et de ses acolytes-spectateurs, comme le tapageur « N*** » (VIII, §15) dont le nom n'est censuré que pour souligner son évidente identité pour le public de Versailles. Le lecteur cherche alors à identifier le courtisan derrière le caractère. Ce jeu littéraire est en vogue au XVIIe siècle, notamment sous la plume de Mademoiselle de Scudéry depuis la publication dans les années 1660 de son roman « à clés », *Clélie*.

> La reprise de l'expression assure la transition entre les deux sous-parties.

De plus, la publication en 1688 des « clés » des *Caractères* révélant le nom des modèles présumés montre que s'est formé autour de l'œuvre un public soudé et complice. Ainsi, La Bruyère et ses lecteurs se moquent ensemble de Théophile (IX, §15) qui serait Gabriel de Roquette, évêque à l'ambition et l'hypocrisie notoires ou encore de Cydias (V, §75) qui serait Fontenelle, adversaire de La Bruyère lors de son élection à l'Académie.

> Cette sous-partie est composée de deux paragraphes, le connecteur « de plus » introduisant l'approfondissement de l'exemple.

C. ... face à la comédie du monde

La Bruyère et ses lecteurs se rient donc de ce monde de la Cour qu'ils regardent comme une scène de théâtre. Pour mettre en valeur cette mascarade, La Bruyère conclut le livre VIII « De la Cour » sur le motif du *theatrum mundi* : « Dans cent ans le monde subsistera encore en son entier : ce sera le même théâtre et les mêmes décorations [...]. Il s'avance déjà sur le théâtre d'autres hommes qui vont jouer dans une même pièce les mêmes rôles » (§99). Il décrit notamment le type même du courtisan comme un hypocrite, étymologiquement comme celui qui porte un masque de comédien : « Un homme qui sait la Cour est maître de son geste, de ses yeux et de son visage » (VIII, §2).

> Au sens premier, un spectacle divertissant où les participants sont déguisés et masqués.

> Une des grandes métaphores forgées au cours de l'Antiquité pour penser le monde humain comme un théâtre où chacun vit sa vie comme s'il jouait un rôle.

Ces vertigineux talents d'acteur de la part des courtisans, dont La Bruyère est le spectateur, ont également fasciné plus tard Choderlos de Laclos dans son roman épistolaire *Les Liaisons dangereuses* : la Marquise de Merteuil et son complice libertin le Vicomte de Valmont agissent avec perversité dans le monde en portant le masque de la bienveillance et du raffinement.

Développement d'un exemple extérieur à l'œuvre pour étoffer le propos

[Transition] Pourtant, La Bruyère, comme Laclos, ne se contente pas de regarder passivement cette comédie qui se déroule sous ses yeux : il se l'approprie pour en faire le sujet d'œuvres profondes capables de dénoncer les vices de la société.

Placé au début de la transition, ce connecteur annonce un changement d'orientation dans la réflexion.

II. La Bruyère metteur en scène

Bien plus qu'un simple spectateur, La Bruyère écrit *Les Caractères* en metteur en scène méticuleux, actif, voire engagé.

Rappel du I (« spectateur ») et présentation de l'idée directrice du II (« metteur en scène »)

A. Un travail de projection

Comme Molière, La Bruyère se fait dramaturge. Par un effet d'hypotypose*, il projette sous le regard du lecteur devenu spectateur les mimiques et les singeries des personnages. Une saynète du livre VIII « De la Cour » s'ouvre sur le verbe « voir » conjugué à la deuxième personne du pluriel « vous voyez des gens qui entrent sans saluer que légèrement » (§17). Ici, le moraliste ne regarde plus seulement ses contemporains, mais il les donne à voir à ses lecteurs.

Le rapprochement souligne l'écriture théâtrale des *Caractères*.

Petite comédie bouffonne.

Les personnages décrits par La Bruyère prennent vie par la mise en scène qu'il offre au lecteur. C'est le cas de Ménalque (XI, §7), le distrait : son portrait, que les accumulations de verbes d'action conjugués au présent rendent particulièrement dynamique, s'apparente à une vaste didascalie et révèle le talent de metteur en scène de La Bruyère : « Ménalque descend son escalier, ouvre sa porte pour sortir, il la referme : il s'aperçoit qu'il est en bonnet de nuit [...]. Il entre à l'appartement, et passe sous un lustre où sa perruque s'accroche et demeure suspendue : tous les courtisans regardent et rient ».

Introduisez des analyses stylistiques pour étayer vos exemples.

B. Un travail de caricaturiste

La Bruyère ne se contente pas de regarder, il s'efforce de retravailler les personnages qu'il a observés sur la scène du monde pour en faire des caractères qui prennent parfois l'allure de caricatures. Le livre V « De la Société et de la Conversation » est ainsi un réservoir riche en caricatures. Acis (V, §7) est le parleur inutile et envahissant, Arrias (V, §9) le prétentieux qui sait tout sur tout, Théodecte (V, §12) le tapageur : « il rit, il crie, il éclate, on bouche ses oreilles, c'est un tonnerre ».

Veillez à revenir régulièrement aux termes du sujet pour éviter les hors-sujet (Fiche 22).

Mémorisez durant l'année des citations qui étayeront votre réflexion.

C'est le même travail de caricature que réalise Célimène dans *Le Misanthrope* de Molière : pour amuser ses convives, elle pointe du doigt le ridicule de certains courtisans. Lorsqu'on lui fait remarquer : « Timante encor, madame, est un bon caractère », elle s'empresse de dresser, comme La Bruyère, un portrait caustique de Timante : « C'est de la tête aux pieds un homme tout mystère, / qui vous jette en passant un coup d'œil égaré, / et, sans aucune affaire, est toujours affairé. / Tout ce qu'il vous débite en grimaces abonde ; / à force de façons, il assomme le monde ». On sent à travers cet humour mordant et cruel la proximité de Molière et de La Bruyère.

C. Un travail de dénonciation

À travers ces caricatures, il s'agit pour La Bruyère de dénoncer activement les vices de son temps. Dès lors, le moraliste n'est plus seulement un spectateur passif assis dans un fauteuil face à la scène, mais un metteur en scène actif prêt à changer les comportements sociaux, à commencer par l'hypocrisie. La mise en scène de personnages comme Théodote « avec [son] habit austère » (VIII, §61) rappelle la fausseté religieuse du Tartuffe de Molière.

Veillez à revenir régulièrement aux termes du sujet pour éviter les hors-sujet (Fiche 22).

Tout comme Molière se moquait sans vergogne des parvenus avec son *Bourgeois gentilhomme*, La Bruyère ne les épargne en rien, notamment avec la figure risible et dégradante d'Oronte (VI, §60) vieux libidineux qui se fait épouser pour sa fortune par une fille de seize ans.

Le travail de La Bruyère consiste également à dénoncer activement les dérives de la Cour, et peut-être même de changer l'ordre social. En mettant en scène le cas de Philanthe qui sert un Grand comme un esclave (IX, §8), La Bruyère critique les rapports de domination. Partisan du peuple contre le mépris, l'hypocrisie et l'artificialité des Grands (IX, §25), il attaque la vacuité d'une existence de petits-maîtres (VII, §7, §12) faite de distractions futiles.

Chacun des trois paragraphes de cette sous-partie traite d'une dénonciation particulière.

[Transition] En se faisant le metteur en scène caustique de cette comédie sociale, La Bruyère s'impose comme un dénonciateur des vices de son temps. Mais au-delà de la critique sociale, La Bruyère offre aux lecteurs une étude anthropologique du siècle de Louis XIV.

La transition rappelle le thème du II et annonce celui du III.

Dissertation

III. La Bruyère anthropologue

En se plaçant en spectateur de la comédie de son temps, La Bruyère peut finalement observer attentivement les comportements de ses contemporains afin d'élaborer une étude anthropologique hors normes.

A. Analyser et théoriser les comportements humains

Comme l'indique le titre du livre XI, le moraliste s'intéresse à « l'homme » en général. Spectateur attentif de l'humanité, le moraliste finit par en analyser tous les aspects. C'est ainsi que La Bruyère énonce des constats variés sur les habitudes quotidiennes des hommes : « l'incivilité n'est pas un vice de l'âme, elle est l'effet de plusieurs vices (§8), « Si la pauvreté est la mère des crimes, le défaut d'esprit en est le père » (§13), « Les enfants n'ont ni passé ni avenir ; et ce qui ne nous arrive guère, ils jouissent du présent » (§51), « Il y a une espèce de honte d'être heureux à la vue de certaines misères » (§82).

Quand la sous-partie est longue, il est préférable de la diviser en paragraphes en veillant à la mise en page du devoir (Fiche 18).

Cet emploi du présent de vérité générale qui fixe les dérives de la cour comme des défauts intemporels de la nature humaine se retrouve dans les *Maximes* de La Rochefoucauld. Spectateur de la comédie sociale, La Rochefoucauld relève, lui aussi, sur la scène du monde les caractéristiques universelles du genre humain, comme l'orgueil qu'il théorise ainsi : « Si nous n'avions point d'orgueil, nous ne nous plaindrions pas de celui des autres. » (Maxime 34)

Chaque chapitre des *Caractères* s'achève sur une conclusion dépourvue de véritable morale. Un simple constat est livré au lecteur comme une maxime générale sur les comportements humains. Tout comme La Fontaine qui formulait en moraliste résigné la conclusion de « La Cour du Lion » ainsi : « Ceci vous sert d'enseignement : / Ne soyez à la Cour si vous voulez y plaire / Ni fade adulateur, ni parleur trop sincère / Et tâchez quelque fois de répondre en normand. », La Bruyère conclut le Livre IX « Des Grands » par un même type de constat neutre, résigné et amoral : « L'on doit se taire sur les puissants ; il y a presque toujours de la flatterie à en dire du bien ; il y a du péril à en dire du mal pendant qu'ils vivent, et de la lâcheté quand ils sont morts » (§56).

Qui est étranger à la morale, différent d'immoral (qui est contraire à la morale).

B. Établir et fixer une typologie sociale

Outre les comportements humains, La Bruyère observe sur le théâtre de son temps les fractures sociales qui hiérarchisent les hommes. Avec une ironie corrosive, le moraliste restitue, après les avoir entendues, le mépris des paroles aristocratiques qui dénigrent les prénoms populaires : « C'est déjà trop d'avoir avec le peuple une même religion et un même Dieu ; quel moyen encore de s'appeler Pierre, Jean, Jacques, comme le marchand ou le laboureur : évitons d'avoir rien de commun avec la multitude. » (IV, §23).

Rappel du A

La Bruyère peut ainsi établir une nomenclature sociale qui fait apparaître au centre une bourgeoisie de plus en plus puissante. Dans le livre VI « Des Biens de Fortune » qu'il consacre à l'argent, le moraliste fixe, non sans âpreté, la catégorie humaine des parvenus qu'il surnomme les « PTS » (VI, §14). Le spectateur de la nature humaine se met ainsi à l'analyser, à la théoriser et à la fixer comme un anthropologue.

Les initiales PTS désignent les « ParTiSans » ; le surnom est donné et choisi par La Bruyère.

C. Adopter un recul philosophique

Mais ce travail d'observation des comportements sociaux s'accompagne d'un certain recul philosophique. C'est avec une sage bienveillance que La Bruyère souhaite assister au spectacle de ses contemporains. Le livre XI « De l'Homme » s'ouvre par ces mots : « Ne nous emportons points contre les hommes en voyant leur dureté, leurs ingratitude, leur injustice, leur fierté, leur amour d'eux-mêmes, et l'oubli des autres ; ils sont ainsi faits, c'est leur nature. » (§1).

Comme « outre » et « ainsi » au début des deux paragraphes du B, ces mots assurent et éclairent la cohérence de l'analyse.

C'est ce même regard sage que l'on retrouve tout au long du livre X consacré au personnage du monarque. La Bruyère s'adresse au roi en spectateur lucide de son règne pour lui préconiser une certaine méfiance à l'égard des courtisans hypocrites. La Bruyère prête alors son regard avisé au souverain pour que ce dernier observe à son tour avec attention les mutations de la société sur laquelle il règne.

Conclusion (Fiche 28)

Ainsi, La Bruyère apparaît de prime abord comme un spectateur silencieux de la société de son temps. Pourtant, bien plus qu'un spectateur, le moraliste se réapproprie cette comédie et s'en fait le metteur en scène pour mieux dénoncer les vices de son siècle. Le regard que porte cet observateur attentif sur le monde est finalement proche de l'œil scrutateur de l'anthropologue. Cette posture de spectateur avisé et réfléchi se retrouve à la même époque dans les *Fables* de La Fontaine : le fabuliste délivre à ses contemporains, après les avoir bien observés et étudiés, des morales capables de dire la complexité de la nature humaine.

Bilan des trois parties

Ouverture

SUJET 18

4 heures

Déclaration des droits de la femme et de la citoyenne

Œuvre : *Déclaration des droits de la femme et de la citoyenne*, Olympe de Gouges
Parcours : Écrire et combattre pour l'égalité

Selon Jean-Paul Sartre dans *Qu'est-ce que la littérature ?* (1948), « l'écrivain engagé sait que les mots [...] sont des pistolets chargés. S'il parle, il tire. »
Le discours polémique est-il, selon vous, la meilleure façon en littérature de défendre la cause des femmes et, plus largement, la dignité humaine ?
Vous répondrez à cette question en vous appuyant sur la *Déclaration* d'Olympe de Gouges, sur les textes rencontrés dans l'étude du parcours associé et sur vos lectures personnelles.

Travail préparatoire

Fiches p. 285
15 18 20 23 24
Fiche œuvre 6

La lecture du sujet

La forme du sujet (Fiche 15)

Le sujet comprend trois étapes : une citation initiale de Jean-Paul Sartre, extraite de *Qu'est-ce que la littérature ?,* puis le sujet proprement dit, présenté sous la forme d'une interrogation totale, enfin la consigne qui rappelle les contraintes inhérentes à l'exercice.

La citation

L'expression « littérature engagée » est lancée par Sartre en 1945. Dans son essai, *Qu'est-ce que la littérature ?* publié en 1948, le philosophe théorise cette doctrine littéraire. L'écrivain, selon lui, doit intervenir dans les débats de son temps, avec la conviction que la littérature, du moins la prose essentiellement utilitaire, suppose communication et échange avec son public. « La littérature vous jette dans la bataille » écrit-il. La citation proposée filant la métaphore guerrière rappelle que les mots sont des armes, que dire les choses, c'est vouloir les changer en livrant un combat.

La méthode

Le type de sujet (Fiches 18 et 20)

Pour construire la dissertation, il est indispensable d'avoir identifié le type de sujet. Lorsque la question posée prend la forme d'une interrogation totale, on attend un plan dialectique.

L'expression « la meilleure façon » impliquant une variété et une hiérarchie des modes d'engagement vous met déjà sur la voie et vous permet de nuancer les perspectives du plan dialectique.

Si le discours polémique est une arme de choix, il existe d'autres stratégies équivalentes ou plus efficaces encore.

Le parcours et le problème du sujet

Le sujet s'inscrit clairement dans le parcours. Vous retrouvez les notions d'« écrire et combattre » avec l'expression « discours polémique ». « L'égalité » est développée, en liaison avec l'œuvre au programme, par « la cause des femmes et la dignité humaine ». Malgré sa relative concision, le texte d'Olympe de Gouges doit être au centre de votre réflexion.

La recherche des arguments et des exemples (Fiches 23 et 24)

Notez les passages de la *Déclaration* et les autres textes qui peuvent nourrir votre analyse et dégagez-en les arguments. Il est souvent commode de partir des exemples pour dégager des arguments.

Associez « le discours polémique » à d'autres formes d'argumentation directe empruntant à la littérature d'idées ou à d'autres genres, susceptibles de combattre les inégalités.

Sans en rester au point de vue de Sartre qui exclut la poésie de l'engagement, pensez à la poésie engagée.

Interrogez-vous sur le pouvoir de la fiction pour servir ces mêmes causes.

Le plan

Vous proposerez une progression privilégiant le mode d'engagement littéraire qui vous semble le plus efficace pour convaincre et persuader :

I. Le discours polémique est une arme efficace
II. Les autres stratégies de l'argumentation directe
III. La fiction, une arme privilégiée

Corrigé : devoir rédigé

*Les **textes en bleu** apparaissant dans ce corrigé ne doivent pas figurer dans votre devoir.*

Les conseils du professeur

Introduction

Postuler la nécessité de l'engagement constitue un geste décisif dans le contexte de l'après-guerre. Pour Jean-Paul Sartre, la visée esthétique ne peut se suffire à elle-même et se double d'un projet éthique, d'une vision de l'homme et du monde. L'écrivain est « dans le coup » quoi qu'il fasse. « L'écrivain engagé, écrit-il dans *Qu'est-ce que la littérature ?*, sait que les mots [...] sont des pistolets chargés. S'il parle, il tire ». La littérature engagée revêt une grande diversité de formes, s'exprimant en des genres très différents. Dans le sillage d'Olympe de Gouges, auteure de la *Déclaration des droits de la femme et de la citoyenne*, le discours polémique, issu d'une situation conflictuelle, est-il la meilleure façon de défendre la cause des femmes et la dignité humaine ? S'il combat efficacement pour l'égalité, nous verrons qu'il n'est pas la seule arme de l'argumentation et que d'autres genres peuvent même le supplanter pour le plus grand plaisir du lecteur.

Commencez l'introduction par une phrase d'accroche.

Reproduisez et éclairez la citation du sujet.

Posez la problématique.

Annonce du plan en trois parties

Sautez deux lignes après l'introduction.

I. Le discours polémique est une arme efficace

Les discours polémiques représentent par excellence la littérature de combat que l'engagement, dans son désir d'intervention directe dans le débat politique, semble prescrire. Cette défense de causes égalitaires implique un même recours à une rhétorique de l'indignation.

Introduisez la partie en présentant son enjeu.

A. La défense de la cause des femmes

Approfondissement de la notion de « discours polémique »

Le pamphlet est un mode de discours polémique, qui attaque, conformément à l'étymologie grecque du terme (*polemos :* la guerre). On stigmatise la pensée des adversaires comme fausse ou mensongère pour rétablir face à elle les droits de la vérité. La *Déclaration des droits de la femme et de la citoyenne* a une dimension pamphlétaire. Olympe de Gouges dans le postambule lance aux femmes un vibrant appel : « Femme, réveille-toi ; le tocsin de la raison se fait entendre dans tout l'univers ; reconnais tes droits. » Pour les amener à réagir, elle invoque l'esprit des Lumières, la « raison » et la « vérité » qui ont chassé « préjugés », « fanatisme », « superstition » et « mensonges ». La Révolution a permis une libération des fers de l'esclavage. Toutefois, une nouvelle forme d'injustice s'est installée puisque les femmes n'ont pas bénéficié de la liberté conquise par les Révolutionnaires. L'auteure fustige l'orgueil et la prétention des hommes à borner la liberté des femmes, « un sexe qui a reçu toutes les qualités intellectuelles ». Rien ne justifie cette configuration même chez les animaux ou les végétaux. Sur le ton du discours polémique, Olympe de Gouges réclame l'égalité des sexes, le partage.

Le titre de l'œuvre (ici en italique) doit être souligné dans la copie manuscrite.

Et ce combat pour la cause des femmes se poursuit. Nelly Roussel dans son *Discours de protestation contre les procès intentés aux néo-malthusiens* en 1905 plaide la cause des femmes, esclaves de la maternité. Elle s'insurge : « Les femmes sont des machines dont un maître peut disposer à son gré ». Elle appelle à la révolte collective celles qui sont la proie des hommes, au nom de la « fierté féminine » et de la maternité voulue.

Quand la sous-partie est longue et comprend plusieurs analyses, elle peut être divisée en paragraphes (voir page 297).

B. Les autres cibles souvent croisées

On le voit, la femme est souvent nommée esclave. Olympe de Gouges croise les deux dénonciations dans son postambule : « Tout autre chemin de la fortune est fermé à la femme que l'homme achète, comme l'esclave sur les côtes d'Afrique ». Dès 1788, dans son texte *Réflexions sur les hommes nègres*, elle se confiait : « L'espèce d'hommes nègres m'a toujours intéressée à son déplorable sort ». Et elle ajoutait : « Un commerce d'hommes !... Grand Dieu ! et la nature ne frémit pas ! S'ils sont des animaux, ne le sommes-nous pas comme eux ? »

Il est question ici de la dignité humaine.

L'esclavage est la deuxième cible croisée.

L'esclavage est une des cibles exemplaires du discours polémique au XVIIIe siècle. Condorcet dans *Réflexions sur l'esclavage des nègres* s'en prend aux colons. Il défend la cause de ces « Nègres victimes de la férocité de leurs maîtres ». « Il s'agit pour le Nègre de la liberté, de la vie ; il ne s'agit pour l'Européen que de quelques tonnes d'or, et c'est le sang de l'innocent qu'on met en balance avec l'avarice du coupable » déclare-t-il.

Le philosophe Condorcet a partagé les combats d'Olympe de Gouges.

Le discours polémique concerne enfin le grand fléau qu'est la misère. En 1849, à l'Assemblée nationale, Victor Hugo prononce un discours contre la misère. Il insiste sur l'antinomie entre l'idée de civilisation et la réalité sociale de la misère. L'orateur s'adresse aux députés de la IIe République naissante pour leur rappeler que seule la justice sociale peut garantir la dignité de l'homme. De l'homme et de la femme ajouterait Olympe de Gouges qui évoque le cas de la concubine « née d'une famille pauvre » qui ne connaît, malgré ses mérites que « la pauvreté et l'opprobre ».

Troisième cible de la dénonciation : la misère

Autre exemple de discours polémique dans la lignée d'Olympe de Gouges

C. La rhétorique de l'indignation

Il résulte de ces prises de conscience une agressivité et même une violence verbale, parfois une surenchère dans l'outrance. Pour rallier l'auditoire ou les lecteurs à leur cause, les auteurs manifestent leur indignation, manient l'apostrophe*, l'anaphore*, l'accumulation et d'autres procédés emphatiques*. « Vous n'avez rien fait... » assène

Victor Hugo à ses collègues députés. Pour entraîner les femmes dans le mouvement d'émancipation qu'elle entend initier, Olympe de Gouges recourt à la force persuasive de la parole, usant de nombreux procédés oratoires, telles les interrogations rhétoriques : « Quand cesserez-vous d'être aveugles ? », « Quels sont les avantages que vous avez recueillis de la Révolution ? ». Avec le postambule, l'auteure innove par rapport à son modèle. Le style juridique est submergé par une flambée d'éloquence. Les hommes sont présentés comme inférieurs alors que les femmes sont courageuses et se rangent « sous les étendards de la philosophie », terme guerrier.

Exemples présentés en écho

[Transition] Si l'allure vitupérative du discours est un mode de combat efficace, fondé sur le caractère performatif* de la parole engagée, il existe d'autres stratégies argumentatives pour convaincre* et persuader*.

Cinglante, qui critique violemment.

Sautez deux lignes entre les parties.

II. Les autres stratégies de l'argumentation directe

Le manifeste, moins marqué par l'immédiateté, obtient une adhésion rationnelle et affective. Mais l'art du détournement ou la parole poétique peuvent aussi servir la défense des justes causes.

A. Le manifeste ou la raison à l'œuvre

La *Déclaration* d'Olympe de Gouges est aussi un manifeste. À la différence du pamphlet, le manifeste expose clairement la thèse qu'il soutient et la développe selon une structure démonstrative explicite, ici le texte juridique de la déclaration. Le destinataire est clairement désigné, ici l'Assemblée nationale.

Après une 1re partie qui s'est principalement appuyée sur le postambule, l'étude porte sur la *Déclaration* elle-même.

Au XVIIIe siècle, les femmes sont exclues de la participation directe à la vie politique et confinées à la sphère privée. En 1791, Olympe de Gouges revendique l'égalité politique des femmes et des hommes dans une déclaration calquée sur la *Déclaration des droits de l'homme et du citoyen* de 1789 qui se décline en dix-sept articles. Dans ce texte, l'égalité est réclamée pour la femme au plan constitutionnel (article IV), pénal (VII à IX), ainsi que du point de vue de la liberté d'expression (X et XI), des contributions (XIII à XV) et de la propriété (XVII). Les articles XII et XVI soulignent l'importance pour la société tout entière de garantir les droits des femmes. L'article IV se démarque du modèle en ce qu'il déclare que l'égalité des femmes et des hommes découle de leur égalité naturelle et que la tyrannie qu'exerce l'homme sur la femme est artificielle, culturelle. En jouant sur la polysémie du mot « homme », restreint pour elle au masculin, Olympe de Gouges a pu rendre à la femme sa place et détourner le sens de l'œuvre révolutionnaire.

N'hésitez pas à approfondir l'exemple du texte au programme.

À côté des écrits juridiques, figurent les textes théoriques qui, sous la forme d'essais par exemple, prennent la défense des femmes. Sur un fond d'antiféminisme qui caractérise la Révolution française, la voix de Condorcet se détache. Dans *Sur l'admission des femmes au droit de cité* (1790), le philosophe traite des questions essentielles des droits civiques et de l'éducation. Sans emphase, il détruit tous les arguments contre l'égalité civique des femmes en invoquant d'abord l'habitude comme cause de cette violation.

Autre exemple contemporain de défense de la cause des femmes

Si les femmes ont obtenu le droit de vote en 1946, le sexisme continue à sévir. « On ne naît pas femme, on le devient » écrit Simone de Beauvoir en 1949 dans *Le Deuxième Sexe*, un essai philosophique et féministe au succès controversé. Son approche n'est pas militante ou polémique. Elle cherche à convaincre et à tracer un nouveau chemin permettant aux femmes d'échapper aux pesanteurs historiques qui les aliènent. Elle s'intéresse à l'infériorisation de la femme pour en révéler les causes et proposer deux solutions : le contrôle des naissances et l'accès au monde du travail. Les femmes, selon elle, ont leur destin en mains.

Autre exemple marquant du XXe siècle soulignant la modernité du combat d'Olympe de Gouges

B. Le détournement

Olympe de Gouges, au cœur du bouleversement révolutionnaire devait entrer de front dans la bataille. Mais l'écriture de combat peut aussi opter pour une forme de détournement, d'engagement oblique par le biais de l'ironie. C'est ainsi que Montesquieu choisit de dénoncer l'esclavage dans « De l'esclavage des nègres » en 1748. En ridiculisant les arguments des colons, il montre de manière encore plus saisissante la brutalité des Européens, le racisme qui justifie la traite des Noirs et l'impiété de ceux qui se disent chrétiens. « Le sucre serait trop cher, si l'on ne faisait travailler la plante qui le produit par les esclaves. »

Autre stratégie au service d'une même cause

C. La parole poétique

Troisième versant de ce mode de combat qui échappe au discours polémique et relève d'un autre genre que la littérature d'idées

La parole poétique enfin se substituera avec générosité au discours polémique plus abrupt. Loin de se retrancher dans sa tour d'ivoire, le poète peut en effet choisir d'être au monde. Comme dans le pamphlet, il faut arracher ses contemporains à l'indifférence. À la concision, la poésie allie la variété des mètres, des tonalités, la magie des mots, des images, de la musique. Par là, elle touche et persuade le lecteur plus qu'elle ne le convainc.

Le poème de Victor Hugo « Melancholia » évoque la misère des enfants qui « s'en vont travailler quinze heures sous des meules ». Par le réalisme des descriptions et le surgissement des images, Hugo suscite une prise de conscience chez son public, lui fait prendre en pitié ces enfants esclaves du progrès : « Accroupis sous les dents d'une machine sombre, / Monstre hideux qui mâche on ne sait quoi dans l'ombre ».

On repère plusieurs stratégies de dénonciation chez un même auteur.

[Transition] Au-delà des différentes formes d'argumentation directe, pour défendre l'égalité, le recours à la fiction n'est-il pas une arme privilégiée ?

III. La fiction, une arme privilégiée

Enjeu de la partie et annonce des trois sous-parties

En utilisant la fiction, l'écrivain engagé peut transposer les faits, leur donner corps et âme. Par le biais des personnages, par les discours qu'ils tiennent, par l'hybridation des genres, le combat peut s'épanouir.

Croisement

A. Par le biais des personnages

La prostitution est combattue par le romancier au nom de la dignité de la femme. Le destin de Fantine obligée de se sacrifier pour permettre à Cosette de survivre nous émeut. Hugo conjugue dans ce personnage des *Misérables* un réquisitoire contre la condition de la femme et contre la misère. Que dire de Gervaise dont la déchéance rythme le récit de Zola dans *L'Assommoir* ?

La fiction prend pour cibles les mêmes causes, souvent imbriquées.

L'esclavage est dénoncé par Véronique Olmi à travers la vie romancée de Bakhita, esclave au Darfour. Plus proche de nous, le destin croisé de trois femmes victimes de mariages forcés dans *Les Impatientes* de Djaïli Amadou Amal nous rappelle que la condition féminine peut encore être un esclavage moderne.

Bakhita, roman de Véronique Olmi paru en 2017.

Ce roman a obtenu le prix Goncourt des lycéens en 2020.

B. Par les discours

Les discours tenus par les personnages de théâtre augmentent encore l'efficacité de la protestation. Pour plaider en faveur des femmes au XVIIIe siècle, quelle meilleure arme que la tirade de Marceline dans *Le Mariage de Figaro* s'adressant aux hommes « plus qu'ingrats » (III, 16) : « les femmes n'obtiennent de vous qu'une considération dérisoire : leurrées de respects apparents, dans une servitude réelle ; traitées en mineures pour nos biens, punies en majeures pour nos fautes ! ».

Le discours s'insère aussi dans la trame romanesque faisant des personnages les porte-parole de l'auteur et leur donnant une grande force de conviction. Quand Maître Manouri dans *La Religieuse* dénonce l'enfermement dans les couvents, c'est la voix de Diderot que l'on entend : « Faire vœu d'obéissance, c'est renoncer à la prérogative inaliénable de l'homme, la liberté. » Zola délègue à Étienne Lantier son combat contre la misère ouvrière : « le salariat est une forme nouvelle de l'esclavage » s'écrie Lantier dans un discours rapporté au style indirect libre où il tente de convaincre les mineurs de poursuivre la grève.

Nous proposons des exemples variés pour enrichir votre réflexion mais l'examinateur au bac n'en attend pas autant.

Plus directement, le romancier dans un moment de pause peut lui-même intervenir et poursuivre le réquisitoire.

Ces intrusions d'auteur ont une fonction idéologique, voire polémique. C'est ainsi que Victor Hugo dans *Les Misérables* s'interroge : « Qu'est-ce que c'est que cette histoire de Fantine ? C'est la société achetant une esclave. »

Approfondissement des exemples

C. Par les genres hybrides

Au XVIIIe siècle, des genres hybrides permirent aussi à leurs auteurs de s'engager pour la défense de l'égalité et de la dignité de la personne humaine.

Ces genres hybrides relèvent de la littérature d'idées tout en recourant à la fiction.

Le conte philosophique est un genre narratif qui ouvre une réflexion sur la condition humaine. On retrouve dans *Candide* de Voltaire la dénonciation de l'esclavage. Le nègre de Surinam nous offre par son discours un témoignage poignant du Code Noir édicté par Colbert en 1685 : « Quand nous travaillons aux sucreries, et que la meule nous attrape le doigt, on nous coupe la main ; quand nous voulons nous enfuir, on nous coupe la jambe : je me suis trouvé dans les deux cas ».

Voltaire encore, dans un texte satirique qui porte le titre d'une phrase attribuée à Saint Paul : « Femmes, soyez soumises à vos maris » dresse le portrait de la maréchale de Grancey. Face à l'abbé de Châteauneuf, cette dernière revendique vigoureusement l'égalité homme-femme qui passe par une éducation non discriminante. La forme du dialogue donne à la maréchale l'épaisseur d'un personnage de théâtre.

Le personnage est inspiré par son amie Émilie du Châtelet.

Olympe de Gouges enfin ne nous livre-t-elle pas, dans sa *Déclaration* aux multiples facettes, un discours fictif qu'elle sait perdu d'avance, un pastiche qui fait entendre deux textes en un, la déclaration de 1791 ne se comprenant qu'en regard de celle de 1789 ? Sans doute annonce-t-elle que cette déclaration est « à décréter par l'Assemblée nationale dans ses dernières séances ou dans celles de la prochaine législature ». Mais, l'auteure y croit-elle ? Ce pastiche critique ne relève-t-il pas de la fiction dans la mesure où il ne recherche pas une portée effective mais une empreinte dans les esprits ?

Clôture des exemples sur le texte d'Olympe de Gouges, pamphlet, manifeste et pastiche

Sautez deux lignes avant la conclusion.

Dissertation

Conclusion

L'engagement est un espace incertain et riche de potentialités. Son mode opératoire est varié, à la croisée du discours polémique qui porte la marque de l'immédiateté, et de la fiction qui en est la modalité la plus haute et peut-être la plus authentique. Par le biais de la fiction, le combat prend des allures détournées pour poursuivre les mêmes cibles. Toutefois, avec ces personnages auxquels nous nous identifions, peut-être sommes-nous davantage persuadés* que convaincus*. L'argumentation directe permet l'approfondissement de la dénonciation, mais le détour fictionnel donne à la prise de conscience une incomparable dimension solidaire. Olympe de Gouges dans la *Déclaration de la femme et de la citoyenne* a recouru à un faisceau de stratégies, conjuguant le discours polémique, le manifeste et le détour fictif, qui devait lui permettre de se faire entendre.

Bilan du développement

Justification de la progression adoptée par le texte de référence

Pour défendre les causes auxquelles il croit, l'écrivain engagé prend des risques. On se rappelle Hugo exilé à Jersey, Zola condamné pour « J'accuse », Desnos déporté… La littérature est un acte et en tirant sur ces cibles, l'écrivain se met en danger. En témoigne le destin tragique d'Olympe de Gouges conduite à l'échafaud en 1793.

Mais, en s'engageant, l'écrivain a le courage de rencontrer les exigences du temps présent. Le combat d'Olympe de Gouges a porté ses fruits. Écoutons la jeune poétesse noire Amanda Gorman évoquant dans son poème lu à l'investiture de Joe Biden cette « colline que nous gravissons » dans l'espoir de « composer un pays engagé vis-à-vis de toutes les cultures, couleurs, caractères et conditions de l'homme ».

Ouverture sur notre temps

SUJET 19

4 heures

Manon Lescaut

Œuvre : *Manon Lescaut*, Abbé Prévost
Parcours : Personnages en marge, plaisirs du romanesque

« Ce qu'il y a de fort dans *Manon Lescaut*, c'est le souffle sentimental, la naïveté de la passion qui rend les deux héros si vrais, si sympathiques, si honorables, quoiqu'ils soient fripons. » (Gustave Flaubert, *Correspondances*, 1853).
Les personnages « fripons » du roman de Prévost vous semblent-ils capables de faire rêver le lecteur ?
Vous répondrez à cette question dans un développement organisé. Votre réflexion prendra appui sur *Manon Lescaut*, sur le travail mené dans l'année et sur votre culture littéraire.

Travail préparatoire

Fiches p. 285
14 15 18 à 20 23 à 26
Fiche œuvre 7

La lecture du sujet

La composition du sujet (Fiche 14)

Le sujet s'appuie sur une citation portant sur l'œuvre au programme. Elle est suivie de la question à laquelle la dissertation devra répondre et des indications méthodologiques habituelles : un devoir construit (« organisé »), réfléchi (« réflexion ») et illustré par des exemples tirés de *Manon Lescaut* et des textes rencontrés par ailleurs. La culture littéraire personnelle sera particulièrement appréciée.

L'identification de la question (Fiche 15)

La question, qui est une interrogation totale (réponse par « oui » ou par « non ») appelle un plan dialectique. Portant sur les personnages « fripons » et sur le plaisir du lecteur, elle s'inscrit parfaitement dans le cadre du parcours consacré aux personnages « en marge » et aux « plaisirs du romanesque ».

La méthode

L'examen minutieux du sujet (Fiches 18 à 20)

La question, sous la forme d'un « vous semblent-ils » vous invite à donner votre avis, à rendre compte de votre lecture personnelle du roman. Toutefois, la dissertation restant un exercice codifié, votre réflexion devra s'ouvrir à toutes les possibilités.

Examinez la citation de Flaubert et notez la contradiction entre « sympathiques » et « fripons », ce dernier terme atténuant déjà la critique. La question (« fripons », « rêver ») place cette contradiction au cœur de votre réflexion. Interrogez-vous sur la portée des autres termes : « souffle sentimental », « naïveté de la passion », « vrais ».

La recherche des arguments et des exemples (Fiches 23 à 26)

Écrivez sur deux feuilles, sous une forme rédigée, les deux réponses possibles à l'interrogation du sujet et notez d'abord les citations, exemples, réflexions qui vous viennent en lien avec ces deux perspectives. Pour éviter l'incohérence (les fripons font rêver/ils ne font pas rêver), vous serez amenés à présenter dans la seconde partie un autre aspect (la leçon de morale) des personnages immoraux.

Dans un premier temps, restez centré(e) sur *Manon Lescaut,* puis faites appel aux réflexions et exemples rencontrés lors de l'étude du parcours ou à l'occasion de vos lectures.

La construction du plan dialectique (Fiche 20)

Sur chacune des deux feuilles, organisez les arguments et les exemples de façon à constituer des sous-parties.

Réfléchissez à une troisième perspective qui approfondirait la réflexion sans être répétitive ou hors-sujet.

Le plan

I. Certes, « ce qu'il y a de fort dans *Manon Lescaut* », c'est la romance rocambolesque de deux « fripons » qui fait rêver un lecteur avide de divertissement.

II. Cependant, le spectacle scandaleux de ces deux « fripons » est « fort » parce qu'il livre aux lecteurs une puissante leçon de morale, bien plutôt qu'un « souffle sentimental » romanesque.

III. Finalement, le véritable plaisir que tirent les lecteurs de ce roman est paradoxal : on se laisse séduire par les malheurs de deux héros malhonnêtes, manipulateurs et marginaux.

Corrigé : devoir rédigé

*Les **textes en bleu** apparaissant dans ce corrigé ne doivent pas figurer dans votre devoir. Nous les avons insérés pour vous guider et vous aider à repérer la progression de la dissertation.*

Les conseils du professeur

Dissertation

Introduction (Fiche 27)

En 1884, lorsqu'il compose *Manon*, Jules Massenet adapte le roman-mémoires de l'Abbé Prévost pour l'Opéra-Comique de Paris. Quelques années plus tard, c'est au tour du compositeur italien Giacomo Puccini de s'emparer de *Manon Lescaut* pour le Teatro Regio de Turin. Bien après les premières publications du roman, ces créations musicales témoignent de la postérité extraordinaire de l'œuvre de Prévost.

Accroche

Le caractère exceptionnel du roman est analysé par Gustave Flaubert dans ses *Correspondances* : « Ce qu'il y a de fort dans *Manon Lescaut*, c'est le souffle sentimental, la naïveté de la passion qui rend les deux héros si vrais, si sympathiques, si honorables, quoiqu'ils soient fripons. » Selon l'auteur, ce qui séduirait le lecteur de *Manon Lescaut*, serait la romance scandaleuse de deux personnages aussi naïfs que roués. Dans quelle mesure ces deux « fripons » peuvent-ils paraître « sympathiques » aux yeux des lecteurs ?

Insertion de la citation

Reformulation de la citation

Problématique

Certes, « ce qu'il y a de fort dans *Manon Lescaut* », c'est la romance rocambolesque de ces deux héros qui fait rêver des lecteurs avides de divertissement. Cependant, si le spectacle scandaleux de ces deux « fripons » est « fort » c'est qu'il livre aux lecteurs une puissante leçon de morale. Finalement, le véritable plaisir du lecteur est paradoxal : il se laisse étrangement séduire par ces deux êtres pourtant malhonnêtes, manipulateurs et marginaux.

Annonce du plan en 3 parties

I. La romance rocambolesque de deux « fripons » fait rêver le lecteur

Le lecteur, en quête de divertissement est séduit par les deux héros hors du commun, par leurs aventures rocambolesques et par un puissant « souffle » romanesque.

Introduction : présentation des sous-parties

A. Deux « héros » hors du commun

Les personnages dans *Manon Lescaut* se distinguent par leur caractère exceptionnel. S'ils ne sont pas des demi-dieux, au sens antique du terme *héros*, ils n'en demeurent pas moins hors du commun. Dès le début du roman, alors que la narration est assurée par M. de Renoncour, le chevalier est immédiatement distingué par le narrateur : « je découvris dans ses yeux, dans sa figure, dans tous ses mouvements, un air si fin et si noble que je me sentis porté naturellement à lui vouloir du bien. » Manon est, elle aussi, immédiatement distinguée par monsieur de Renoncour sur le port du Havre : « Parmi les douze filles [...], il y en avait une dont l'air et la figure étaient si peu conformes à sa condition, qu'en tout autre état je l'eusse prise pour une personne du premier rang. » Aussi a-t-on affaire à deux personnages emprunts de noblesse, capables d'entraîner les lecteurs enthousiastes à travers le récit de leurs aventures.

La 1re phrase présente l'enjeu du paragraphe.

1er exemple

2e exemple

Transition

B. Une romance exceptionnelle

Le genre romanesque, dès son origine médiévale, se définit comme le genre amoureux par excellence, et *Manon Lescaut* ne déroge pas cette règle. Prévost satisfait son lectorat en lui offrant un véritable « souffle sentimental ». Par exemple, la narration du chevalier s'ouvre sur sa rencontre avec Manon à Amiens. La mise en scène d'un amour au premier regard réjouit le lecteur qui reconnaît là les codes de la romance, notamment l'emploi d'un vocabulaire de la passion : « charmante », « transport », « enflammé », etc.

Quand l'idée à développer présente plusieurs aspects, la sous-partie peut être divisée en plusieurs paragraphes.

Au-delà du plaisir de reconnaissance d'un genre codifié, le lecteur se prend d'affection pour ces deux héros au destin amoureux interdit. « Ce qu'il y a de fort dans *Manon Lescaut* », c'est la puissance du sentiment amoureux qui s'affranchit de tout interdit social et religieux. C'est pourquoi la scène du parloir de Saint-Sulpice est si poignante : lors de ces retrouvailles, Des Grieux, qui est pourtant devenu abbé, se laisse submerger par sa passion. S'il fait mine de résister un temps au plaidoyer de Manon, il est conquis dès qu'il l'aperçoit : « Toute sa figure me parut un enchantement. » La « naïveté » presqu'enfantine de ce tout jeune homme qui cède à la passion, oubliant de s'inquiéter de ses devoirs religieux et sociaux, est finalement attendrissante pour le lecteur.

Approfondissement de l'argument

C. Le « souffle » romanesque du récit

Cette « naïveté » et ce « souffle » amoureux font la force du roman : l'énergie du récit permet au lecteur de s'évader dans un rêve où l'innocence d'une jeune passion l'emporte sur les codes moraux de la haute-société. À cet égard, le roman se construit comme un conte selon un schéma actanciel traditionnel. Les deux héros ont une quête commune : l'amour heureux. Mais cette quête est contrariée par de multiples opposants, symbolisant les différents carcans sociaux : la famille et la noblesse sont incarnés par le père de Des Grieux, la religion et la morale par Tiberge, l'argent et le pouvoir par M. de B..., M. G... de M... et son fils qui entretiennent successivement Manon, ainsi que par le Gouverneur de Louisiane qui conduit les amants à leur perte. Si le lecteur se prend d'affection pour les deux héros, c'est qu'ils font face à tous ces opposants lors de multiples mésaventures. Il en est de même dans *Tristan et Yseult* : Des Grieux et Manon, après avoir été enfermés successivement aux prisons de Saint-Lazare, du Châtelet et de la Salpêtrière, sont condamnés à fuir en Louisiane, tout comme Tristan et Yseult qui, après de nombreux stratagèmes, s'exilent dans la forêt hostile du Morrois où le roi Marc finit par les retrouver pour les séparer définitivement.

La reprise des termes de la citation relie la dissertation au sujet.

Il s'agit du schéma actanciel (adjuvants, opposants, objet de la quête).

Exemple tiré d'une autre œuvre que celle au programme

[Transition] Pourtant, ces péripéties qui condamnent les personnages au malheur apparaissent inévitablement comme la juste punition d'une succession de compromissions, de tricheries et de trahisons. Alors, quel réel plaisir tirer de la lecture des aventures scandaleuses et immorales de deux « fripons » ?

La transition rappelle ce qui a été montré et annonce ce qui suit.

II. L'histoire scandaleuse livre une puissante leçon morale

La multiplication des trahisons, l'amour scandaleux d'un prêtre pour une prostituée conduisent le lecteur à réfléchir et à percevoir la portée morale du roman.

Introduction : présentation des sous-parties

A. Le spectacle de trahisons incessantes et successives

Ce qui est « fort » dans *Manon Lescaut* c'est la réflexion occasionnée par le libertinage. La « fripon[nerie] » de Manon qui trompe le chevalier dès les premiers moments de leur idylle oriente en effet le roman vers une lecture morale. D'une part, Manon fait venir M. de B... dans leur appartement de la rue V... en l'absence de Des Grieux. Malgré ses soupçons, le chevalier écarte cette infidélité : « je craignais de lui faire injure en la soupçonnant. » D'autre part, alors que le chevalier se repent d'avoir douté de Manon, il est arrêté par les hommes de son père. Lorsqu'il s'interroge sur l'origine de cette arrestation, le lecteur sait pertinemment que Manon a vendu son amant à son père. Les trahisons successives de Manon et l'aveuglement forcené de Des Grieux se donnent au lecteur comme des contre-exemples d'une conduite sage et rationnelle. On assiste tout au long du roman à la condamnation morale de Manon et Des Grieux qui sont successivement arrêtés, jetés en prison, exilés en Louisiane puis précipités dans un désert qui achève de les marginaliser. Bien plus qu'un « souffle » romanesque, *Manon Lescaut* serait plutôt une expiration, illustrant ainsi les conséquences fatales d'une mauvaise vie.

Approfondissement de l'argument

B. L'amour scandaleux d'un prêtre et d'une prostituée

Le romancier offre au lecteur la peinture vraisemblable d'un amour socialement et moralement inacceptable. Flaubert emprunte le terme « fripon » au père de Des Grieux : « Qu'un père est malheureux, lorsque, après avoir aimé tendrement un fils et n'avoir rien épargné pour en faire un honnête homme, il n'y trouve, à la fin, qu'un fripon qui le déshonore ! ». C'est en pensant à ce père vertueux que Des Grieux constate sa propre déliquescence : « je jetais les yeux, en soupirant, vers Amiens, vers la maison de mon père, vers Saint-Sulpice et vers tous les lieux où j'avais vécu dans l'innocence. [...] Par quelle fatalité suis-je devenu si criminel ? » Par la suite, en intégrant l'illégale Ligue de l'Industrie où il se met à tricher pour dépouiller sans vergogne les autres joueurs, Des Grieux achève sa métamorphose en malfrat, offrant au lecteur un contre-modèle à visée morale. Quant à Manon, sa déchéance est mise en scène par tous les bas-fonds où elle est précipitée. Avec, au début du roman, la description misérable du chariot transportant les « filles de joie » parmi lesquelles se trouve Manon, le récit prend une dimension morale en s'intéressant à la figure déchue de la prostituée. Par la suite, l'internement de Manon à l'hôpital de La Salpêtrière, où étaient enfermées traditionnellement les « femmes de mauvaise vie », contribue à faire d'elle une illustration exemplaire des conséquences d'une vie libertine.

L'argument porte d'abord sur Des Grieux.

Le signe [...] permet de raccourcir les citations trop longues.

L'argument porte ensuite sur Manon.

C. Un roman moral ?

L'œuvre emprunterait ainsi au genre de l'apologue : il s'agirait d'illustrer les déboires d'une passion qui anéantit l'homme en le marginalisant. Dans l'avant-propos qu'il consacre à son roman, Prévost note : « L'ouvrage entier est un traité de morale ». La force de l'œuvre ne résiderait alors pas, comme l'affirme Flaubert, au cœur de la narration romanesque, mais bien plutôt au cœur de l'enseignement moral que le lecteur pourrait tirer de cette narration. Il en irait de même pour

L'apologue est un court récit à visée didactique.

L'adverbe « de même » introduit un exemple issu d'une autre œuvre que *Manon Lescaut*.

Les Liaisons dangereuses de Choderlos de Laclos. On peut lire dans la préface du rédacteur : « Il me semble au moins que c'est rendre service aux mœurs, que de dévoiler les moyens qu'emploient ceux qui en ont de mauvaises pour corrompre ceux qui en ont de bonnes. » Dès lors, ce qui ferait la valeur d'un roman, ce ne serait plus la passion scandaleuse de ces personnages « fripons », mais bien plutôt la grandeur d'âme des personnages vertueux comme Tiberge. Caution morale de l'œuvre, ce dernier incarne l'intégrité face aux infidélités de Manon. C'est sur lui que la narration enchâssée de Des Grieux s'achève comme s'il assurait finalement un retour à l'ordre moral : « Je ne pouvais marquer trop de reconnaissance pour un ami si généreux et si constant. Je le conduisis chez moi. Je le rendis maître de tout ce que je possédais. »

Ce roman épistolaire est publié en 1782.

[Transition] Si Prévost lui-même affiche la valeur morale de son ouvrage, peut-on pour autant réduire la force d'un roman comme *Manon Lescaut* à cette seule dimension ?

L'interrogation rhétorique introduit la troisième partie.

III. Le plaisir du lecteur repose avant tout sur les ambivalences et le tragique

En effet, le lecteur se montre surtout fasciné par l'ambiguïté des personnages, le caractère inaccessible de Manon et, finalement , la tonalité tragique qui imprègne le roman.

L'adverbe « en effet » souligne la progression logique de la réflexion.

A. Des personnages ambigus

Le spectacle de ces personnages aussi « vrais » et « honorables » que « fripons » et manipulateurs fait la force de *Manon Lescaut*. Cette ambigüité transparaît notamment lors des derniers moments passés à Paris avant la Louisiane : entre deux infidélités de Manon, les amants se retrouvent dans leur appartement de Chaillot où Manon entreprend de coiffer Des Grieux comme une poupée. Au cours de cet épisode badin, Des Grieux souligne le paradoxe inhérent à Manon : « Le goût qu'elle y avait pris m'avait paru si naturel et sa gaieté sentait si peu l'artifice, que [je] ne pouv[ais] concilier des apparences si constantes avec le projet d'une noire trahison ».

Aussi le lecteur se passionne-t-il pour l'ambivalence des personnages à la fois candides et roués. Ce sera aussi le cas dans *Illusions perdues* de Balzac : Lucien de Rubempré, jeune écrivain provincial naïf et idéaliste, s'encanaille à Paris où il découvre au cœur de la grande machine journalistique le pouvoir de l'argent. On perçoit dans ce roman de Balzac comme dans *Manon Lescaut* la corruption de l'innocence par le libertinage. Mais c'est bel et bien ce parcours décadent des personnages – et non pas la leçon qu'il faudrait en tirer – qui intéresse le lecteur de roman.

Approfondissement de l'argument

Exemple postérieur (1837) à l'œuvre au programme

B. Le mythe de Manon

Ce qui touche le lecteur, c'est l'ambivalence du héros romanesque, entre pureté et perversion. Si Manon fascine autant, c'est que la structure narrative de l'ouvrage ne permet pas d'avoir accès à ses pensées. Les deux narrations internes, assurées par des hommes, M. de Renoncour d'une part, Des Grieux d'autre part, permettent d'observer Manon de l'extérieur, mais non de la comprendre de l'intérieur. Aussi est-elle l'énigme de ce roman-mémoires, et ce mystère captive le lecteur qui ne peut jamais affirmer avec certitude si Manon est « honorable » ou bien « fripon[ne] ». Les personnages romanesques se caractérisent donc par cette incertitude qui dérange en même temps qu'elle nourrit le plaisir de lecture. Ainsi, Esmeralda dans *Notre-Dame de Paris* n'est jamais présentée au lecteur que par le prisme des regards masculins. Le narrateur omniscient se place successivement dans la peau de Quasimodo, de Frollo, de Phœbus et de Gringoire qui perçoivent cette jolie danseuse tantôt comme un ange, tantôt comme le diable, tantôt comme une simple prostituée, tantôt comme une épouse inaccessible.

Réflexion élargie au genre romanesque

Roman de Victor Hugo paru en 1831

C. La tragédie de Manon

Finalement, cette ambigüité des personnages romanesques qui touche si profondément le lecteur, est empruntée au tragique : *Manon Lescaut* offre au lecteur

Dissertation

un spectacle qui suscite autant l'effroi pour ces « fripons » coupables de trahisons que la pitié pour ces « honorables » jeunes gens victimes de leur destin. Le caractère tragique de l'œuvre se lit notamment lors de la mort de Manon dans le désert de Louisiane. Alors que le lecteur assiste à la fatalité qui s'abat cruellement sur les deux libertins condamnés à la souffrance et au malheur, l'authenticité de leur amour surgit dans un dernier « souffle sentimental ». Le soin que prend Des Grieux à enterrer avec une solennité religieuse le corps de Manon, « pour empêcher le sable de la toucher », est à cet égard emblématique.

Allusion à Aristote pour qui la tragédie doit inspirer terreur et pitié

Ce qui rend au lecteur les personnages « si vrais, si sympathiques et si honorables » malgré leurs vices, c'est donc ce « souffle » tragique qui en fait des êtres humains profondément réels : ils sont tout aussi coupables que victimes.

La notion de « tragique » permet de dépasser la contradiction soulignée par Flaubert ; elle est le point d'aboutissement de la synthèse du plan dialectique.

Conclusion (Fiche 28)

Ainsi, l'intérêt d'un roman comme *Manon Lescaut* résiderait au cœur de la passion amoureuse de deux escrocs que le lecteur prend étrangement en affection. En effet, cette histoire d'amour rocambolesque permet à ce dernier de rêver et de s'évader. Mais l'enjeu du roman, si l'on en croit l'avant-propos, serait plutôt de dénoncer les méfaits du libertinage et d'amener surtout les lecteurs à réfléchir au-delà de leur seul plaisir romanesque. C'est finalement, comme l'affirme Flaubert, ce spectacle paradoxal entre naïveté amoureuse et décadence morale qui nourrit le plaisir du lecteur : ce dernier prend volontiers part aux malheurs des héros, car ils sont profondément humains, aussi crapuleux qu'aimables.

Retour au sujet

Bilan des trois perspectives abordées

Mais ne suivons pas le procureur qui a dénoncé l'immoralité de *Madame Bovary* lors de son procès en 1856 car la force d'un roman comme ceux de Prévost ou de Flaubert ne se situe pas sur le terrain de la morale mais sur celui d'une réalité humaine complexe qu'éclaire de façon si nette l'écriture romanesque.

Ouverture : un roman écrit par l'auteur de la citation proposée.

SUJET 20

4 heures

La Peau de chagrin

Œuvre : *La Peau de chagrin*, Balzac
Parcours : Les romans de l'énergie : création et destruction

Dans quelle mesure le titre *La Peau de chagrin* éclaire-t-il les principaux enjeux du roman ?
Vous répondrez à cette question dans un développement organisé en vous appuyant sur le roman de Balzac, sur les œuvres que vous avez lues en classe dans le cadre du parcours associé ainsi que sur votre culture personnelle.

Travail préparatoire

Fiches p. 285
15 18 à 20 21 23 à 26
Fiche œuvre 8

La lecture du sujet

La composition du sujet

La première partie du sujet consiste en une question portant sur l'œuvre au programme.
La seconde partie, comme c'est l'usage pour la dissertation en classe de 1re, rappelle les impératifs de l'exercice : une argumentation construite et des exemples pris dans l'œuvre analysée ainsi que dans celles étudiées dans le cadre du parcours associé. Les exemples personnels qui montrent votre propre culture sont toujours les bienvenus.

Une bonne compréhension de la question (Fiche 15)

La question est une interrogation partielle introduite par la locution interrogative « dans quelle mesure » : elle appelle un plan associant démarches analytique et dialectique.

Elle porte sur la signification et sur le choix du titre pour envisager le roman dans tous ses aspects importants. Le mot « enjeux » désigne les différentes perspectives de l'œuvre, les intentions du romancier.

La méthode

L'examen minutieux du sujet (Fiche 18)

Commencez par identifier le type de sujet. La locution « dans quelle mesure » vous invite à envisager le titre comme un miroir du roman et à dégager les facettes de l'œuvre qu'il reflète. Toutefois, à la différence de « en quoi », la locution « dans quelle mesure » vous laisse, si vous le souhaitez, la possibilité de discuter, dans une troisième partie, la proposition du sujet en abordant une nouvelle perspective.

La recherche des arguments et des exemples (Fiches 23 à 26)

Dans un premier temps, centrez votre réflexion sur *La Peau de chagrin*. Notez le titre au milieu d'une feuille et, tout autour, ce qu'il vous suggère, ce qu'il annonce quant à l'œuvre, ce qu'il signifie, l'effet qu'il peut avoir sur le lecteur… De manière plus générale, réfléchissez aux rôles d'un titre : informer, surprendre pour séduire, orienter l'interprétation…

Pensez aux notions étudiées (la destruction notamment) dans le cadre du parcours. Inscrivez enfin, d'une autre couleur peut-être, les exemples qui viennent étayer votre analyse.

Dans un second temps, faites appel à d'autres titres, d'autres œuvres que vous connaissez pour élargir votre réflexion.

La construction du plan (Fiche 21)

Regroupez les arguments et les exemples de façon à bâtir les grandes lignes de votre plan, deux ou trois. Vous pouvez approfondir votre réflexion en cherchant à ouvrir (« dans quelle mesure ») une troisième voie sans être hors-sujet.

I. Le titre est un miroir de l'intrigue

II. Le titre met en avant le thème central de la destruction

III. Le titre est une accroche énigmatique qui invite le lecteur à rechercher les différents enjeux du roman

Corrigé : devoir rédigé

*Les **textes en bleu** apparaissant dans ce corrigé ne doivent pas figurer dans votre devoir. Nous les avons insérés pour vous guider et vous aider à repérer la progression de la dissertation.*

Les conseils du professeur

Introduction (Fiche 27)

Le roman que Balzac fait paraître en 1831 occupe une place particulière dans son œuvre car, composé avant la formation du projet de *La Comédie humaine*, il sera remanié au fil des éditions pour s'intégrer dans la fresque romanesque et contribuer à lui donner son sens.

Amorce de la réflexion

La Peau de chagrin touche ses lecteurs à tel point que son titre est entré dans le vocabulaire courant. Il apparaît donc intéressant de voir dans quelle mesure ce titre éclaire les principaux enjeux du roman.

Question du sujet

Nous verrons d'abord en quoi il résume l'intrigue puis nous aborderons le thème de la destruction qu'il suggère. Nous nous interrogerons enfin sur le caractère énigmatique de l'expression.

Annonce du plan en trois parties

I. Le titre est un miroir de l'intrigue

Le titre est le miroir du roman : la composition du récit, le fil du temps et la tonalité fantastique viennent s'y refléter.

Introduction de la 1re partie : présentation des trois sous-parties

A. Le roman se construit autour de la Peau de chagrin

L'architecture de ce roman est, à tous les niveaux de sa structure, polarisée par la Peau de chagrin. À l'échelle des trois chapitres, la Peau est en effet un principe organisateur : le premier chapitre rapporte sa découverte, le deuxième est principalement un retour en arrière expliquant les années qui se sont achevées par la visite décisive chez l'antiquaire, le troisième expose les conséquences fatales de l'acquisition de l'objet-titre.

La 1re phrase du paragraphe présente l'idée directrice.

Dissertation

Ce dernier joue aussi un rôle essentiel dans l'organisation interne de chacune des trois étapes. Ainsi, la scène du jeu, l'errance désespérée dans Paris, la déambulation de salle en salle chez l'antiquaire semblent autant de procédés narratifs destinés à retarder l'apparition de l'objet annoncé par le titre. Cette phase s'achève lorsque la Peau, « devenue souple comme un gant, se roul[e] sous [les] doigts frénétiques » du jeune homme encore inconnu et prend possession de lui. C'est à ce moment-là que le nom du héros apparaît enfin : hélé par trois amis, Raphaël est « enchaîné par les bras dans leur joyeuse bande ». Bien qu'évoquant les années antérieures à la visite chez l'antiquaire, le deuxième chapitre, qui a aussi le talisman comme principe directeur, retrouve finalement le temps du récit principal pour s'achever sur la prise de conscience du personnage : en même temps qu'elle lui apporte « six millions, la Peau lui donne à voir "la MORT" ». Le troisième chapitre présente les différentes réactions du héros : enfermement, rejet, consultation de divers scientifiques. Puis le livre se clôt sur l'anéantissement conjugué du héros et du talisman.

Veillez à bien insérer les citations.

B. La Peau matérialise le temps romanesque

Non seulement, la Peau préside à l'organisation de l'œuvre mais elle assure aussi sa cohérence en matérialisant le temps romanesque. « Prenons la mesure ! Prenons la mesure ! » : Raphaël est à peine en possession du talisman qu'il entreprend de tracer ses contours sur une serviette. La « petite distance entre le contour tracé sur le linge et celui de la Peau » manifeste l'écoulement inéluctable du temps. Quand le héros, souvent de façon obsessionnelle, mesure son talisman, le lecteur voit se rapprocher le dénouement. Après l'étirement du temps dans le premier chapitre, la répétition des scènes au cours desquelles le temps est mesuré à l'aune de la Peau rythme le récit et lui confère son unité. Le titre du roman fait alors figure de clé de voûte, le talisman empêchant la dispersion d'un récit par ailleurs hétérogène. Si la multiplication des lieux et des personnages, le caractère

La 1re phrase assure la transition et introduit l'idée de la 2e sous-partie.

mouvant du premier plan (Rastignac, Fœdora, Pauline, les savants...), le changement de tonalité (fantastique, comique) ne provoquent pas l'éclatement de l'œuvre, c'est que la Peau de chagrin, objet central et mesure du temps, fédère l'ensemble. Cette fonction unificatrice de l'objet se retrouve dans d'autres œuvres, notamment les récits fantastiques tels *La Vénus d'Ille* de Mérimée (une statue) ou *Le Portrait de Dorian Gray* d'Oscar Wilde (un tableau).

Ces récits ont été respectivement publiés en 1837 et 1890.

C. Le titre annonce un roman fantastique

Lorsque Balzac publie en 1831, *La Peau de chagrin*, il a encore un public à conquérir. En effet, après *Les Chouans* (1829), le premier roman signé de son nom, sa renommée est encore fragile et, en sacrifiant à la mode de l'Orient et du fantastique, il peut espérer séduire son public. Bien que l'intrigue s'inscrive dès la première ligne dans un cadre spatio-temporel défini et réaliste, le décor se trouble avec le « petit vieillard » qui garde la maison de jeu tel Cerbère les Enfers. Raphaël, ayant perdu toute chance de rétablir sa fortune, erre ensuite dans Paris « comme dans un désert » avant de pénétrer dans l'univers fantastique de l'antiquaire. L'adjectif « fantastique » convient bien ici en effet car le personnage et le lecteur, évoluant là « où toutes œuvres humaines et divines se heurt[ent] », perdent tout repère, hésitent entre une interprétation réaliste et une lecture surnaturelle du décor. Par la suite, comme l'annonce le titre, le fantastique se cristallise sur un objet, le talisman. Comme pour Faust dans la pièce de Goethe, le pacte est signé et « tout est dit ». « Le cercle de vos jours, figuré par cette Peau se resserrera suivant la force et le nombre de vos souhaits » : la suite du roman en est l'illustration, sans que l'hésitation inhérente au fantastique ne disparaisse totalement puisque Raphaël peut passer pour fou ou malade et que les savants ne s'inclinent pas devant la Peau qui leur est présentée.

Le contexte de l'œuvre peut nourrir votre argumentation

Le savant Faust signe un pacte avec le diable : il donne son âme contre la réalisation de ses vœux.

[Transition] Ainsi, qu'on examine l'architecture du roman, la matérialisation du temps ou la tonalité fantastique, on voit que le titre concentre et soude en quelques mots les différents aspects de l'intrigue. Il éclaire aussi le thème de la destruction au cœur de l'œuvre.

La transition dresse le bilan de ce qui a été montré et introduit la 2e partie.

II. Le titre met en avant le thème central de la destruction

Si, en référence au titre du roman de Balzac, la métaphore courante de la « Peau de chagrin » suggère un lent anéantissement, c'est que, dans l'œuvre, le thème de la destruction imprègne l'intrigue, le regard sur la société et la conception de l'existence.

Introduction de la 2e partie et de ses trois sous-parties

A. La place de la mort dans l'intrigue

Alors que Balzac est encore au début de sa carrière d'écrivain, la mort hante le roman qu'il publie en 1831. Dans les premières pages, Raphaël se montre bien décidé à mettre fin à ses jours, la visite chez l'antiquaire et l'acquisition du talisman n'étant pour lui qu'un simple dérivatif avant le passage à l'acte. Le retour en arrière du deuxième chapitre montre que cette fascination ancienne est nourrie par une vision désespérée de l'existence. La vie que le jeune homme mène avant la scène qui ouvre le roman est une « profonde dissolution ». Les orgies ne sont-elles pas d'ailleurs, selon Rastignac, de « l'opium en petite monnaie » et l'intempérance « la reine de toutes les morts » ?

Au début du roman, le vieillard qui garde l'enfer du jeu puis le vieil antiquaire sont également, à leur manière, des visages de la mort, l'un consumé par la passion et l'autre empreint de la sérénité que procurent le savoir et la sagesse.

La mort prend aussi le visage de la maladie. « Il y a dans ta poitrine quelque chose qui résonne et qui m'a fait peur », dit Pauline à Raphaël dans le dernier chapitre intitulé « L'agonie ». Le lecteur, qui sait mesurer la vie du héros à l'aune de la Peau, a compris ce qu'implique cette maladie pulmonaire. Si le thème de la mort, représenté par l'inéluctable rétrécissement de la Peau, est si prégnant dans le récit, c'est aussi qu'il exprime la vision balzacienne de la société.

Lorsque l'analyse est longue, il est possible d'organiser une sous-partie en plusieurs paragraphes. Ici, la mort puis la vieillesse et la maladie.

Transition entre les deux sous-parties

B. La vision « d'une société qui s'éteint »

La Peau de chagrin qui diminue inexorablement est une métaphore du mal qui gangrène le siècle : l'argent qui ronge les cœurs et dissout l'idéal. Balzac dit à propos du roman de Stendhal, *Le Rouge et le Noir* paru en 1830, qu'on y trouve « la senteur cadavérique d'une société qui s'éteint ». Les jeunes gens, tels Raphaël de Valentin, Lucien de Rubempré chez Balzac, Julien Sorel *(Le Rouge et le Noir)* chez Stendhal ou encore Octave *(Confession d'un enfant du siècle)* chez Musset ont perdu leurs illusions. Le procédé du retour des personnages, inauguré par Balzac dans *La Comédie humaine* permet, à une plus grande échelle, de montrer à l'œuvre la dégradation des êtres et de la société. Ainsi, Eugène de Rastignac, jeune homme encore idéaliste au début du *Père Goriot*, est devenu dans *La Peau de chagrin* le compagnon de débauche désabusé de Raphaël. La ruine du marquis de Valentin, homme de valeur, l'absence de considération pour les créations des « esprits sublimes » comme l'œuvre philosophique de Raphaël ou bien les études sur le mouvement de Planchette, témoignent de la « senteur cadavérique » que Balzac perçoit dans *Le Rouge et le Noir*. Mais, c'est sans doute Fœdora, présentée dans la dernière ligne de l'épilogue comme une allégorie de la Société, qui incarne le plus explicitement cette vision du monde. Froide, calculatrice, elle ne s'intéresse qu'à l'argent : le « Mon Dieu ! » qui s'échappe de ses lèvres lorsque le héros la regarde s'endormir n'a trait qu'à une opération qu'elle a oublié de demander à son agent de change. Cette « femme sans cœur », comme morte, est en même temps une femme destructrice car elle provoque la ruine de Raphaël et le pousse au suicide. Mais il ne faudrait pas réduire la signification de *La Peau de chagrin* à cette dénonciation sociale.

Le Père Goriot (1833) est postérieur à *La Peau de chagrin* (1831) mais l'intrigue se déroule en 1819.

Planchette est le physicien à qui Raphaël demande d'étirer la Peau.

C. Une conception tragique de l'existence

En effet, Balzac a inscrit son roman dans les *Études philosophiques* et la Peau, comme l'explique le vieil antiquaire, matérialise une vision tragique de la condition humaine : « L'homme s'épuise par deux actes instinctivement accomplis qui tarissent les sources de son existence. Deux verbes expriment toutes les formes que prennent ces deux causes de mort : VOULOIR et POUVOIR. » En permettant au VOULOIR d'être aussitôt un POUVOIR, le talisman est fatal : « VOULOIR nous brûle et POUVOIR nous détruit ». La vie de Raphaël, avant même d'acquérir la Peau, est une spirale tragique qui le mène au suicide ; le talisman n'est qu'un sursis. Toutefois, à la différence du schéma tragique, le parcours du héros est ici le résultat d'un choix : « Eh ! bien, oui, je veux vivre avec excès, dit l'inconnu en saisissant la Peau de chagrin ». D'autres clients de l'antiquaire et le vieil homme lui-même, ont su refuser le talisman.

Dans la tragédie, le héros n'est jamais maître de son destin.

[Transition] Motif récurrent de la mort, société rongée par « le mal du siècle », vision tragique de l'existence : le thème de la destruction, annoncé par la métaphore du titre, traverse en effet le roman. Mais le titre ne se contente pas d'éclairer les enjeux du roman.

Le mal-être (désillusion, mélancolie) de la génération romantique au début du XIXe siècle est analysé par Musset dans *La Confession d'un enfant du siècle* (1836).

III. Le titre est une accroche énigmatique

Le titre est d'abord en effet une invitation ; le lecteur, attiré par l'énigme qu'il représente, est appelé à mesurer la complexité et l'ambition du roman.

A. Un titre énigmatique

Avant de s'interroger sur le rôle et la signification de la Peau de chagrin dans le roman, le lecteur se demande tout simplement ce qu'est cet objet. Car si le chagrin, dans le lexique de la peausserie, désigne une sorte de cuir pris sur la croupe d'un mulet, d'un âne ou d'un cheval, il évoque aussi, dans une toute autre perspective, la souffrance morale, notamment celle qui s'est emparée de l'inconnu au début du roman. D'ailleurs, Balzac joue sur l'homonymie du mot lorsqu'il fait dire à Raphaël à propos des deux cent mille livres de rente : « Quand je les aurais, tu verras la diminution de tout mon chagrin ».

Plus loin, le chagrin s'affine en devenant plus mystérieux encore puisqu'il provient d'un onagre particulièrement rare. Il se révèle finalement fait d'un matériau que le chimiste Japhet ne parvient pas à reconnaître : « ce n'est pas du chagrin » conclut-il. Et le narrateur d'ajouter : « les foudres de la science échouèrent sur le terrible talisman ». Ainsi, après que le premier chapitre nous a fait attendre l'objet expliquant le titre, le troisième, creuse davantage l'énigme. Plus qu'un miroir de l'œuvre ou une clé de lecture, le titre incite le lecteur à découvrir par lui-même les enjeux d'un roman sans doute aussi riche et déroutant que le magasin du vieil antiquaire.

Équidé sauvage proche de l'âne.

Mémorisez des citations courtes ; elles sont faciles à utiliser.

Dissertation

B. La complexité du roman

En matérialisant le temps romanesque et le principe de destruction, la Peau de chagrin ne donne qu'une image incomplète du roman. En effet, la lutte contre le principe mortel du talisman est aussi importante que que la Peau elle-même. Dès la réalisation du vœu des deux cents mille livres de rente, Raphaël, qui, chez l'antiquaire, doutait du pouvoir de l'objet magique, entreprend de combattre sa force destructrice : immobilité et solitude, sommeil artificiel puis oubli jusqu'à ce que le jardinier retrouve la Peau dans le puits. Le voilà ensuite qui consulte les savants et les médecins. Toute l'intrigue est bâtie sur ce combat.

Quant à la composition du roman, elle repose moins sur le destin fatal de Raphaël que sur l'énergie produite par un principe de dualité appliqué à tous les niveaux du roman : la cruelle Fœdora et la douce Pauline, l'amour et la mort, l'individu et la société, le réel et le surnaturel, le tragique de l'existence du héros et le comique des médecins dignes de Molière. Dans le magasin du vieil antiquaire, la Peau, qui rappelle le Méphistophélès de Goethe (*Faust*), est exposée face à un « portait de Jésus Christ par Raphaël ». Le lecteur devra se souvenir de ce tableau quand il apprendra le prénom du héros quelques pages plus loin : le roman propose en effet aussi une réflexion sur la création.

Raphaël (1483-1520) est, avec Michel-Ange et Léonard de Vinci, un des grands peintres italiens de la Renaissance.

C. Une réflexion sur la création

De même que le Christ, « dont les lèvres vermeilles venaient de faire entendre la parole de vie », est une réponse au talisman porteur de mort, l'art sauve de la destruction. Mais le héros, qui a préféré les plaisirs à la création, tourne le dos au peintre qui porte son prénom. L'antiquaire lui a pourtant expliqué que le SAVOIR était une alternative au couple fatal du VOULOIR et du POUVOIR: « En deux mots, [...], j'ai placé ma vie, non dans le cœur qui se brise, non dans les sens qui s'émoussent, mais dans le cerveau qui ne s'use pas et qui survit à tout ». Allégorie de l'art et de la sagesse, le vieil antiquaire pourrait représenter Balzac. Le romancier, qui « change en rêveries » « chagrins, amours, ambitions, revers, tristesse », ne goûte-t-il pas « au plaisir immense de se mouvoir sans être garrotté ni par les liens du temps ni par les entraves de l'espace » ?

Avant même la naissance de *La Comédie humaine* et l'idée du retour des personnages en 1834, Balzac affiche avec *La Peau de chagrin* une grande ambition littéraire puisqu'il s'agit, grâce au pouvoir des mots, d'échapper à l'usure du temps. La Peau rappelle d'ailleurs le parchemin sur lequel s'écrivaient autrefois les livres.

Conclusion (Fiche 28)

En intitulant son roman *La Peau de chagrin*, Balzac met en avant l'objet qui est au cœur de l'intrigue et qui nourrit la tonalité fantastique. Le thème de la destruction, visible à plusieurs niveaux, s'en trouve éclairé. Le caractère énigmatique du titre, et de l'objet lui-même, invite le lecteur à approfondir sa réflexion pour comprendre que la lutte contre la force destructrice du temps est aussi importante que la Peau elle-même. Balzac, représenté par l'antiquaire, a saisi ce que n'a pas perçu Raphaël : la création artistique permet d'échapper à la destruction.

> La 1re étape de la conclusion dresse un bilan de l'analyse.

Toutefois, la vie même de Balzac, possédé par son œuvre, comme plus tard celle de Proust « à la recherche du temps perdu », nous laisse mesurer le prix à payer pour que notre « comédie humaine » échappe à la destruction.

> La 2nde étape est une ouverture, ici sur la vie de Balzac.

SUJET 21

4 heures

Sido suivi de *Les Vrilles de la vigne*

Œuvre : *Sido* suivi de *Les Vrilles de la vigne*, Colette
Parcours : La célébration du monde

En mentionnant dans *La Naissance du jour* « ce papier qui recueille depuis tant d'années, ce que je sais de moi, ce que j'essaie d'en cacher, ce que j'en réinvente et ce que j'en devine », Colette laisse entendre que l'ensemble de son œuvre est autobiographique.
Les Vrilles de la vigne et *Sido* peuvent-elles être considérées comme des ouvrages autobiographiques ?
Vous répondrez à cette question dans un développement organisé en vous appuyant sur les deux œuvres de Colette au programme, sur celles que vous avez lues en classe dans le cadre du parcours associé ainsi que sur votre culture personnelle.

Travail préparatoire

Fiches p. 285
14 15 18 20 23 à 26
Fiche œuvre 9

La lecture du sujet

La composition du sujet

Le sujet comprend trois parties : une citation, une question sur les deux œuvres au programme qui découle de celle-ci et une consigne qui rappelle les différentes attentes méthodologiques de la dissertation : réflexion construite, argumentée, illustrée par des exemples pris dans *Les Vrilles de la vigne* et *Sido* ainsi que dans d'autres textes autour du parcours. La culture personnelle est comme toujours la bienvenue.

La citation (Fiche 14)

L'expression extraite de *La Naissance du jour* est insérée dans une phrase qui en élucide la portée : « Colette laisse entendre que l'ensemble de son œuvre est autobiographique. » Le passage cité présente ainsi différentes facettes de l'écriture autobiographique. Certaines, plus évidentes (« ce que j'en sais », « ce que j'en devine »), font appel aux événements vécus mais aussi à la difficulté du souvenir et à la question de la vérité. Les autres (« ce que j'essaie d'en cacher », « ce que j'en réinvente ») sont plus complexes et montrent les limites du projet. Ces perspectives pourront nourrir vos réflexions sur le caractère autobiographique des *Vrilles de la vigne* et de *Sido*.

La question (Fiche 15)

La question est une interrogation totale qui appelle nécessairement un plan dialectique.
Elle porte sur le genre et les enjeux des œuvres au programme : peut-on les inscrire sous l'étiquette de l'autobiographie ? L'auteure, en se tournant vers des lecteurs, a-t-elle pour principale visée de parler d'elle-même, de se chercher et de se comprendre ?

La méthode

L'examen minutieux du sujet (Fiches 18 et 20)

Le sujet qui demande un plan dialectique vous invite à poser sur les œuvres deux regards différents. Il s'agit d'abord de voir, notamment avec l'aide de la citation proposée, en quoi elles peuvent être considérées comme autobiographiques. Puis, il vous faudra discuter cette position en montrant comment Colette se tourne vers les autres et vers le monde.
Ces deux perspectives ne devront pas être présentées comme contradictoires mais complémentaires. On s'attend à ce qu'elles débouchent, dans une troisième partie, sur une vision plus globale des textes au programme. Mais cette synthèse n'est pas une obligation en 1re et il faut avant tout éviter le hors sujet.
Le sujet porte sur les deux textes de Colette étudiés mais aussi sur le parcours, la formule « célébration du monde » pouvant éclairer la deuxième – et éventuellement la troisième – partie de votre dissertation.

La construction du plan dialectique (Fiche 20)
Prenez deux feuilles pour noter chacune des deux perspectives induites par la question : les œuvres au programme ont une dimension autobiographique, les œuvres sont tournées vers les autres, le monde. Prévoyez une troisième feuille pour la synthèse.

La recherche des arguments et des exemples (Fiches 23 à 26)
Sur chacune des deux feuilles, notez les exemples et citations qui vous viennent à l'esprit. Puis déduisez-en les arguments que vous allez développer. Pensez aussi aux textes que vous avez rencontrés dans le cadre du parcours associé.
Examinez vos notes et demandez-vous si elles vous permettent d'ouvrir une troisième perspective.
Organisez votre réflexion à l'intérieur de chaque axe en plaçant à la fin ce qui vous semble le plus important.
I. *Les Vrilles de la vigne* et *Sido* ont une dimension autobiographique
II. Mais ce sont aussi des œuvres tournées vers le monde
III. Elles célèbrent le vivant dans toutes ses dimensions

Corrigé : devoir rédigé

*Les **textes en bleu** apparaissant dans ce corrigé ne doivent pas figurer dans votre devoir. Nous les avons insérés pour vous guider et vous aider à repérer la progression de la dissertation.*

Les conseils du professeur

Introduction (Fiche 27)

Une vingtaine d'années séparent la publication des *Vrilles de la vigne* (1905-1908) de celle de *Sido* (1929-1930), deux œuvres de Colette traditionnellement réunies pour des raisons éditoriales, la première étant d'ailleurs faite « de pièces et de morceaux » comme le reconnaît l'auteure. Ces rapprochements, fruits des circonstances et d'impératifs pratiques, nous permettent de percevoir ce qui fait la spécificité des textes de Colette quels qu'ils soient. L'auteure nous propose la piste de

Remarque introduisant le sujet

l'écriture de soi quand elle évoque dans La Naissance du jour « ce papier qui recueille depuis tant d'années, ce que je sais de moi, ce que j'essaie d'en cacher, ce que j'en réinvente et ce que j'en devine ». L'unité des *Vrilles de la vigne* et de *Sido* est-elle à chercher du côté de l'autobiographie ?

Citation

Question issue de la citation

Dans un premier temps, nous montrerons en quoi ces œuvres peuvent être considérées comme autobiographiques. Puis nous verrons qu'elles sont aussi tournées vers le monde. Ces deux perspectives apparemment étrangères l'une à l'autre nous offriront enfin, en se croisant, une voie vers ce qui fait la spécificité de Colette et notre plaisir de lecteur.

Annonce du plan en trois parties

I. *Les Vrilles de la vigne* et *Sido* ont une dimension autobiographique

Les Vrilles de la vigne et *Sido* appartiennent au genre autobiographique dans la mesure où elles rapportent des événements vécus par l'auteure, ce qui n'exclut pas une part de dissimulation, voire d'invention. Et, quand le passé se dérobe, l'écriture devient une quête.

Introduction de la 1re partie : présentation des trois sous-parties formulées à partir de la citation.

A. « Ce que je sais de moi »

Si le pronom « je » dans *Sido* renvoie à l'auteure, il est plus difficile à cerner dans *Les Vrilles de la vigne* où il occupe une place importante, étonnante d'ailleurs si l'on pense qu'il s'agit d'articles. Parfois, le récit se présente comme objectif, conduit à la troisième personne, de façon journalistique : « Beau temps. On a mis tous les enfants à cuire sur la plage ». Mais un « je » vient se glisser au tout début de « En marge d'une plage blanche » ou à la fin dans un « moi » discret. Plus littéraire sans doute que biographique, ce pronom est omniprésent. L'expérience de l'auteure nourrit incontestablement les deux œuvres, de façon explicite dans *Sido* puisqu'il s'agit d'évoquer la famille et l'enfance.

Quand elles sont longues, les sous-parties peuvent être constituées de plusieurs paragraphes ; le 1er paragraphe présente la place du « je » chez Colette.

Les personnages qui gravitent autour de Sido sont d'abord les membres de la famille : le père, le Capitaine Colette (second mari de Sido), la fratrie des « Sauvages », Juliette, « l'étrangère, l'agréable laide aux yeux thibétains » qui fait un « mauvais mariage » et « les deux sauvages aux pieds légers », Achille et Léo désignés comme l'aîné et le second, inséparables et pour lesquels Gabrielle, la narratrice, éprouve une grande admiration. D'autres personnages, liés au monde de l'enfance font une rapide apparition dans ce récit : Miton, « au Sud », la mère Adolphe « au nord », le notaire « à l'Est »...

Le 2e paragraphe évoque les proches de l'auteure.

Sido, centrée sur l'enfance, évoque des événements vécus par Colette : les escapades à l'aube, les visites chez Adrienne, la recherche interdite de chrysalide de paon-de-nuit et, plus tard, la consultation de la voyante et la visite de Léo. On trouve aussi trace de la vie de Colette dans *Les Vrilles de la vigne* : les animaux, son amie Missy et le music-hall.

Le 3e paragraphe porte sur les événements vécus.

Toutefois, l'écriture de soi chez Colette n'est pas un miroir fidèle.

Transition

B. « Ce que j'essaie d'en cacher, ce que j'en réinvente »

En effet, écrire permet aussi à l'auteure de se cacher, voire de se réinventer. Tel est ici peut-être le rôle de Valentine, personnage de fiction, double inversé de Colette. L'auteure se dissimule derrière son contraire, cette mondaine qui pourtant, comme elle, redoute d'être trompée, abandonnée. Quant à la « dame qui chante », ces deux facettes de femme ordinaire et d'artiste, ne traduisent-elles pas aussi l'inquiétude de Colette ? Si l'on peut être tenté de parler d'autofiction avant l'heure pour *Les Vrilles de la vigne*, ce n'est pas le cas pour *Sido* qui semble décrire en toute transparence l'enfance de Gabrielle Colette. Pourtant, là aussi, l'écriture cache et invente. Colette écrit *Sido* comme elle a imaginé les *Claudine*, proches et différentes à la fois. Le caractère possessif et jaloux de Sido est réduit à de brèves allusions : « des sentences, excommunicatoires le plus souvent », une « forme décrétale de l'observation ». La mauvaise gestion des finances est mise sur le compte

La 1re phrase du paragraphe présente ce qui va être développé.

Mot apparu en 1977 désignant le récit de façon plus ou moins fictive d'événements appartenant à la vie d'un auteur.

Dans une série de romans, Colette met en scène les étapes de la vie de Claudine, une héroïne qui lui ressemble.

du Capitaine alors que les biographes ont montré qu'elle venait de Sido. L'enfance est donc réinventée sous la forme d'un paradis perdu.

C. « Ce que j'en devine »

Récit, dissimulation et invention, l'écriture de soi est aussi une quête pour dépasser ce que l'on « devine » seulement, un va-et-vient entre le passé et le présent. La vérité se dérobe toutefois, appartenant au secret des vies que Colette a côtoyées. Il faut décrypter les gestes ordinaires, savoir lire « dans un baiser sur une petite main de ménagère, gracieuse et ridée » une « complète image de l'amour ». Quant au Capitaine, il reste incompris durant toute l'enfance de la narratrice, son « extraordinaire regard gris bleu » ne « vers[ant] ses secrets à personne ». Pour cerner davantage cette figure « indécise, intermittente », Colette doit entendre Madame B., la voyante lui dire qu'elle « représent[ait] ce qu'il a souhaité être. Lui n'a pas pu », une phrase mystérieuse élucidée lorsque Colette découvre que tous les livres *(Mes campagnes, Les enseignements de 70…)* écrits par son père ne réunissent en définitive que « des centaines et des centaines de pages blanches, « le mirage d'une carrière d'écrivain » portant juste une dédicace à Sido.

En reprenant la citation figurant dans le sujet, vous montrez que vous ne vous en écartez pas.

Les crochets permettent de modifier une citation pour l'insérer dans votre analyse.

[Transition] Du récit des événements passés à la recherche de la vérité, les facettes de l'autobiographie ne doivent pas pour autant fausser notre regard sur les œuvres de Colette car le « je » n'est qu'un des éclats du vaste tableau qu'elle peint.

La transition dresse le bilan de ce qui a été montré annonce ce qui va suivre.

II. Mais les deux œuvres sont aussi tournées vers le monde

En effet, Sido, les animaux et plus généralement la nature semblent tout aussi importants pour Colette, tant est grande sa curiosité pour le monde : « Si cette curiosité me quitte, qu'on m'ensevelisse », dit-elle dans « Le Capitaine ».

Introduction de la 2e partie et présentation des sous-parties.

A. Sido, la figure maternelle

Habitée par le « je » de l'enfance, *Sido* est en réalité centrée sur la figure maternelle. Racontée, dissimulée ou inventée, c'est elle qui polarise l'œuvre à laquelle elle donne son nom. Certes, deux parties sont consacrées au « Capitaine » et aux « Sauvages » mais ces membres de la famille se définissent par rapport à Sido. Jules-Joseph Colette est « son mari fidèle » ; son « air de vêtement vide » quand sa femme est malade en dit long sur la place de cette dernière. Quant aux « Sauvages », ils sont d'emblée présentés comme appartenant à leur mère dont la question « Que faire avec de tels sauvages ? » laisse penser qu'ils n'ont aucune autonomie. « Mon imagination, mon orgueil enfantin situaient notre maison au centre d'une rose de jardins, de vents, de rayons, dont aucun secteur n'échappait tout à fait à l'influence de ma mère ». Cette dernière semble une déesse dans le paradis de l'enfance ; la fillette reçoit ses propos comme des oracles (« Ainsi parlait ma mère »), perd la parole « jusqu'à l'effusion » lorsqu'à son retour de Paris, Sido reprend tout en main, du « père amaigri » au rameau rompu d'un géranium qu'elle répare avec « une ficelle d'or ». De même, dans *La Promesse de l'aube*, Romain Gary évoque une enfance marquée par une forte présence maternelle. Dans le roman d'Émile Ajar (pseudonyme de Romain Gary) *La Vie devant soi*, la figure maternelle généreuse est aussi dominante. Dans *Les Vrilles de la vigne*, en l'absence de Sido, elle se devine également. Ainsi, à la fin de « Nuit blanche », Missy est peinte avec « les yeux pleins d'une anxiété maternelle » ; dans « Belles de jour », c'est le « je » qui réconforte son amie avec l'exclamation « Pauvre gosse ! » ; l'apostrophe « mon enfant » récurrente dans « La Guérison » suggère la même permanence du sentiment maternel.

En soulignant (en italique ici) Sido quand il s'agit du titre vous pourrez distinguer l'œuvre du personnage.

Les citations peuvent être placées entre parenthèses à condition de ne pas abuser de ce procédé.

Pensez à vous référer à d'autres exemples que les œuvres au programme comme la consigne vous le demande.

B. Les animaux

Il s'agit également d'évoquer le monde, notamment les animaux. Ainsi, le conte – ou poème –, qui ouvre *Les Vrilles de la vigne* et lui donne son titre, nous raconte l'histoire du rossignol, de son « premier chant naïf et effrayé » à ses « trilles tremblés et cristallins ». Par la suite, ce sont les chiens et les chats, le petit bull et la chatte angora, qui, dans une vision anthropomorphique, occupent l'avant-scène (« Toby-chien parle » ou « Dialogues de bêtes »). Dans *Sido*, faisant partie de la famille et du monde de l'enfance, ils sont régulièrement mentionnés ; Gabrielle apprend à les connaître, à déchiffrer leur langage, à noter que « la chatte se roule en turban » « pour un petit froid passager et dispose ses pattes «en manchon» » « pour un grand froid ». La curiosité porte surtout sur les animaux du jardin, sur « le merle gourmand de cerises » « qui n'attrape que les plus mûres », sur la chrysalide qui meurt « au contact de l'air », sur les machaons, « le grand hyménoptère d'acier bleu » à propos duquel Gabrielle découvre à ses dépens qu'il a un dard. La précision de la terminologie employée et le souci du détail révèlent l'acuité du regard porté sur le monde animal dans sa spécificité et non comme un miroir de l'homme.

La dissertation, surtout quand elle porte sur la poésie ou la prose poétique, s'appuie sur de nombreuses citations soigneusement insérées dans l'analyse.

La reprise du mot « regard » et l'adverbe « aussi » assurent la transition entre les deux sous-parties.

C. La nature

Le regard de Colette se porte aussi sur la nature, notamment celle qui se déploie dans « le chaud jardin ». « Hortensias » et « bâtons-de-Saint-Jacques », « coqueret-alkékenge » avec « sa fleur veinée de rouge sur pulpe rose », « bosquet de lauriers-cerises dominés par un junko-biloba » : la précision du lexique témoigne à la fois d'un sens de l'observation et d'une curiosité montrant que la démarche de Colette ne se réduit pas à une quête autobiographique. L'auteure, à l'image de Sido, se tourne vers la nature, une nature qui inclut la rivière, les « deux sources perdues », le « chemin de sable », « le brouillard retenu par son poids » lors des promenades de Gabrielle à l'aube, sous « le soleil encore ovale, déformé par son éclosion ».

[Transition] Cette dernière expression, comme beaucoup d'autres sous la plume de Colette, montre que celle-ci s'attache moins aux éléments sous forme de catégories – les êtres humains, les animaux, la nature – qu'à leur métamorphose ou leur fusion.

Les sous-parties sont rappelées (êtres humains, animaux, nature) avant l'annonce de la 3e partie.

III. *Les Vrilles de la vigne* et *Sido* célèbrent le vivant dans toutes ses dimensions

Ainsi, l'écriture de Colette, ni principalement autobiographique ni spécialement orientée vers l'autre quel qu'il soit, embrasse et célèbre l'ensemble du vivant. Fascinée par la porosité des catégories, elle accorde aux sensations une importance déterminante tandis que sa plume invite le lecteur à se fondre avec elle dans ce monde unifié.

Rappel des deux premières parties et annonce du thème de la troisième

Présentation des sous-parties

A. La porosité des catégories

Lorsqu'elle décrit le monde qui l'entoure, Colette ne cesse de glisser d'une catégorie à l'autre. Le végétal se fait animal tel le « python de glycine » ou le muguet présentant « deux valves de feuilles allongées en coquilles de moules » tandis que les coquillages deviennent des « fleurs impérissables effeuillées en pétales de nacre rose ». Quant à la chatte Nonoche, elle « gonfle un jabot éclatant [...] comme un plumage d'oiseau rare » et « son poil court et fourni brille, s'irise au soleil comme fait l'hermine » (119). Par ailleurs, son « air enfantin », ses traits de caractère humains indiquent moins l'anthropomorphisme que l'abolition des frontières entre l'humain et l'animal. Les limites usuelles qui quadrillent le temps sont aussi gommées ; le passé surgit dans le présent : « Des présages, décolorés par sa mort [Sido], errent encore autour de moi », « Je m'avise à présent qu'il [le Capitaine] cherchait à nous plaire ». Les générations se fondant les unes dans les autres, Colette peut écrire : « j'épelle en moi, ce qui est l'apport de mon père, ce qui est la part maternelle ».

Abolition des frontières entre le végétal, l'animal et l'humain

Abolition des catégories temporelles

Dissertation

Pour la narratrice-poète, les sensations contribuent à cette « profonde unité » qui « ténébreuse » et ambitieuse dans les « Correspondances » de Baudelaire, se fait ici lumineuse pour célébrer le vivant dans sa globalité.

Dans son sonnet « Correspondances », Baudelaire écrit que « Les parfums, les couleurs et les sons se répondent ».

B. Les sensations

Le lexique des sensations se ramifie à chaque page dans *Les Vrilles de la vigne* comme dans *Sido* car ce qui mobilise l'auteure, plus que la peinture de soi ou celle du monde, c'est l'expression de la zone de contact, de ce qui affleure et contribue à rapprocher le « je » du monde. Et le rapprochement peut devenir fusion lorsque les sensations se relaient ou se confondent. Ainsi en est-il du muguet quand « s'arrondissent ses perles d'un orient vert, d'où coulera l'odeur souveraine ». À la « première haleine de la forêt », la narratrice « pointe les oreilles, avec des narines ouvertes pour boire le parfum ».

L'argument du B étant riche, nous choisissons de présenter la sous-partie en plusieurs paragraphes.

De même que les sensations se confondent, les sentiments, même contradictoires, se rencontrent : « une suave pourriture framboisée », « une triste allégresse » la « tristesse voluptueuse des fins de jour ». La mort elle-même est apprivoisée, incluse dans le monde harmonieux des sensations et sentiments ; il devient possible pour la narratrice étendue sur la plage « sous un linceul de sable », de l'éprouver « délicieuse et passagère » quand le « bourdonnement lointain de la houle » semble celui « du sang dans [ses] oreilles ».

Quand toutes les frontières sont abolies, y compris celle qui sépare la mort de la vie, Colette peut se fondre dans le monde : « elle habite chaque pelouse, chaque arbre, chaque fleur ». On entend dans certaines pages de *Sido* et des *Vrilles de la vigne* une réconciliation que célèbrent aussi Giono à la même époque, dans *Regain* (1930, voir sujet 8, page 78) et, plus récemment Sylvain Tesson avec *Dans les forêts de Sibérie* ou encore l'écrivain italien Paulo Cognetti dans *Les Huit Montagnes*.

Référence à d'autres œuvres qui célèbrent la nature et invitent le lecteur à se réconcilier avec elle.

C. Une écriture célébrant le vivant

La plume vibrante de l'auteure sollicite le lecteur, l'entraîne dans le débordement des évocations : le lexique des couleurs et des sons est déployé jusque dans ses moindres nuances et les métaphores sont autant de métamorphoses du vivant. Le recours fréquent aux oxymores (« une triste et mystérieuse joie ») griffe le lecteur pour mieux s'assurer de sa présence tandis que les nombreuses invocations (« Ô géraniums, ô digitales… ») sont les refrains d'un hymne en l'honneur de tout ce qui vit. Le style de Colette, comme le chant du rossignol sous la lune (« Les Vrilles de la vigne »), nous maintient éveillé pour que nous échappions aux vrilles de l'immobilisme. La fluidité des sonorités, comme celle de la syntaxe, relève de l'écriture poétique, les harmonies imitatives suscitant l'émotion. Le lecteur se laisse emporter et absorber par « les trilles tremblés et cristallins » ou par « la plate odeur de l'étang criblé de pluie », succombant au charme d'une écriture qui rappelle les versets du poète Saint-John Perse.

> Relisez la parabole du rossignol dans le premier texte des *Vrilles de la vigne* ; l'écriture narrative y devient poétique.

> Le poète Alexis Léger dit Saint-John Perse (1887-1975) a obtenu le prix Nobel de littérature en 1960.

Conclusion (Fiche 28)

Il n'est donc pas contradictoire de dire d'une part que Colette se raconte, s'invente et se cherche et d'autre part qu'elle emploie tout son talent pour exprimer le monde, les animaux et les végétaux. L'écriture n'est pas d'abord une quête de soi ou de la figure maternelle, elle est surtout celle d'un monde réconcilié. Les sensations et surtout l'écriture des sensations – lexique, correspondances, métaphores, harmonies imitatives – permettent, comme chez Proust, d'abolir les frontières. Mais chez Colette, il s'agit moins de retrouver le temps perdu que de célébrer un monde unifié dans lequel le lecteur est invité à partager l'émotion de l'auteure : « Je voudrais dire, dire, dire tout ce que je sais, tout ce que je devine, tout ce qui m'enchante et me blesse et m'étonne ».

> Rappel des deux premières parties

> Rappel de la 3e partie

> Ouverture avec une citation qui illustre la vitalité communicative de l'écriture de Colette.

SUJET 22

Le Menteur

Œuvre : *Le Menteur*, Pierre Corneille
Parcours : Mensonge et comédie

Quel éclairage le titre *Le Menteur* apporte-t-il sur la comédie selon Corneille ?
Vous répondrez à cette interrogation en un développement argumenté qui s'appuiera sur la pièce dont il est question et sur les œuvres que vous avez rencontrées en étudiant le parcours ou à l'occasion de vos lectures personnelles.

Travail préparatoire

Fiches p. 285
15 18 20 21
23 à 28
Fiche œuvre 10

La méthode

– Lisez attentivement le sujet afin de dégager toutes ses attentes. N'hésitez pas à le recopier sur votre brouillon pour mieux vous l'approprier.
– Identifiez le type de plan que vous devrez adopter.
– Rassemblez vos connaissances : arguments et exemples, citations etc.
– **Bâtissez votre plan en deux ou trois parties au brouillon. Prévoyez au moins six sous-parties en tout. Utilisez une feuille par partie afin de pouvoir les disposer côte à côte sur votre table** et vérifier ainsi la cohérence de la progression.
– Si vous avez le temps, rédigez introduction et conclusion au brouillon.
– **Rédigez le devoir au propre en relisant chaque sous-partie au fur et à mesure.**
– Relisez l'ensemble de la dissertation.

La lecture du sujet

La composition du sujet

La première phrase du sujet est une interrogation directe à laquelle votre devoir apportera une réponse.

La seconde phrase explicite les attentes de la dissertation en rappelant qu'elle repose sur des arguments qui, eux-mêmes, sont fondés sur des exemples pris dans *Le Menteur* de Corneille et, en complément, dans d'autres textes que vous avez lus ou étudiés.

Une bonne compréhension de la question (Fiche 15)

La question, introduite par le déterminant interrogatif « Quel » est une interrogation partielle qui appelle un plan analytique.

Attardez-vous sur les différents termes de l'interrogation afin d'en bien cerner la signification et les implications. Le mot « éclairage » est large ; au sens figuré, il désigne une manière particulière de comprendre. Interrogez-vous sur ce qu'apporte la préposition « selon » par rapport à un simple « de » : il ne s'agit pas seulement ici de se référer à l'intrigue de la pièce mais aussi de réfléchir à la conception de la comédie qu'elle manifeste.

Le plan détaillé au brouillon

La recherche des arguments et des exemples (Fiches 23, 24 et 25)

Le titre désigne Dorante. Notez tout ce que vous savez à son sujet, sa place centrale dans l'intrigue, les liens que les autres personnages entretiennent avec lui, la façon dont il évolue au cours de la pièce. Notez les scènes qui le montrent et, si possible quelques citations significatives.

Mais le titre renvoie aussi au mensonge qu'il représente. Quels sont ses mensonges successifs ? Pourquoi ment-il ? Comment le mensonge est-il à la fois un ressort de l'intrigue et du comique ?

Pour approfondir, au regard du titre de la pièce, ce qu'est « la comédie selon Corneille », demandez-vous quelle place ce genre accorde au mensonge et à la vérité.

La construction du plan analytique (Fiche 21)

Trois perspectives, qui pourront devenir les trois parties de votre devoir, se dégagent des arguments et des exemples réunis ; deux concernent les personnages et l'intrigue tandis que la troisième approfondit le genre de la comédie. Cette dernière pourra faire l'objet d'un développement plus réduit.

Définissez clairement le projet de chaque sous-partie en rédigeant par exemple son titre sous la forme d'une phrase. En procédant de la sorte, vous n'aurez plus qu'à reprendre ces phrases pour commencer à rédiger vos paragraphes.

N'accumulez pas les exemples mais veillez à développer chacun d'eux avec précision et à le relier explicitement à l'argument.

Les lignes directrices du plan analytique

I. Le Menteur : un personnage central
II. Le Mensonge : un thème moteur
III. La place du mensonge dans le genre de la comédie

Corrigé : devoir rédigé

Les textes en bleu apparaissant dans ce corrigé, titres et notes, ne doivent pas figurer dans votre devoir. Nous les avons insérés pour vous guider et vous aider à repérer la progression de la dissertation.

Introduction (Fiche 27)

Avec son rival Jean Racine, Pierre Corneille est un des grands auteurs tragiques du théâtre classique. Mais, au début de sa carrière, le dramaturge a été aussi applaudi pour ses comédies d'inspiration baroque telles que *L'Illusion comique*. En 1644, *Le Menteur* vient après deux tragédies ayant pour titre un personnage réel : *Cinna* (1641) et *Polyeucte* (1642). Il semblerait avoir été composé en même temps qu'une autre tragédie, *La Mort de Pompée*, démontrant ainsi que Corneille, en virtuose, pouvait adopter en même temps le langage d'un auteur tragique et celui d'un auteur comique. En appelant sa comédie « Le Menteur » Corneille fait écho aux autres pièces ayant un personnage pour titre. Mais il s'agit ici d'une qualification plus que d'un nom, comme plus tard chez Molière, avec *L'Avare*. Nous pouvons nous demander comment le choix de ce titre éclaire notre compréhension de la pièce et de ce qu'est la comédie pour Corneille.

Après avoir étudié la place centrale de Dorante dans l'œuvre, nous verrons que le mensonge est un thème moteur. Puis nous aborderons la question plus large du mensonge dans le genre de la comédie.

Les conseils du professeur

Contextualisation de l'œuvre étudiée

Problématique

Annonce du plan

I. Le Menteur : un personnage central

Dorante, personnage éponyme, est au cœur des intrigues. Les différences facettes de son caractère sont mises en scène et font l'objet d'une dénonciation de la part de certains protagonistes de la pièce.

Introduction de la 1re partie

A. Dorante au centre de l'intrigue

S'inspirant de la scène d'exposition tragique qui met en présence un des personnages essentiels et son confident, Corneille ouvre sa pièce avec un dialogue entre Dorante et son valet Clinton. Le verbe « appréhender » qui achève la première réplique de Dorante creuse la question d'une intrigue centrée sur le personnage : le jeune provincial parviendra-t-il à se faire une place à Paris, « le pays du beau monde et des galanteries » ? Comment va-t-il procéder ? Refusant d'être pris pour un nouveau, un « écolier » (v. 8), il brode les différents moments de son histoire : un valeureux guerrier (le récit de la bataille, le duel), un riche séducteur (le festin sur l'eau). On voit que tout ce qui a trait à Dorante constitue l'armature de l'intrigue.

Marquez l'alinéa pour faire apparaître votre plan.

Mémorisez des citations courtes que vous pourrez aisément insérer.

Une sous-partie peut être composée de plusieurs paragraphes si elle développe plusieurs arguments.

Quant à l'intrigue secondaire consacrée à Alcippe et Clarice, elle dépend de Dorante puisque c'est après avoir croisé ce dernier (I, 2) que la jeune fille se montre peu pressée de concrétiser la promesse faite à Alcippe. En examinant la liste des personnages, on s'aperçoit rapidement que tous les protagonistes sont directement liés à Dorante : son père Géronte, ses deux amis Alcippe et Philiste, les deux jeunes filles qui s'intéressent à lui et qu'il a regardées, Clarice et Lucrèce. Les valets, hormis Clinton, confident et faire-valoir de son maître, restent des personnages périphériques au service des intrigues liées à Dorante. À la différence de ce qu'on note chez les jeunes gens de Molière, le héros de Corneille s'écarte des modèles grecs et latins.

Transition

B. L'intérêt porté au caractère des personnages

Dans cette pièce inspirée d'une œuvre espagnole, on retrouve difficilement en effet le schéma des personnages types de la comédie latine. Ici, les jeunes gens, dont Dorante, se démarquent des *adulescentes* peu sûrs d'eux. Et si le nom de Géronte peut évoquer le *senex* souvent repris par Molière, le personnage ici nous fait plutôt penser à Don Diègue attaché à l'honneur dans *Le Cid*. Corneille écarte les masques des types codifiés pour étoffer le caractère de ses personnages et plus particulièrement de son personnage principal.

Faites référence à d'autres œuvres ou d'autres auteurs pour approfondir votre analyse.

Si la personnalité de Dorante est dominée par son choix quasi systématique du mensonge, d'autres traits apparaissent. Ainsi la scène d'ouverture, placée sous le signe de la confidence et donc de la sincérité, le montre inquiet, soucieux de trouver sa place dans le Paris « à la mode ». Il demande des conseils à Clinton sur la façon dont on « gouverne les dames » (v. 21). Tout ce qu'il entreprendra par la suite traduira ce souci de se conformer à une façon de vivre nouvelle pour lui.

On ne s'étonne pas alors de le voir désireux de plaire, prêt à déclarer sa flamme à la première jeune fille qu'il croise (Clarice, I, 3) en lui faisant croire qu'il est « jour et nuit » (v. 156), « en tous lieux » (v. 157) à sa recherche.

« alors » introduit la nouvelle idée en la liant à ce qui précède.

Ce souci de séduire n'est pas l'apanage de Dorante : ne voit-on pas Clarice elle-même feindre un « faux pas » pour solliciter la main secourable du jeune homme qui a attiré son attention ?

Ces entreprises de séduction participent d'un jeu galant qui n'engage pas de profonds sentiments. L'inconstance, dont Marivaux fera un siècle plus tard le thème d'une de ses comédies est un des traits de Dorante qui, finalement, à la suite d'un malentendu sur les noms des jeunes filles, pourra sans douleur renoncer à Clarice et épouser Lucrèce. Dans *La Suite du Menteur* jouée en 1645, on apprendra qu'il a finalement renoncé à épouser Lucrèce.

Marivaux, *La Double Inconstance* (1723)

C. Dorante : la cible d'une dénonciation ?

Toutes les facettes de la personnalité de Dorante, liées les unes aux autres, sont mises en scène au fil des cinq actes. On peut s'étonner que l'intrigue ne le punisse pas de ses défauts, comme le demande la devise attribuée au poète latin Horace et mise en avant plus tard par Molière : *« Castigat ridendo mores »*. Certains personnages lui font des reproches. Ainsi, Clinton, comme le fera en 1665 Sganarelle avec son maître Dom Juan, tente de le corriger. Toutefois, il agit dans un souci pratique et non par devoir moral. Selon lui, si Dorante se tire d'affaire sur le moment, le risque est grand qu'il se fasse prendre ensuite. Les reproches de Géronte sont, quant à eux, fondés sur un code d'honneur : « Est-il vice plus bas, est-il tache plus noire, / Plus indigne d'un homme élevé pour la gloire ? » et pour finir : « Va, je te désavoue. »

Elle corrige les mœurs grâce au rire.

Les spectateurs qui vingt ans plus tard seront choqués par les discours mensongers que Dom Juan ose tenir à son père, homme d'honneur, comprennent bien que Corneille ne leur donne pas Dorante en modèle. La dénonciation, si le dénouement ne l'explicite pas, est une évidence partagée avec le public.

Mais l'enjeu de la comédie est le plaisir plutôt que la morale et les mensonges jouent ici un rôle essentiel.

Transition entre les deux parties

II. Le Mensonge : un thème moteur

Plus que le personnage qui l'incarne, c'est le mensonge qui est au cœur de la pièce. Il fait avancer l'intrigue et anime les rouages du comique. Il participe également à une représentation critique de la société.

Introduction de la 2e partie : présentation des trois sous-parties

A. Le mensonge : principal ressort de l'intrigue

Le mensonge est le principal ressort de l'intrigue. Ainsi, la première réponse apportée à la question de l'intégration de Dorante dans le Paris mondain (I, 1) se trouve dans les premiers vers de la scène 3 lorsque Dorante, désireux de pratiquer dès son arrivée la galanterie en usage, entreprend de séduire Clarice par de prétendus faits d'armes et l'expression d'un amour désespéré « depuis un an entier ». Par ailleurs, dans la scène 5, il brode devant Alcippe et Philiste le récit du festin sur l'eau qui sera repris au second acte par Alcippe jaloux tandis que Clarice, séduite par les mensonges de Dorante, refusera de rassurer son fiancé quant à son intention de l'épouser (II, 3). L'intrigue progresse d'un mensonge à l'autre et la surenchère tient à la nécessité d'imaginer un autre mensonge pour justifier le premier. Ainsi, pour expliquer que Géronte ne puisse pas rencontrer la jeune fille que Dorante aurait épousée à Poitiers, ce dernier annonce qu'elle est enceinte. Isabelle a bien compris pourquoi le mensonge est pour Dorante un artifice indispensable lorsqu'elle dit à Clarice en parlant du jeune homme : « Ainsi donc pour vous plaire, il a voulu paraître, / Non pas pour ce qu'il est, mais pour ce qu'il veut être » (III, 3).

Pensez à indiquer la fin des vers quand vous les citez sans aller à la ligne.

B. Le mensonge : principal ressort comique

Le mensonge est également un ressort essentiel du comique. À la différence de Molière qui s'inspire de la farce et de la *commedia dell'arte*, Corneille s'écarte des ressources populaires du rire. Il adopte l'alexandrin pour ses comédies comme pour ses tragédies et ne voit dans les premières, destinées au même public, qu'un spectacle « plus enjoué ». Ce dernier repose notamment sur le comique de situation généré par la surenchère des mensonges. L'ajout d'un mensonge semble à chaque fois mettre en péril l'équilibre de la construction et le spectateur se répète que d'un moment à l'autre le jeune homme va devoir déclarer forfait. Les commentaires de Clinton soulignant le péril accentuent la tension dramatique. « Eh bien, vous le voyez, l'histoire est découverte », dit-il au début de la scène 6 de l'acte III, amenant le public à penser que cette fois-ci Dorante a perdu. Mais le dernier vers de l'acte III (« il sera demain jour et la nuit porte avis. ») nourrit un comique de caractère : le jeune homme est décidément bien sûr de lui.

Le comique de gestes, est lui aussi, une conséquence des mensonges. Citons pour exemple l'arrivée inattendue d'Alcippe à la scène 2 de l'acte IV, juste après que Dorante a raconté à Clinton l'avoir tué en duel : « Je te veux cher ami, faire part de ma joie ». Mentionnons aussi la scène 5 de l'acte III qui nous montre Clarice, Lucrèce et Isabelle « à la fenêtre » tandis que Dorante et Clinton sont « en bas », puis « Isabelle descend de la fenêtre et ne se montre plus ». N'oublions pas les jeux de scène induits par le dialogue dans la scène 6 de l'acte IV lorsque Dorante, découvrant que celle qu'il nomme Clarice est en réalité Lucrèce, s'adapte au « nouveau feu » (v. 1727) : « Tu vas me voir, Clinton, jouer un nouveau jeu /Sans changer de discours, changeons de batterie ».

Chaque paragraphe est consacré à une des ressources du comique (situation, gestes, mots).

Quant au comique de mots, il repose sur l'imagination et l'éloquence de Dorante. Qu'il s'agisse des faits d'armes, du festin nocturne ou de la scène rocambolesque chez une certaine Orphise, le narrateur se montre habile à manier l'hypotypose* pour satisfaire les attentes romanesques d'un public marqué par la préciosité.

C. Le mensonge au service de la satire

Le mensonge, parce qu'il vient d'un attachement au paraître comme l'a relevé Isabelle, est un fait de société. Paris a presque dans la pièce, un statut de personnage : Clarice et Lucrèce, habitant toutes deux Place Royale, le représentent, de même que les deux amis de Dorante.

La première phrase du paragraphe présente ce qui va être développé.

Quant à Géronte, il le voit comme une « île enchantée » (v. 553), habitée par « des Dieux ou des Rois » (v. 564), c'est-à-dire en somme un décor de théâtre. Dorante ment pour se comporter comme les mondains et les précieux qui se façonnent un visage et un passé à la mode. Il ment pour être vrai. Certes ses mensonges sont nombreux et exagérés, mais il ne s'agit que de tendre au spectateur un miroir qui l'invitera lui-même à critiquer les abus de la préciosité. Dorante nous fait entendre les hyperboles du langage galant : « Que vivre sans vous voir est un sort rigoureux ! / C'est ou ne vivre point ou vivre malheureux, / C'est une longue mort, et pour moi je confesse / Que pour vivre, il faut être esclave de Lucrèce ». S'adressant, à la suite d'une double méprise, à Clarice, ces propos apparaîtront au spectateur artificiels et comiques.

Ainsi, le mensonge, ressort de l'intrigue et du comique, contribue à la satire de la société précieuse parisienne. En ce sens le mensonge, dans la comédie, dit vrai.

Transition : rappel de ce qui a été étudié (intrigue, comique, satire) et annonce de ce qui va suivre

III. La place du mensonge dans le genre de la comédie

Mais cette vérité du mensonge n'est-elle pas ce qui caractérise la comédie ? Dans *Le Menteur*, le mensonge manifeste une vision baroque du monde. Il propose une réflexion sur le théâtre et le pouvoir des mots.

A. Le mensonge manifeste une vision baroque du monde

L'accumulation est un procédé récurrent du baroque. La profusion des mensonges et leur diversité – une bataille, un festin, un duel – ajoutent aux scènes qui se déroulent sous les yeux des spectateurs, des mirages où tourbillonne un univers dense et confus : les mensonges dans la comédie de Corneille sont aussi nombreux que les mets servis lors du festin imaginaire qui convoque tous les sens. Dans cette profusion, la vérité se perd et

Dorante semble lui-même ne plus distinguer Clarice de Lucrèce si bien qu'à la toute fin, il est prêt à aimer la seconde à la place de la première. La surenchère des mensonges vient à bout du sentiment amoureux lui-même. L'esthétique baroque, grande amatrice de miroirs et de trompe-l'œil, exprime la conception d'un monde confus et impossible à cerner. Les personnages avouent d'ailleurs être perdus. Clarice, évoquant le mari que son père lui destine cherche la vérité derrière les masques : « Le dedans paraît mal en ces miroirs flatteurs, / les visages souvent sont de doux imposteurs ». Dans la scène 6 de l'acte V, Lucrèce avoue à Clarice son désarroi : « Je ne sais où j'en suis » (v. 1685).

B. Le mensonge ouvre une réflexion sur la comédie

Le théâtre apparaît comme le genre littéraire le plus approprié pour représenter le « *theatrum mundi* ». Après *L'Illusion comique* qui, en 1634, mettait en scène des comédiens et brouillait les frontières entre réalité et fiction, Corneille, en composant *Le Menteur*, reprend le procédé du théâtre dans le théâtre cher à l'esthétique baroque. Dorante est une figure du comédien. On le voit dès le lever de rideau soucieux de son apparence : « j'ai quitté la robe pour l'épée », dit-il à Clinton. Ce qui pourrait n'être qu'une figure de rhétorique, une métonymie* désignant deux professions est plutôt ici à prendre au sens propre car, un peu plus loin, le jeune homme demande à son valet s'il le trouve « bien fait en cavalier ». C'est dans ce costume qu'il va conter ses faits d'armes en Allemagne à Clarice et Lucrèce. La comédie dont nous parle Corneille met tout en œuvre pour créer l'illusion de la vérité : le costume joue son rôle. Et sans doute aussi la gestuelle car on attend du comédien incarnant Dorante qu'il accompagne ses récits de gestes qui les rendent vivants et vrais. Les réactions des autres personnages qui assistent à ses prouesses comme à des représentations témoignent de ses talents : Clarice s'écrie « Quoi, vous avez donc vu l'Allemagne, et la guerre ? » (v. 161), Alcippe « meur[t] de jalousie » (v. 305) après le récit du

Les artistes baroques perçoivent l'univers comme un vaste théâtre.

festin et Géronte tire lui-même la conclusion de la scène rocambolesque rapportée par son fils : « il fallut l'épouser » (v. 664). Corneille fait ainsi du comédien le héros de sa comédie et, déroutant à peine le spectateur séduit, il célèbre le menteur au lieu de le punir car la morale a difficilement sa place dans un genre reposant sur le mensonge.

C. Corneille, avec ce thème du mensonge, démontre le pouvoir des mots

On a vu en Dorante une figure du comédien selon Corneille mais il représente aussi l'auteur lui-même et son goût pour les mots. Les péripéties de ses aventures avec Orphise, concentrées en une tirade qui ne néglige aucun détail, de l'évanouissement de la jeune fille à la muraille percée, tiennent en haleine Géronte et Cliton (II, 5). Le public est dans le même temps séduit par la force du langage cornélien. Il ne se demande pas comment Dorante et Orphise ont réussi à se tirer de ce mauvais pas mais combien de temps encore le jeune homme va pouvoir ajouter des mensonges les uns aux autres sans être démasqué.

La première phrase, en rappelant ce qui vient d'être montré et en présentant la nouvelle perspective joue pleinement son rôle de transition.

Les tonalités variées des récits de Dorante, des prouesses guerrières à la romance sur l'eau, rappellent la virtuosité de Corneille passant avec brio de la tragédie à la comédie. Sans renier le carcan des règles classiques, Corneille illustre dans sa comédie le pouvoir des mots et la fertilité foisonnante de l'imagination.

Conclusion (Fiche 28)

Le titre choisi pour la comédie de 1644 n'a rien d'original puisqu'il s'agit, comme bien souvent chez Corneille mais aussi chez d'autres dramaturges, du personnage principal. Ce dernier n'étant pas un personnage historique mais une créature de papier, Corneille, lui affecte une étiquette qui le définit. C'est en raison de ce trait de caractère, que le jeune homme se trouve au cœur de l'intrigue et du réseau des personnages. C'est aussi ce qui fait de lui le moteur du comique, qu'il s'agisse du comique de caractère, de situation, de mots ou de gestes. Mais l'accumulation des mensonges, implicitement condamnée, sert l'enjeu de la comédie qui est de plaire en divertissant. Elle illustre également la vision baroque du monde, un monde mouvant où règne le paraître et dans lequel l'homme se perd. L'équilibre fragile des mensonges offre aussi à Corneille, virtuose du théâtre dans le théâtre, une occasion de mettre en scène un personnage dans lequel on reconnaît à la fois une figure du comédien et un double du dramaturge. Certes le mensonge au théâtre dit vrai, mais rappelons-nous surtout que Corneille a voulu offrir aux spectateurs une pièce « qui ne servît qu'à les divertir » (« Épître ») et, avec Jean-Louis Barrault, « Contentons-nous de dire que le théâtre, comme la Vie, est un songe, sans trop nous soucier du mensonge. »

Bilan des trois axes qui ont été développés

Jean-Louis Barrault (1910-1994) est un célèbre comédien et metteur en scène.

Allusion à *La Vie est un songe* de Caldéron (1635), une pièce baroque espagnole.

SUJET 23

4 heures

On ne badine pas avec l'amour

Œuvre : *On ne badine pas avec l'amour*, acte III, scène 3, Musset
Parcours : Les jeux du cœur et de la parole

Dans *On ne badine pas avec l'amour*, pensez-vous que jouer avec la parole empêche de dire la vérité du cœur ?
Vous répondrez à cette question dans un développement argumenté et construit en vous appuyant sur votre lecture de l'œuvre, sur les textes lus dans le cadre du parcours associé « Le jeu du cœur et de la parole » et sur votre culture personnelle.

Travail préparatoire

Fiches p. 285
15 18 20 23 à 28
Fiche œuvre 11

La lecture du sujet

La composition du sujet

Le sujet comprend deux étapes : une question à laquelle votre devoir devra répondre et une consigne qui rappelle les impératifs méthodologiques de la dissertation : argumentation, organisation, exemples tirés de l'œuvre au programme mais aussi d'autres textes.

La compréhension des termes du sujet (Fiche 15)

Le sujet met en regard deux expressions :
– d'une part : « jouer avec la parole » désigne la capacité des personnages de la pièce à manipuler la langue, à utiliser habilement les mots pour s'amuser, se divertir, se distraire. L'articulation du « jeu » et de la « parole » suppose un art du discours capable de créer des stratégies et des artifices langagiers, et *a fortiori* des faux-semblants et des mensonges ;

– d'autre part : « dire la vérité du cœur » désigne la capacité des personnages de la pièce à révéler leurs sentiments avec sincérité. L'articulation de la « vérité » et du « cœur » suppose que l'amour véritable et authentique finit par éclater au grand jour par-delà les dissimulations.

La compréhension des enjeux du sujet

– Premièrement, ces deux expressions présentent une opposition comme l'indique le verbe « empêche » : le jeu, entendu comme invitation au divertissement, au déguisement et au mensonge s'oppose à la vérité, entendue comme aspiration à l'honnêteté, à la transparence et à l'authenticité. La parole, considérée comme un support de jeu, voire une expression du mensonge, ferait donc obstacle au dévoilement du cœur et entraverait l'aveu sincère du sentiment amoureux.

– Deuxièmement, les deux verbes, *jouer* et *dire*, sont à l'infinitif : ils portent une valeur généralisante et universalisante qui fait directement écho au présent de vérité générale utilisé pour le titre du proverbe dramatique (pièce dont l'action est nourrie d'une maxime) de Musset : *On ne badine pas avec l'amour*. Aussi le sujet revêt-il une dimension morale : n'est-il pas périlleux pour « les cœurs de jouer avec la parole » ? n'est-il pas dangereux de *badiner avec l'amour* ?

La méthode

Identifier le type de sujet pour tracer les grandes lignes du plan (Fiches 18 et 20)

Le sujet est introduit par la tournure interrogative totale (réponse oui/non) « Pensez-vous que » qui vous invite à débattre autour de la question. Il vous faut adopter un plan dialectique qui explore la défense du sujet, puis sa contestation, avant de proposer une réponse par-delà l'opposition.

Approfondir les différents aspects de la question (Fiches 23 et 24)

Notez tous les extraits de la pièce où les personnages dissimulent leurs sentiments grâce à d'habiles jeux sur les mots et révèlent ainsi un certain art du déguisement. Examinez ensuite toutes les scènes où il vous semble au contraire qu'un personnage, en manipulant avec plaisir et adresse le langage, cherche à provoquer l'aveu amoureux d'un autre.

Ouvrir une troisième perspective

Sans répéter l'idée d'une parole travestie pour avancer le cœur masqué (1re partie), ni d'une habile mise à nu des sentiments d'autrui (2e partie), vous pouvez montrer que la vérité amoureuse, lorsqu'elle fait l'objet d'un jeu, risque surtout de conduire au malheur et au chagrin des amants (3e partie).

Le plan

I. Jouer avec la parole : un art retors de dissimulation de la vérité amoureuse

II. Jouer avec la parole : une stratégie de dévoilement du cœur des autres

III. Jouer avec la parole : une mise en péril du bonheur amoureux

Corrigé : devoir rédigé

*Les **textes en bleu** apparaissant dans ce corrigé, titres et conseils, ne doivent pas figurer dans votre devoir. Nous les avons insérés pour vous guider et vous aider à repérer la progression de la dissertation.*

Les conseils du professeur

Introduction rédigée (Fiche 27)

« Êtes-vous sûr que tout mente dans une femme, lorsque sa langue ment ? » C'est la question que pose Camille à Perdican au cours de l'acte III, scène 6 du proverbe romantique *On ne badine pas avec l'amour* écrit par Alfred de Musset en 1834. Le personnage féminin, Camille, cherche à faire entendre à son jeune compagnon, Perdican, qu'une parole mensongère ne travestit jamais complètement tout et révèle par-delà les faux-semblants une vérité du cœur. Jouer avec la parole empêche-t-il en effet de dire la vérité du cœur ?

Accroche et contextualisation de l'œuvre

Lien entre l'accroche et le sujet

Reprise des termes du sujet

Autrement dit, une parole amoureuse qui joue en manipulant et en déguisant les mots peut-elle faire éclater la vérité des sentiments ? Nous verrons d'abord que jouer avec la parole est un art retors qui permet à celui qui le pratique de dissimuler la vérité de son propre cœur. Nous observerons ensuite que jouer avec la parole peut aussi être une habile stratégie de dévoilement du cœur d'autrui. Enfin, nous remarquerons que jouer avec la parole n'empêche pas forcément de dire la vérité du cœur, mais fait obstacle au bonheur amoureux.

Reformulation du sujet et problématique

Annonce des trois parties

I. Jouer avec la parole : un art retors de dissimulation de la vérité amoureuse

Certes, jouer avec la parole empêche de dire la vérité du cœur : la maîtrise d'un discours amoureux bien huilé permet de dissimuler habilement ses propres sentiments pour avancer masqué, et ainsi se protéger d'autrui au risque d'empêcher la vérité de son cœur d'éclater au regard de tous.

Introduction de l'idée générale de la partie

A. Dissimuler la vérité du cœur pour se protéger

D'une part, jouer avec la parole suppose une manipulation habile des mots qui conduit nécessairement à la dissimulation des véritables intentions. Cette stratégie langagière permet ainsi de travestir la vérité des sentiments pour mieux se protéger en amour. C'est le cas notamment du personnage de Camille qui avance masquée dans les premiers actes de la pièce. Lors de sa deuxième rencontre avec Perdican, elle accepte de tisser un dialogue avec son cousin, mais elle glisse habilement dans la conversation qu'elle n'entend pas se marier et met mystérieusement fin à l'entretien : « Je suis obligée de partir [...] C'est mon secret. » (II, 1). Elle dissimule ici ses véritables intentions : comme un joueur de cartes, elle cache son jeu. En choisissant une rhétorique froide, elle manifeste une certaine maîtrise de la langue : elle joue avec cette parole réfrigérante pour non seulement étouffer sa sincère affection envers Perdican mais aussi se protéger de ce dernier

Introduction de l'idée générale de la sous-partie

Développement d'un exemple précis tiré de l'œuvre

Citation courte et précise d'un extrait pour étayer l'exemple qu'elle redoute comme tous les hommes. C'est le même procédé qui est employé par Silvia et Dorante dans *Le jeu de l'amour et du hasard* de Marivaux : les deux jeunes gens réticents au mariage qu'on leur arrange décident de s'épier secrètement sous le déguisement de leur domestique respectif, Lisette et Arlequin. Là aussi, les amants espèrent se protéger contre les affres de l'amour en jouant le jeu du travestissement.

Faites référence à d'autres œuvres ou d'autres auteurs pour approfondir votre analyse.

Bilan de la sous-partie pour revenir au sujet

B. Badiner empêche de se déclarer sincèrement

D'autre part, le badinage qui s'installe entre Camille et Perdican tout au long de la pièce, est une mise en scène savamment orchestrée par Le Baron qui entend marier les deux jeunes gens. Le vieil homme se plaît ici, comme un dramaturge, à créer de toutes pièces une intrigue, une histoire d'amour. Or, cette mise en scène est un artifice, un divertissement, un jeu qui – parce qu'il manque d'authenticité et de naturel – ne permet pas de dire la vérité des sentiments. C'est ce qui se produit lors de l'acte I : alors que Le Baron prépare en amont les retrouvailles de son fils et de sa nièce, il scrute les paroles échangées entre eux, toujours à l'affût d'une déclaration d'amour : « Je me fais une fête de voir comment ils s'aborderont, ce qu'ils se diront » (I, 2). Or, l'échange, parce qu'il est le résultat d'un artifice, échoue à dire la vérité des sentiments : « les voilà qui se tournent le dos » (I, 2) ; « ces enfants se parlent froidement ; ils ne se sont pas dit un mot » (I, 3) constate-t-il au côté de Maître Balzius. Dans *Tartuffe* de Molière, Dorine assiste, elle aussi, à une scène de dépit amoureux entre Mariane et Valère (II, 4) : alors que Valère craint que Mariane n'accepte d'épouser Tartuffe, cette dernière est furieuse que son amant la croit capable d'une telle trahison. S'en suit une longue querelle amoureuse (presque deux-cents vers) où chacun joue interminablement le jeu de la vexation. Pour les amoureux, les jeux de badinage apparaissent plutôt comme des obstacles paralysants empêchant de dire la vérité de leur cœur.

Marquez l'alinéa pour faire apparaître votre plan.

Développement d'un exemple précis tiré de l'œuvre

Citation courte et précise d'un extrait pour étayer l'exemple

Faites référence à d'autres œuvres ou d'autres auteurs pour approfondir votre analyse.

Bilan de la sous-partie pour revenir au sujet

C. Jouer avec le discours amoureux, est-ce mentir ?

Enfin, qu'il s'agisse d'une mise en scène orchestrée par un père ou un oncle, ou bien qu'il s'agisse d'une stratégie de protection, la création d'un langage artificiel ou travesti consiste à chaque fois en un jeu de dissimulation où les personnages, comme d'habiles joueurs sont amenés à mentir et à duper. La parole, dans *On ne badine pas avec l'amour*, fait souvent l'objet d'un jeu de maîtrise retorse des faux-semblants. C'est ce dont témoigne le discours amoureux que Perdican tient à Rosette alors que Camille, cachée, les écoute au bord de la fontaine derrière un arbre (acte III, scène 3) : là, Perdican fait croire à Camille qu'il lui préfère Rosette et fait croire à Rosette qu'il est éperdument amoureux d'elle. Ce double travestissement de la vérité de son cœur est permis par sa parfaite maîtrise de la parole amoureuse traditionnelle. De la même manière, dans *Dom Juan* de Molière, le « grand seigneur méchant homme » (I, 1) recourt à un langage amoureux artificiel particulièrement bien maîtrisé pour séduire deux paysannes (II, 4) : il joue alors un double jeu grâce à un double langage. Dans les deux cas, c'est en badinant – c'est-à-dire en jouant avec les sentiments amoureux des jeunes filles – que ces deux personnages de séducteur montrent combien la parole lorsqu'elle est travestie, déguisée et truquée devient un dangereux mensonge qui masque, déforme et occulte l'entière vérité du cœur.

> Introduction de l'idée générale de la sous-partie

> Développement d'un exemple précis tiré de l'œuvre

> Faites référence à d'autres œuvres ou d'autres auteurs pour approfondir votre analyse.

Ainsi, le badinage amoureux qui consiste à manipuler la langue pour dissimuler ses propres sentiments constitue bel et bien dans *On ne badine pas avec l'amour* un obstacle à la déclaration d'amour sincère et rend opaque la vérité des cœurs.

> Transition : bilan de la partie pour revenir au sujet

II. Jouer avec la parole : une stratégie de dévoilement du cœur des autres

Cependant, bien que les personnages du drame de Musset cherchent à dissimuler la vérité de leur propre cœur, ils entendent pourtant bien découvrir, percer et

> Introduction de l'idée générale de la partie

sonder les secrets du cœur de l'autre. L'art de la parole devient alors pour eux un outil stratégique essentiel en vue de dévoiler les sentiments d'autrui.

A. Stratégie du Baron : éveiller l'amour de Camille et Perdican

Premièrement, au début de la pièce de Musset, la mise en place d'un entretien galant entre Camille et Perdican apparaît aux yeux du Baron (accompagné de Maître Bridaine, Maître Blazius et Dame Pluche) comme une activité désintéressée et spontanée ou encore comme un apprentissage ludique du cœur et de la parole nécessaire pour deux jeunes gens épris l'un de l'autre. Par exemple, lors de l'acte I, scène 2, Le Baron encourage Maître Bridaine à faire parler Perdican devant Camille pour que le jeune homme se mette en valeur et éveille ainsi l'admiration de sa cousine : « faites-le parler un peu latin » lui conseille-t-il. La parole de Perdican, bien qu'artificielle et travaillée, est donc censée (selon les adultes expérimentés) nourrir les élans sincères du cœur de Camille. Dans *La Locandiera* de Carlo Goldoni, la pétillante aubergiste Mirandolina se met au défi de séduire le Chevalier, un homme sexiste et misogyne qui résiste à son charme. Il s'agit pour elle d'utiliser tous les rouages du discours amoureux pour éveiller l'amour chez cet homme bourru. Si l'on en croit donc Le Baron, pour faire naître le sentiment amoureux des jeunes gens, il semble donc nécessaire de jouer avec les mots galants.

Introduction de l'idée générale de la sous-partie

Développement d'un exemple précis tiré de l'œuvre

Citation courte et précise d'un extrait pour étayer l'exemple

Faites référence à d'autres œuvres ou d'autres auteurs pour approfondir votre analyse.

Bilan de la sous-partie pour revenir au sujet

B. Stratégie de Perdican : éveiller la jalousie de Camille

Deuxièmement, être capable de jouer avec le discours amoureux ne permet pas seulement d'éveiller l'amour, mais aussi de l'attiser. Par exemple, Perdican est présenté dès l'exposition par le chœur comme un jeune docteur savant, « la bouche toute pleine de façons de parler si belles et si fleuries » (I, 1). Beau parleur, le jeune homme est donc capable de jouer avec les mots et de manipuler la langue afin d'émouvoir le cœur de Camille. C'est

L'adverbe « Deuxièmement » balise la progression de la partie.

Citation courte et précise d'un extrait pour étayer l'exemple précisément ce qui se produit à la suite de son entretien avec Rosette (III, 3). Lors de la scène suivante, Camille, folle de jalousie après avoir entendu les mots d'amour adressés par Perdican à sa sœur de lait, jure devant Dame Pluche : « Allez au diable » (III, 4). Ce juron trahit la vérité des sentiments de Camille et apparaît comme un sérieux aveu de son amour profond pour son cousin. De même, au cours du dénouement du *Cid* de Corneille, le roi joue avec sa parole indubitable et par l'intermédiaire de Don Sanche, un « faux rapport » (V, 5) parvient aux oreilles de Chimène. Croyant alors Rodrigue mort, elle avoue son amour pour lui ; le découvrant vivant, elle ne peut plus nier cet aveu. Le jeu orchestré par ces fins stratèges du langage amoureux (Perdican d'une part ; le roi d'autre part) fonctionne donc à la perfection : est éveillé chez la jeune fille un émoi révélateur de son amour pour son promis.

Développement d'un exemple précis tiré de l'œuvre

Pensez à comparer l'œuvre au programme à d'autres œuvres.

Bilan de la sous-partie pour revenir au sujet

C. Stratégie de Camille : éveiller la colère de Perdican

Enfin, si Camille – contrairement à Perdican – n'est pas un savant docteur au langage fleuri, elle n'en est pas moins joueuse et sait aussi bien que lui manipuler le discours amoureux pour obtenir des aveux. Non seulement, la lettre qu'elle rédige à son amie du couvent révèle à Perdican (qui intercepte la missive) qu'elle jouait une partition bien écrite en lui tenant un langage glacial au début de la pièce (I, 1) : « tout s'est passé comme je l'avais prévu », écrit-elle à Louise (III, 2) ; Perdican, piqué au vif face à une telle adversaire, prépare alors sa revanche, et donc son prochain coup. Là encore, le maniement habile des mots révèle en filigrane une vérité des tourments amoureux endurés par chacun des deux personnages. Par la suite, c'est encore Camille qui exige de Perdican qu'il honore sa parole et épouse Rosette : « tu épouseras cette fille, ou tu n'es qu'un lâche » (III, 6). En le menaçant ainsi, elle prend certes le risque qu'il épouse vraiment Rosette, mais attend surtout qu'il confesse ses erreurs et dévoile la sincérité de son amour en se repentant auprès d'elle. Dans

Introduction de l'idée générale de la sous-partie

Privilégiez les citations courtes faciles à mémoriser et à insérer.

Développement d'exemples précis tirés de l'œuvre

Dissertation

Les Fausses confidences de Marivaux, la jolie veuve Araminte manipule, elle aussi, son intendant Dorante par un langage roué : en lui dictant une lettre d'amour pour l'un de ses prétendants, elle espère le rendre fou de jalousie et le pousser ainsi à avouer enfin ses sentiments. Là encore, jouer avec la parole amoureuse est un outil efficace pour révéler au grand jour les cœurs tourmentés.

Bilan de la sous-partie pour revenir au sujet

Ainsi, lorsque la parole est mise au service d'une enquête sur le cœur de l'autre, elle permet la révélation, la déclaration ainsi que le dévoilement des sentiments. Manipuler le discours amoureux revient alors à jouer avec le langage et relève d'une sorte d'éducation sentimentale par laquelle les personnages se sondent, s'observent et s'apprivoisent.

Transition : bilan de la partie pour revenir au sujet

III. Jouer avec la parole : une mise en péril du bonheur amoureux

Or, en dépit de toutes ces bonnes intentions, dès que la parole fait l'objet d'une stratégie sans merci pour vaincre l'amant comme un ennemi, la violence et la cruauté de l'amour éclatent au point de condamner les personnages au malheur. Bien plus que la vérité du cœur, c'est alors le bonheur amoureux qui est mis en péril et même empêché par tous ces jeux de dupes.

Introduction de l'idée générale de la partie

A. Mise en péril de la communication

Si la parole constitue le support d'un jeu, elle acquiert une dimension artificielle et revêt un caractère factice qui risque d'entraver le cheminement des amants vers une déclaration d'amour sincère. Jouer avec la parole reviendrait alors à mettre en péril toute tentative de communication honnête et transparente entre les jeunes gens. C'est précisément ce qui inquiète le personnage de Camille lorsqu'elle entend la langue rouée et adroite de Perdican lors de leur premier long entretien : « Si je vous épousais, ne devriez-vous pas répondre

Introduction de l'idée générale de la sous-partie

Développement d'exemples précis tirés de l'œuvre

avec franchise à toutes mes questions, et me montrer votre cœur à nu ? » demande-t-elle au jeune homme (II, 5). Dans cet échange, chaque personnage refuse de livrer à l'autre une réponse claire et franche. S'engage alors de réplique en réplique une sorte de jeu de questions-réponses, de menuet langagier qui conduit malheureusement l'échange à un échec. Camille, en livrant à Perdican l'exemple de son amie du couvent déçue par son mariage, met en avant cette crise du langage amoureux épuisé par les faux-semblants : « elle était assise le soir au coin du feu, et lui auprès de la fenêtre, sans se dire un seul mot, comme leur amour avait langui, et comme tous les efforts pour se rapprocher n'aboutissaient qu'à des querelles » (II, 5). Dans *Britannicus* de Racine, Junie est contrainte et forcée par le jeune empereur tyrannique de faire croire à son amant Britannicus qu'elle lui préfère Néron. En se montrant froide et en jouant le jeu d'une parole distante à l'égard de Britannicus, Junie se condamne au malheur amoureux. À force d'avancer masqués, de jouer à travestir leurs sentiments, les personnages finissent donc par faire voir au spectateur un impossible dialogue amoureux.

Précisez les références aux autres œuvres de façon à ce qu'elles soient clairement rattachées à votre développement…

Bilan de la sous-partie pour revenir au sujet

B. Conséquences désastreuses du jeu

Si la parole est un jeu entre les amants, ces derniers – désormais joueurs implacables – prennent alors le risque de faire de l'amour un terrain où tous les coups sont permis. L'issue du jeu amoureux (envisagé comme un duel) laisse finalement des gagnants et des perdants. C'est précisément ce que propose de mettre en scène Alfred de Musset dans *On ne badine pas avec l'amour* : Camille et Perdican jouent avec le discours amoureux ; ils se mentent ; ils se trompent ; chacun joue contre l'autre. Cependant, la perdante de tout ce jeu n'est autre que Rosette : « Hélas ! la pauvre fille ne sait pas quel danger elle court, en écoutant les discours d'un jeune et galant seigneur » s'exclame Le Chœur (III, 4). De plus, lorsque Le Baron découvre le jeu de son propre fils, il constate, effaré : « cela est monstrueux » (III, 5). Dans *Les Liaisons*

Introduction de l'idée générale de la sous-partie

Développement d'exemples précis tirés de l'œuvre

Citations courtes et précises d'un extrait pour étayer l'exemple *dangereuses* de Choderlos de Laclos, le personnage de Valmont, se trouve, lui aussi, pris au piège de ses propres jeux de parole : il est contraint de rompre avec la Présidente de Tourvel qu'il aime sincèrement pour ne pas perdre sa partie contre Madame de Merteuil à la fin du roman. Dans les deux cas, si la vérité des cœurs transparaît malgré les faux-semblants, le bonheur des amoureux est toujours mis en échec par la loi impitoyable du jeu.

Faites référence à d'autres genres aussi pour approfondir votre analyse.

C. Perte d'innocence, perte de franchise

Enfin, il semble que l'apprentissage de la parole dans la pièce de Musset, aille de paire avec une perversion du cœur. En effet, la pièce s'ouvre sur l'idée d'une perversion du cœur de l'enfant : les deux amis d'enfance ont désormais perdu leur pureté. Devenus adultes, ils encourent à présent le risque de jouer un jeu dangereux : celui du mensonge en amour. C'est ainsi que l'on peut comprendre le vœu prononcé par Maître Balzius au début de la pièce : « puissions-nous retrouver l'enfant dans le cœur de l'homme » (I, 1). La suite de la pièce ne satisfait pourtant pas ce souhait : les deux enfants, désormais adultes, ont perdu cette franche innocence qui pouvait dire sans jeu ni mensonge la vérité du cœur. On retrouve cette réflexion sur ce que représente la fin de l'enfance dans d'autres genres littéraires. Ainsi, dans le conte *La Reine des Neiges* de Hans Christian Andersen, cette perte d'innocence se manifeste par l'abandon des jeux d'enfants pour les jeux d'adultes : le petit Kay, autrefois camarade de jeu de Gerda, délaisse cette dernière après avoir reçu un éclat de verre dans le cœur. Désormais perverti par la glace de la Reine des Neiges, il joue avec les plus grands. Tout l'enjeu du conte sera pour la petite Gerda de retrouver le bonheur amoureux innocent de l'enfance perdue. Par conséquent, lorsque la parole amoureuse devient un jeu d'adultes, les cœurs se voient mis en danger.

L'adverbe « Enfin » introduit la dernière étape d'une démonstration et constitue une aide à la lecture.

Veillez à l'exactitude des citations et n'oubliez pas de les placer entre guillemets.

Faites référence à d'autres œuvres ou d'autres auteurs pour approfondir votre analyse.

Bilan de la sous-partie pour revenir au sujet

Conclusion (Fiche 28)

Ainsi, bien que tout ne mente pas « dans une femme, lorsque sa langue ment » (Camille, III, 6) et que tous les discours amoureux factices n'empêchent pas nécessairement de dire la vérité des cœurs, il semble en revanche que le badinage qui consiste à se distraire avec les mots d'amour soit un jeu dangereux qui conduise les personnages du drame de Musset à la déception, au chagrin et au malheur. Si la langue fait l'objet d'une habile stratégie de dévoilement des sentiments, elle est aussi un instrument cruel de tromperies. Aussi peut-on entendre l'horizon moral du proverbe : il est bel et bien risqué de jouer avec la parole du cœur.

Bilan synthétique des trois parties

Réponse à la problématique en ouvrant une perspective plus large.

SUJET 24

4 heures

Pour un oui ou pour un non

Œuvre : *Pour un oui ou pour un non*, Nathalie Sarraute
Parcours : Théâtre et dispute

« Sans conflits, il n'y aurait pas de théâtre » déclare Ionesco dans *Notes et Contre-notes* en 1962. La dispute, qui était d'abord un débat d'idées (*disputatio*), correspond aujourd'hui à un conflit d'opinions ou de sentiments.
En quoi est-elle un ressort théâtral essentiel ?
Vous répondrez à cette question en vous appuyant sur *Pour un oui ou pour un non* de Nathalie Sarraute, sur les œuvres que vous avez vues ou lues en classe dans le cadre du parcours « Théâtre et dispute » et sur votre culture personnelle.

Travail préparatoire

Fiches p. 285
15 18 21 23 à 28
Fiche œuvre 12

La lecture du sujet

La composition du sujet

On repère trois parties dans le libellé.
– Une citation de Ionesco extraite de *Notes et contre-notes* (1962) associant théâtre et conflits et accompagnée d'une double définition du mot « dispute » figurant dans l'intitulé du parcours au programme.
– Une question qui reprend la citation en remplaçant le mot « conflit » par « dispute » dont le sens est à la fois plus riche et plus concret.
– La consigne qui suit renvoie aux exigences méthodologiques de la dissertation et rappelle le parcours « Théâtre et dispute ».

Une bonne compréhension de la question (Fiche 15)

La question posée par le sujet est une interrogation partielle introduite par « En quoi ? ». Elle suggère un plan analytique. Il ne s'agit pas de savoir si la dispute est ou n'est pas un ressort dramatique essentiel mais de comprendre en quoi elle est au cœur de l'écriture théâtrale.

La définition de la dispute est sans doute un rappel pour vous puisque le mot figure dans l'intitulé du parcours. Notez bien les différentes facettes de cette notion : débat raisonné d'idées, conflit plus sensible, plus personnel, d'opinions ou de sentiments.

La méthode

La recherche des arguments et des exemples (Fiches 23 à 26)

Comme vous y invite le sujet, distinguez les deux sens du mot « dispute » et cherchez pour chacun d'eux des références (arguments et exemples) dans la pièce de Nathalie Sarraute.

Pour approfondir votre réflexion, interrogez-vous sur les fonctions de la dispute au théâtre : dynamique de l'action, révélation, réflexion. Réfléchissez aussi aux ressources spécifiques au théâtre pour exprimer le conflit : dialogue, mise en scène.

Élargissez votre point de vue en comparant la pièce de Nathalie Sarraute à d'autres œuvres que vous connaissez. Passez en revue les genres et les textes que vous avez rencontrés.

L'organisation du plan (Fiche 18)

Regroupez vos arguments et exemples de façon à proposer deux ou trois axes de réflexion, chacun d'eux étant une réponse à la question posée par le sujet.

Le plan (Fiche 21)

I. La dispute est un ressort dramatique
II. La dispute est révélatrice
III. La dispute implique une mise en forme esthétique

Corrigé : devoir rédigé

*Les **textes en bleu** apparaissant dans ce corrigé, titres et conseils, ne doivent pas figurer dans votre devoir. Nous les avons insérés pour vous guider et vous aider à repérer la progression de la dissertation.*

Les conseils du professeur

Introduction (Fiche 27)

La dimension conflictuelle du spectacle théâtral s'est affirmée depuis l'antiquité grecque, suscitant des rires ou une intense émotion. La scène d'*agôn*, dans la comédie grecque comme dans la tragédie, présentait déjà un débat entre deux personnes soutenant chacune une thèse opposée. L'*agôn* supposait argumentation et opposition. Le mot « dispute » (*disputatio*) hérité du latin et désignant à la fois le débat d'idées et le conflit rend compte de ce moment de tension contenue. La dispute relève du domaine de la parole et le théâtre en est le terrain littéraire privilégié. Nathalie Sarraute l'illustre parfaitement avec *Pour un oui ou pour un non* et Ionesco, dans *Notes et Contre-Notes* en 1962, a déclaré à ce sujet : « Sans conflits, il n'y aurait pas de théâtre ». Nous pouvons nous demander en quoi, notamment dans la pièce de Nathalie Sarraute, la dispute est un ressort théâtral essentiel. Comment s'insère-t-elle dans l'action ? Quelles formes prend-elle dans la représentation ?

> Amorce du sujet grâce à une mise en perspective

> Citation et problématique du sujet

Nous verrons que, si la dispute a une réelle fonction dramatique, elle est aussi riche de révélations et implique une mise en forme esthétique.

> Annonce du plan en trois parties

I. La dispute est un ressort dramatique

La dispute est un ressort dramatique efficace. Elle peut lancer l'action au début de la pièce, rythmer sa progression, voire être elle-même l'action.

> Présentation des trois sous-parties du premier axe

A. La dispute lance l'action

Dès l'exposition, la dispute apparaît souvent *in medias res*. Les deux premières répliques de *Pour un oui ou pour un non*, destinées à introduire l'action, font allusion à un conflit antérieur au lever de rideau : « Qu'est-ce que tu as contre moi ? », l'élucidation de cette tension étant présentée comme l'enjeu de la scène ou de la pièce puisque H1 affirme être venu « pour ça ». Mais la dispute se manifeste aussi, au même moment, dans le dialogue lui-même. La réplique de H2 commence par la conjonction adversative « Mais » puis elle oppose au « ça » de H1 un « rien ». Chez Nathalie Sarraute la dimension informative de l'exposition est réduite au minimum, un « contre moi », un « rien » qui constituent à eux seuls le nœud de la pièce, la question posée devant les spectateurs. Comme souvent au théâtre, c'est une dispute qui ouvre la pièce.

In medias res : littéralement « au milieu des choses ». Le spectateur est immergé directement dans l'action.

Les exemples doivent être précis. Pensez aux extraits que vous avez étudiés en explication linéaire.

Amorce du point suivant : les exemples d'autres œuvres théâtrales

Il est fréquent que le rideau se lève sur un conflit. Dans *Les Femmes Savantes*, les deux sœurs, Armande et Henriette, se querellent à propos du mariage. C'est aussi le thème de la dispute qui oppose Silvia et sa servante Lisette, les deux personnages féminins du *Jeu de l'amour et du hasard*. La pièce de Yasmina Réza *Art* (1994) s'ouvre également sur la dispute de Marc et Serge au sujet d'un tableau d'art moderne.

Comédie de Marivaux, 1730

La dispute, parce qu'elle suppose un échange dynamique, capte l'attention du public et permet d'échapper à une exposition statique. Elle met aussi en place l'intrigue : dans *Le Mariage de Figaro* de Beaumarchais, la légère querelle entre les futurs époux, Suzanne et Figaro, donne le ton et annonce la rivalité amoureuse du Comte et de Figaro. De même, les premières répliques de *Pour un oui ou pour un non*, montrent la complexité des relations entre les deux personnages et leur difficulté à communiquer.

Marquez l'alinéa pour faire apparaître votre plan.

B. La progression de la dispute rythme l'avancée de l'action

Par la suite, chez Nathalie Sarraute et fréquemment au théâtre, le conflit fait avancer l'action. C'est parce que la tension entre eux est trop forte que H1 et H2 font appel aux voisins, F et H3. L'échec de ce tribunal ne fait qu'envenimer la dispute. De recreusements en recreusements, la querelle initiale se durcit. Les rancœurs se cristallisent à la pensée des disputes anciennes. H2 reconnaît : « J'ai eu envie de te tuer » (p. 44 de l'édition Folio Théâtre, 2023) ; et H1 de répondre : « Et moi aussi ». Le fossé entre les deux camps adverses se creuse. Entre eux, « c'est un combat sans merci. Une lutte à mort » (p. 45 de l'édition Folio Théâtre, 2023). Le champ lexical militaire, fortement présent, exprime toute la violence du conflit, sans rapport avec le « rien » initial.

La liaison entre les deux sous-parties est assurée par la reprise de l'exemple.

De manière générale, le schéma de l'action dramatique, qu'elle soit comique ou tragique, repose souvent sur une dispute qui se noue entre les personnages. Dans la plupart des comédies, l'intrigue est fondée sur un conflit générationnel source de rebondissements comme dans *Le Malade imaginaire*. Le père, détenteur de l'autorité, refuse que sa fille épouse le jeune homme qu'elle aime et il lui impose Thomas Diafoirus, un mari qui sert ses propres intérêts. L'action avance grâce aux conflits. La servante Toinette, présente lorsqu'Angélique s'oppose au choix de son père, s'engage à son tour dans la dispute, d'abord en argumentant, selon le modèle de la *disputatio*, puis en tentant de s'imposer malgré son statut social inférieur : « Non, je ne consentirai jamais à ce mariage ». Sur un tout autre registre, dans *Andromaque*, chacune des rencontres entre Pyrrhus et le personnage éponyme fait rejaillir le conflit qui les déchire et progresser la pièce.

Pensez à diversifier les genres si le sujet s'y prête. *Andromaque* (1667) est une tragédie de Racine.

La dispute se dénoue de manière heureuse ou non selon le genre de la pièce. Par exemple, dans *L'École des femmes*, elle disparaît au dénouement quand s'efface Arnolphe. Dans *Le Cid*, c'est l'intervention du roi qui met fin au conflit obligé entre Rodrigue et Chimène.

Arnolphe s'opposait au mariage d'Agnès.

Dans *La Cantatrice chauve* de Ionesco, la dispute s'emballe, à la fin de la pièce, les insultes fusant dans un chaos verbal impressionnant. Le dénouement de *Pour un oui pour un non* est, quant à lui, très incertain. Les dernières répliques reprenant le titre, oscillent entre comédie et tragédie, laissant aux acteurs la possibilité de conclure dans un sens ou dans un autre.

C. La dispute fait l'action

La dispute est généralement liée à des péripéties, événements inattendus qui modifient l'action. Le comte gifle Don Diègue, Rodrigue tue le père de Chimène dans *Le Cid*. Il est vainqueur des Maures, il l'emporte sur don Sanche dans un duel. Dans *Le Mariage de Figaro* (comédie de Pierre-Augustin Caron de Beaumarchais de 1784), l'intrigue est enrichie par l'intervention de Chérubin, amoureux de la Comtesse, de Marceline, qui se révèle être la mère de Figaro. Les disputes créent une tension dramatique nécessaire à la progression de l'action.

Lorsqu'une sous-partie développe plusieurs points, il est préférable de l'organiser en paragraphes.

Mais dans la pièce de Nathalie Sarraute, nulle intrigue, nul élément extérieur ne viennent déterminer l'action, tout au plus des souvenirs, certains heureux comme celui de la mère de H2 [« Tu te souviens comme on attendrissait ta mère » (p. 24 de l'édition Folio Théâtre, 2023)], d'autres moins [« il m'est arrivé de rompre pour de bon avec des gens très proches » (p. 28 de l'édition Folio Théâtre, 2023)]. Les événements esquissés, comme la scène en montagne ne sont jamais présentés comme des causes déterminantes de la dispute mais plutôt comme les symptômes d'une tension latente. Dans *Pour un oui ou pour un non*, la parole ne sert pas l'action, elle est l'action. Nathalie Sarraute a utilisé le terme de « logodrame » pour définir ses pièces, soulignant ainsi que, dans ses œuvres théâtrales, toute progression vient du dialogue et non d'actions extérieures.

Au théâtre la dispute est un ressort dramatique qui lance l'action et la dynamise. Chez Nathalie Sarraute, elle se substitue même à l'action. Grâce au langage, elle ouvre aussi une voie vers la vérité.

Transition

II. La dispute est révélatrice

En effet, la dispute est révélatrice : elle met au jour les personnalités en présence, la violence contenue. Elle est source de réflexion.

Introduction du deuxième axe

A. Elle révèle les personnalités en présence

La dispute éclaire les personnalités en présence. Chez Nathalie Sarraute, H1 et H2 sont des entités non définies. Dans cette pièce, au départ destinée à la radio, ils ne sont que des voix masculines. On retrouve, de façon similaire, une femme réduite à l'initiale d'un prénom, A., dans *La Jalousie*, un « nouveau roman » d'Alain Robbe-Grillet paru en 1957. Les personnages de *La Cantatrice chauve* ont, quant à eux, des noms neutres qui leur enlèvent toute personnalité, Mr et Mrs Smith, vivant à Londres dans un « intérieur anglais ». Alors que les Smith resteront tout au long de la pièce des pantins vides, H1 et H2 se découvrent progressivement par le biais de la dispute et finissent par révéler leurs différences : l'un est raisonnable, l'autre marginal, l'un est ancré dans le monde, l'autre rêveur, l'un est un « raté » (p. 45 et p. 46 de l'édition Folio Théâtre, 2023), l'autre un nanti.

La première phrase du paragraphe peut reprendre le titre noté au brouillon.

Eugène Ionesco, *La Cantatrice chauve*, 1950

Le langage est le vecteur de la dispute. Dans les comédies de Molière, les personnages se révèlent en s'affrontant. Ainsi la scène d'exposition du *Misanthrope* comme celle de *L'École des femmes*, met en présence deux personnages en désaccord. Les répliques en se répondant brossent leurs portraits respectifs. Chacun des personnages exprime clairement son point de vue et la dispute est « disputatio ». Rien de tel chez Nathalie Sarraute. Le langage est bien le vecteur du conflit mais aucun des deux personnages ne défend un point de vue. Le langage révèle des personnalités complexes et des relations inextricables, chargées d'une violence à peine contenue.

L'École des femmes (1662) et *Le Misanthrope* (1666) sont deux comédies de Molière.

Il est intéressant de comparer (rapprocher ou distinguer) la pièce au programme avec d'autres œuvres.

B. Elle révèle une violence contenue

Dans *Pour un oui ou pour un non*, on peut saisir dans la dispute une violence originelle associée à l'isolement de H2. Le personnage ne fait « plus jamais signe » (p. 23

La reprise du mot « violence » assure la transition.

de l'édition Folio Théâtre, 2023), il s'« éloigne » de H1. Non seulement il « pren[d] rarement l'initiative » car il a « peur de déranger » (p. 23 de l'édition Folio Théâtre, 2023) mais il « rompt pour un oui ou pour un non » avec son entourage ; « pour un oui ou pour un non, on ne le revoit plus » (page 28 de l'édition Folio Théâtre, 2023). Et ces ruptures sont de tels manquements aux règles sociales qu'elles seraient dignes de figurer sur un « casier judiciaire ». Sous les apparences d'un personnage « très amical, affectueux » (page 28 de l'édition Folio Théâtre, 2023), H2 est rongé par l'amertume (« il y a bien longtemps que dans ce genre de choses, rien ne m'étonne », page 29 de l'édition Folio Théâtre, 2023), la violence d'un sentiment d'échec qui devient « honte » (page 34 de l'édition Folio Théâtre, 2023) et pourrait passer pour une crise de folie comme le suggère H1 s'adressant aux voisins : « Laissez-nous, je m'en charge » (page 35 de l'édition Folio Théâtre, 2023).

La violence verbale traduit la souffrance des personnages et marque les esprits. Dans *En attendant Godot*, quand Lucky est traité en sous-homme, à coups de knout, par son maître Pozzo, violent et tyrannique, les insultes fusent : « On te parle, porc, réponds ». Koltès définissait sa pièce *Le Retour au désert* comme une « pièce de bagarre ». Mathilde, de retour en France au début des années 1960 après quinze années passées en Algérie, règle ses comptes avec son frère Adrien. La dispute devient vite une guerre fratricide, une rage détruisant les liens familiaux.

La première phrase du paragraphe présente l'idée qui va être développée.

Difficile à cerner, fuyante comme les tropismes, cette violence sous-jacente est « quelque chose d'inconnu, peut-être de menaçant, qui se tient là, quelque part, à l'écart, dans le noir… une taupe qui creuse sous les pelouses bien soignées » (page 46 de l'édition Folio Théâtre, 2023).

C. Elle révèle des valeurs, suscite la réflexion

Au théâtre la dispute, dans la mesure où elle permet une confrontation des points de vue est aussi le moment

La première phrase du paragraphe présente l'idée qui va être développée.

d'une réflexion. Dans les pièces à thèse la dispute est l'occasion de prises de position idéologiques. Ainsi, dans *Les Mains sales* de Jean-Paul Sartre, Hugo refuse le compromis politique alors qu'Hoederer soutient que l'engagement au service des hommes nécessite de plonger ses mains « dans la merde et dans le sang ».

Jean-Paul Sartre, *Les Mains sales*, 1948

Dans les tragédies, le conflit révèle les valeurs et la force morale des héros : dans l'*Électre* de Giraudoux le personnage éponyme affronte Egisthe sur la notion de justice. À l'idéalisme de l'une s'oppose la raison de l'autre.

Jean Giraudoux, *Électre*, 1937

La dispute révèle aussi la difficulté de la communication : on peut se parler pour ne rien dire, s'enliser dans des clichés comme dans *Art*. La parole tourne à vide. Entre Serge et Marc, l'affrontement banal et mécanique finit par se figer en un échange où la parole ne circule plus. Le théâtre de l'absurde met plus radicalement en évidence une déroute de la parole, au-delà de la dispute, l'échec d'un langage rompant avec la logique, se délitant jusqu'au naufrage final dans *La Cantatrice chauve* par exemple.

Quant à Nathalie Sarraute, sa pièce *Pour un oui ou pour un non*, même si elle s'y refuse, nous fait réfléchir sur la fragilité de l'amitié et la difficulté de mettre des mots sur ce que l'on éprouve.

Toutefois, l'efficacité de la dispute, aussi bien pour faire avancer l'action que pour approcher la vérité, implique une mise en forme esthétique.

Transition

III. La dispute implique une mise en forme esthétique

La dispute affecte la mise en scène, le rythme du dialogue. Elle peut aussi révéler la faillite du langage.

Introduction de la dernière partie : présentation des trois sous-parties

A. La mise en scène

La dispute est un prétexte à des jeux de scène. Dans la comédie, elle constitue un des ressorts du comique.

Pensons par exemple à Toinette s'opposant à Argan pour défendre Angélique dans *Le Malade imaginaire* ou bien aux coups de bâton que Scapin administre à son maître pour se venger. Le théâtre implique un jeu d'acteurs et la dispute débouche souvent sur une violence physique, comme dans *Le Cid,* lorsque le père de Chimène gifle Don Diègue, le père de Rodrigue. On retrouve cette brutalité chez Koltès, lorsque Mathilde et Adrien en viennent aux mains.

Dans la pièce de Nathalie Sarraute, à l'origine radiophonique, les didascalies sont rares et la voix seule trahit les réactions des protagonistes. Le metteur en scène Jacques Lassalle, en 1998, a fait le choix d'expliciter la violence contenue. Ainsi, H2 lorsqu'il ne se reconnaît pas dans les « listes » (page 39 de l'édition Folio Théâtre, 2023) de H1, brandit une chaise pour exprimer sa colère.

Pensez à mentionner des mises en scène de l'œuvre au programme.

B. La dispute s'exprime par le dialogue

Du duo au duel, du débat au combat, le dialogue est le vecteur de la dispute dans la comédie comme dans la tragédie. Horace et Camille s'affrontent dans *Horace* au cours de longues tirades (IV, 5). La stichomythie*, avec des répliques se limitant à un vers, traduit la colère et la violence des protagonistes. C'est le cas dans la tragédie par exemple, avec Médée et Jason dans la *Médée* d'Euripide ou bien dans *Le Cid*, la tragi-comédie de Corneille au début de laquelle (I, 3) le Comte affronte Don Diègue. Cet échange verbal bousculé est suivi d'un second dialogue en stichomythie entre le Comte et Rodrigue, le fils de Don Diègue. Ce second duel verbal (II, 2) se poursuit en coulisses par un affrontement mortel à l'épée. La stichomythie est aussi une des ressources comiques du théâtre de Molière comme en témoigne la scène (acte I, scène 3) de *L'Amour médecin* dans laquelle Lucinde ne formule qu'une seule réponse aux reproches de son père : « un mari ». Nathalie Sarraute, pour donner souplesse et vie au dialogue, varie les intonations et la longueur des répliques. La stichomythie est une de ses ressources à

Tragédie de Corneille jouée pour la première fois en 1640

Tragédie d'Euripide (431 av. J.-C.)

condition d'être brève pour éviter tout caractère mécanique : « H2 : Eh bien ? / H1 : Eh bien… / H2 : Eh bien ? / H1 : Non… » (p. 45 de l'édition Folio Théâtre, 2023). On pense aussi aux dernières répliques de la pièce qui, faisant écho au titre, concentrent le conflit sur la répétition et l'opposition des adverbes « oui » et « non ».

C. La dispute met en scène la faillite du langage

Chez Nathalie Sarraute, l'acteur est invité à une grande neutralité dans son apparence, sa diction, sa présence. Il s'agit pour lui de s'effacer, de se réduire à un « H » ou à un « F » pour pouvoir, au cours de la dispute, capter la « sous-conversation », faire émerger le tropisme, laisser entendre la violence qui bouillonne dans les failles du dialogue, dans le silence qui écarte un mot (« bien ») d'un autre (« ça ») ou dans l'accent qui allonge une syllabe (« c'est biiien »). Le dialogue théâtral de la dramaturge est, pour cela, marqué par des tâtonnements, des étirements et des silences. Les phrases brèves, interrompues, fragmentaires, le procédé de l'épanorthose, le recours au langage parlé, plus spontané, sont autant de tentatives pour approcher de ce qui se joue sous le dialogue. Le conflit n'est pas entre les idées, les caractères. La dispute, rejetant les tromperies du langage, met au jour les zones troubles qui sont derrière le mot. Il s'agit d'analyser les termes du dialogue pour restituer les mouvements enfouis dans l'épaisseur du non-verbal, en deçà de toute formulation, les non-dits qui minent les relations humaines. À ce titre, la dispute est salutaire.

La recherche des tropismes (*Tropismes*, 1939) traverse l'ensemble l'œuvre de Nathalie Sarraute (voir p. 343).

L'épanorthose est un procédé de style qui consiste à reprendre son propos pour le préciser.

En cela, Nathalie Sarraute, dans ce qu'elle nomme des « logodrames », s'écarte résolument du théâtre de l'absurde pour qui la faillite du langage réside dans des paroles vides de sens, des joutes verbales insignifiantes comme entre Vladimir et Estragon dans *En attendant Godot*. Leur échange est contaminé par des silences, alourdi par des ressassements. Leur parole est exténuée mais ils sont en fait condamnés à parler pour combler l'ennui, simplement pour exister.

Samuel Beckett, *En Attendant Godot*, 1953

Conclusion (Fiche 28)

La dispute est un ressort dramatique essentiel. Elle nourrit l'intrigue, révèle des caractères et des points de vue mais surtout renvoie à des formes esthétiques précises. Le dialogue pour Nathalie Sarraute n'est plus le véhicule de l'action, il n'a d'autre intérêt que de capter le conflit. Reposant sur les mots, la dispute est le seul ressort dramatique dans le théâtre de Nathalie Sarraute où tout passe par la parole. La dramaturge choisit d'inventer un langage capable d'extérioriser les réactions subconscientes. Elle définit elle-même son œuvre : « C'est un théâtre de langage. Il n'y a que du langage. Il produit à lui seul l'action dramatique ».

Synthèse des trois perspectives abordées

Ouverture sur une citation de l'auteur au programme

L'épreuve orale

L'épreuve orale

L'épreuve orale s'appuie sur le travail effectué durant l'année. Le sérieux des candidats est récompensé.

Avant l'épreuve

Le descriptif

• L'examinateur a reçu quelques jours auparavant les descriptifs des élèves qu'il va interroger, ce qui ne vous dispense pas de présenter, sans ratures autres que celles autorisées par votre professeur, votre propre descriptif signé par votre enseignant et le chef de votre établissement.
• Le descriptif présente le travail effectué au cours de l'année de Première : les extraits étudiés (entre 20 et 24) de façon précise et les textes abordés de façon cursive sont nettement distingués.

L'organisation matérielle

• Présentez-vous devant l'examinateur muni des documents suivants : votre convocation, votre pièce d'identité ; votre « descriptif des lectures et activités » et vos textes (extraits, œuvres intégrales) en double exemplaire.
• L'examinateur vous donne un bordereau d'interrogation sur lequel figurent le texte que vous devrez expliquer de façon linéaire et la question de grammaire.
• À l'issue des trente minutes de préparation, l'examinateur vous appelle. L'épreuve comprend deux parties : l'exposé, noté sur 12, dure 12 minutes ; l'entretien noté sur 8 dure 8 minutes.

Conseils
• Portez une tenue correcte, neutre et dans laquelle vous êtes à l'aise.
• Soyez poli : « Bonjour Monsieur », « Bonjour Madame »... « Merci »...

Première partie de l'épreuve : 12 minutes

La lecture à voix haute (2 points)

Vous lirez le texte de façon claire et expressive. Lisez posément et pensez à marquer la ponctuation et les paragraphes. Soignez particulièrement les textes en vers.

Conseils

- Assurez-vous de bien prononcer les noms propres et certains mots particuliers (ceux qui contiennent un « ch » se prononçant « k » par exemple).
- Faites les liaisons.
- Pour les textes en vers, veillez à la métrique* et aux diérèses*.
- Entraînez-vous plusieurs fois dans l'année pour chaque texte présenté.

L'explication de texte (8 points)

• **Le texte.** L'explication de texte porte sur un des textes que vous avez étudiés durant l'année. Il est tiré d'une des œuvres au programme ou bien est rattaché à un des parcours. Si le texte est long, l'examinateur pourra sélectionner un passage d'une vingtaine de lignes.

• **L'explication linéaire.** Votre explication suit la progression du texte en mettant en relief ce qui est important.

– En vous rappelant ce qui a été vu en classe, notez la problématique de votre étude : comme pour le commentaire, il s'agit d'éclairer les principaux enjeux du texte.

– Dégagez le plan du texte. Étudiez chacune de ses parties en suivant sa progression. Appuyez-vous sur un repérage et un commentaire des procédés. Mettez en relief ce qui est important.

– Votre explication comprend une introduction et une conclusion.

Conseils

- Soignez votre expression orale et utilisez un vocabulaire précis.
- Regardez l'examinateur.
- Évitez le mot à mot et la paraphrase : il ne s'agit pas de redire le texte avec vos termes à vous mais de montrer ses enjeux et les spécificités de son écriture.

• **L'introduction de l'explication linéaire** comprend trois grandes étapes.

Étape 1 Présentation de l'auteur, de l'œuvre ; situation du passage dans l'œuvre intégrale.

Étape 2 Présentation du texte et de la problématique de l'étude.

Étape 3 Annonce du plan : les grandes lignes de la progression du texte.

• **La conclusion de l'explication linéaire** comprend deux grandes étapes.

Étape 1 Un bilan de ce qui a été étudié : les grands enjeux du texte.

Étape 2 Une ouverture vers l'œuvre ou d'autres textes.

La question de grammaire (2 points)

La question porte sur un court passage du texte et concerne la syntaxe. Utilisez les termes grammaticaux qui conviennent.

Conseils

Distinguez bien les natures (classes grammaticales, Fiches 55 et 56) et les fonctions (rôles dans la phrase, Fiche 57). Revoyez ces notions ainsi que ce qui concerne la phrase (Fiches 66 à 70).

Seconde partie de l'épreuve : 8 minutes

Présentation de l'œuvre choisie

• Présentez de façon synthétique l'œuvre choisie, son auteur, le mouvement dans lequel elle s'inscrit, ses principales caractéristiques.

• Expliquez la raison de votre choix : cette œuvre est représentative d'un mouvement, d'une époque ; elle soulève un problème qui vous concerne ; elle vous touche…

Entretien

• L'examinateur vous pose des questions sur l'œuvre choisie, sur les raisons de votre choix dans le cadre du descriptif.

• Il attend des réponses claires et développées. Appuyez-vous sur des exemples précis.

Conseils

• N'hésitez pas à demander à l'examinateur d'expliciter une question si vous ne l'avez pas comprise.

• Prenez le temps de développer votre réponse.

• Montrez votre culture sans chercher à éblouir.

• Soyez spontané tout en restant respectueux et posé.

SUJET 25

Le Menteur

Œuvre : *Le Menteur*, II, 3 et 4, vers 308 à 348,
Pierre Corneille, 1644
Parcours : Mensonge et comédie

1. Vous présenterez l'explication linéaire de l'extrait de la scène 3 et de la scène 4 de l'acte II du *Menteur* de Pierre Corneille.

2. Vous répondrez à la question de grammaire suivante : Distinguez les différentes propositions dans les vers 15 à 17. Indiquez leur nature et la fonction des mots qui les composent.

ALCIPPE
La nuit était fort noire, alors que tu le vis.
Il ne t'a pas donné quatre chœurs de Musique,
Une collation superbe, et magnifique,
Six services de rang, douze plats à chacun ?
Son entretien alors t'était fort importun ?
Quand ses feux d'artifice éclairaient le rivage,
Tu n'eus pas le loisir de le voir au visage,
Tu n'as pas avec lui dansé jusques au jour,
Et tu ne l'as pas vu pour le moins au retour ?
T'en ai-je dit assez ? Rougis, et meurs de honte.

CLARICE
Je ne rougirai point pour le récit d'un conte.

ALCIPPE
Quoi ! Je suis donc un fourbe, un bizarre, un jaloux ?

CLARICE
Quelqu'un a pris plaisir à se jouer de vous,
Alcippe ; croyez-moi.

ALCIPPE
Ne cherche point d'excuses,
Je connais tes détours, et devine tes ruses.
Adieu : suis ton Dorante, et l'aime désormais,
Laisse en repos Alcippe, et n'y pense jamais.

CLARICE
Écoutez quatre mots.

ALCIPPE
Ton père va descendre.

CLARICE
Non, il ne descend point, et ne peut nous entendre,
Et j'aurai tout loisir de vous désabuser.

ALCIPPE
Je ne t'écoute point, à moins que m'épouser,
À moins qu'en attendant le jour du mariage,
M'en donner ta parole et deux baisers en gage.

CLARICE
Pour me justifier vous demandez de moi,
Alcippe ?

ALCIPPE
Deux baisers, et ta main, et ta foi.

CLARICE
Que cela ?

ALCIPPE
Résous-toi, sans plus me faire attendre.

CLARICE
Je n'ai pas le loisir, mon père va descendre.

1. Corrigé de l'explication linéaire

Ce corrigé, annoté et accompagné de conseils, correspond à l'intégralité de la première partie de l'épreuve orale.

Fiche œuvre 10

Les conseils du professeur

Introduction

Après avoir obtenu un grand succès avec sa comédie *L'Illusion comique* en 1636 et sa tragi-comédie *Le Cid* en 1637, Corneille se tourne vers la tragédie avec *Cinna* et *Polyeucte*. Mais, montrant l'étendue de son talent, il n'abandonne pas la comédie et, alors qu'il compose *La Mort de Pompée*, une tragédie, il écrit *Le Menteur* qui sera joué en 1644. Pour cette comédie, il s'écarte de l'héritage des Latins et s'inspire d'une pièce espagnole.

Présentation de l'auteur et de ses œuvres

Dorante, le personnage éponyme, cherche à se faire une place dans le Paris mondain, pour cela il multiplie les mensonges. Ainsi, il a fait croire à son ami Alcippe, amoureux de Clarice, qu'il a offert un festin incroyable à la jeune femme qu'il aime depuis peu. Dans la scène 3 de l'acte II, Alcippe rapporte à Clarice, qui nie avoir vu Dorante, le récit du jeune homme.

Présentation de la pièce et du passage étudié

Nous verrons comment l'intrigue se noue autour du thème du mensonge, puisant dans le dépit amoureux de la comédie.

Problématique de l'explication

Nous étudierons le récit d'Alcippe, puis l'échange entre le jeune homme et Clarice.

Annonce du plan selon le mouvement du texte

I. Le récit d'Alcippe (vers 1 à 10)

A. Vers 1 : l'introduction de la tirade

La tirade répond de façon agressive à Clarice qui a nié avoir vu Dorante : on le voit dès le premier vers avec l'intensif « fort » et l'opposition entre « noire » à la fin du premier hémistiche* et « vis » en fin de vers.

Le cadre de la nuit évoque la rencontre amoureuse mais aussi la dissimulation, deux des thèmes de la pièce.

B. Vers 2 à 9 : une succession d'interrogations accusatrices

– Trois interro-négatives accusent Clarice d'infidélité et entreprennent de la démasquer. Le polyptote* du verbe « voir » (vers 1, 7 et 9) et surtout l'anaphore* du pronom « tu » ponctuent et renforcent les interrogations rhétoriques accusatrices.

L'analyse s'appuie sur un repérage précis des procédés et de leurs effets.

– Alcippe reprend et détourne le long récit de Dorante (I, 5) afin de dresser un acte d'accusation riche en détails destinés à garantir sa vérité. Les hyperboles* sont ici autant de pointes contre Clarice. On relève le recours aux nombres, à la multiplication (« six services » de « douze plats »), les adjectifs mélioratifs redondants (vers 3), la sollicitation des différents sens (l'ouïe avec les chœurs, la vue avec les feux d'artifice, le goût avec la collation). Le coup de grâce est porté par la danse « avec lui » « jusques au jour ».

– Cette reprise et ce détournement du récit initial relèvent de l'esthétique baroque de même que l'escalade des mensonges.

Pensez à situer le passage dans le courant esthétique qu'il manifeste.

C. Vers 10 : la conclusion de la tirade

Le pronom « en » rassemble ce qui a été développé plus haut.

Le second hémistiche est une condamnation lapidaire formulée à l'impératif.

II. Le dialogue entre Alcippe et Clarisse

A. Vers 11 à 20 : Clarice nie et se défend

Vers 11 : Le polyptote* « rougis » / « rougirai » et la rime « honte » / « conte » montrent que ce vers est bien une réaction immédiate au récit d'Alcippe.

Vers 12 : L'interjection, l'interrogation rhétorique et l'énumération de noms masculins bisyllabiques expriment l'indignation du jeune homme.

Vers 13-14 : Le vers 13 propose une explication en introduisant une tierce personne sous la forme du pronom indéfini « Quelqu'un ». Le verbe « se jouer de » reprend le thème du mensonge au cœur de la pièce. Le premier hémistiche du vers 14 tente de renouer la relation entre les jeunes gens grâce à l'apostrophe et à l'impératif. Au règne du mensonge, Clarice, en employant le verbe « croire », oppose la vérité.

Les procédés repérés doivent être rattachés au sens du texte.

Vers 14-17 : Le jeune homme se situe du côté de la vérité avec les verbes « connais » et « devine ». Son refus est présenté comme irréversible : « Adieu », « désormais » rimant avec « jamais ». Au vers 17, le « je » du locuteur se mue en 3e personne comme si Alcippe se retirait.

Soyez attentif aux rapprochements lexicaux effectués par la rime.

Vers 18-20 : Clarice cherche à obtenir l'attention d'Alcippe. Le refus sans appel du jeune homme est d'abord suivi d'un simple hémistiche. Puis, repoussant l'objection formulée par Alcippe dans le second hémistiche, elle développe deux alexandrins, les « quatre mots » du vers 18 devenant l'expression « tout loisir ». La deuxième personne de l'impératif dans laquelle on pouvait entendre une supplication, fait place à une première personne autoritaire : le « je » est sujet du groupe verbal « avoir tout le loisir » tandis que le pronom « vous » représentant Alcippe est simplement COD.

Le personnage « sujet » du verbe actif domine tandis que celui qui est COD subit l'action.

B. L'ultimatum d'Alcippe : vers 21-27

Alcippe, vers 21-23 : La locution* prépositionnelle « à moins que » introduit un infinitif qui ouvre à Clarice une possibilité de dialogue sous condition. Cette condition est reprise dans les deux vers qui suivent avec le même « à moins que », le verbe « épouser » étant prolongé par le mot « mariage ».

Alcippe, vers 25 et 26 : La phrase nominale ponctuée par la reprise de la conjonction « et » résume les conditions de l'ultimatum. L'absence de verbe donne l'impression que le temps presse. Le vers 26 renforce cette pression en recourant à l'impératif.

Clarice, vers 24-25-26 : l'interrogation rhétorique manifeste l'indignation devant le chantage. En recourant à l'apostrophe, peut-être Clarice tente-t-elle d'émouvoir Alcippe. Mais le spectateur comprend surtout qu'elle cherche à gagner du temps car Dorante lui plaît davantage.

Les trois syllabes qu'elle prononce au vers 26 vont dans le même sens.

Clarice, vers 27 : Le vers 27 conclut la scène de façon amusante. « J'aurai tout le loisir » a fait place à « Je n'ai pas le loisir » tandis que le prétexte du « père qui va descendre », repoussé au vers 19, est brandi au vers 27. Ainsi, Dorante n'est pas le seul à mentir et le thème de la pièce ne se réduit pas à l'étude d'un personnage comme chez Molière.

En effet, dans *L'Avare*, seul Harpagon incarne ce vice condamné par Molière.

Conclusion

Le passage que nous avons étudié met en scène une des conséquences d'un des mensonges de Dorante. En effet, le récit du festin donné/imaginé par le jeune homme est repris pour dénoncer l'infidélité de Clarice. Finalement, le mensonge permet de faire éclater la vérité là où on ne l'attend pas : ce dévoilement lié au thème du masque complique l'intrigue et manifeste l'empreinte esthétique baroque.

2. Corrigé de la question de grammaire

L'analyse grammaticale montre le resserrement maximal des propos d'Alcippe.

Fiches p. 285
57 et 68

– Chaque alexandrin comprend deux propositions indépendantes.

– Au vers 15, les indépendantes comprennent un sujet (sous-entendu dans le second hémistiche), un verbe et un COD. Par la suite, chacune des quatre indépendantes est constituée d'un verbe à l'impératif et d'un complément d'objet : « ton Dorante » COD du verbe « suivre » ; « l' » COD du verbe « aimer » ; « Alcippe » COD du verbe « laisser en repos » ; « y » COI du verbe « penser ».

SUJET 26

On ne badine pas avec l'amour

Œuvre : *On ne badine pas avec l'amour*, acte III, scène 3, Alfred de Musset, 1834
Parcours : Les jeux du cœur et de la parole

1. Vous présenterez l'explication linéaire de l'extrait de la scène 3 de l'acte III de *On ne badine pas avec l'amour* d'Alfred de Musset.

2. Vous répondrez à la question de grammaire suivante : Étudiez les interrogations dans le passage : « on n'a pas infiltré dans ton sang vermeil les restes d'un sang affadi ? Tu ne veux pas te faire religieuse ; te voilà jeune et belle dans les bras d'un jeune homme. Ô Rosette, Rosette ! Sais-tu ce que c'est que l'amour ? ».

(Entrent Perdican et Rosette, qui s'assoient.)

Camille, *cachée, à part.* Que veut dire cela ? Il la fait asseoir près de lui ? Me demande-t-il un rendez-vous pour y venir causer avec une autre ? Je suis curieuse de savoir ce qu'il lui dit.

Perdican, à haute voix, de manière que Camille l'entende. Je t'aime, Rosette ! Toi seule au monde tu n'as rien oublié de nos beaux jours passés ; toi seule tu te souviens de la vie qui n'est plus ; prends ta part de ma vie nouvelle ; donne-moi ton cœur, chère enfant ; voilà le gage de notre amour.

(Il lui pose sa chaîne sur le cou.)

Rosette. Vous me donnez votre chaîne d'or ?

Perdican. Regarde à présent cette bague. Lève-toi et approchons-nous de cette fontaine. Nous vois-tu tous les deux, dans la source, appuyés l'un sur l'autre ? Vois-tu tes beaux yeux près des miens, ta main dans la mienne ? Regarde tout cela s'effacer. *(Il jette sa bague dans l'eau.)* Regarde comme notre image a disparu ; la voilà qui revient peu à peu ; l'eau qui s'était troublée reprend son équilibre ; elle tremble encore ; de grands cercles noirs courent à sa surface ; patience, nous reparaissons ; déjà je distingue de nouveau tes bras enlacés dans les miens ; encore une minute, et il n'y aura plus une ride sur ton joli visage : regarde ! C'était une bague que m'avait donnée Camille.

Camille, *à part*. Il a jeté ma bague dans l'eau.

Perdican. Sais-tu ce que c'est que l'amour, Rosette ? Écoute ! le vent se tait ; la pluie du matin roule en perles sur les feuilles séchées que le soleil ranime. Par la lumière du ciel, par le soleil que voilà, je t'aime ! Tu veux bien de moi, n'est-ce pas ? On n'a pas flétri ta jeunesse ; on n'a pas infiltré dans ton sang vermeil les restes d'un sang affadi ? Tu ne veux pas te faire religieuse ; te voilà jeune et belle dans les bras d'un jeune homme. Ô Rosette, Rosette ! Sais-tu ce que c'est que l'amour ?

Rosette. Hélas ! Monsieur le docteur, je vous aimerai comme je pourrai.

1. Corrigé de l'explication linéaire

Ce corrigé, annoté et accompagné de conseils, correspond à l'intégralité de la première partie de l'épreuve orale.

Fiche œuvre 11

Introduction

Les conseils du professeur

« Il revient [...] la bouche toute pleine de façon de parler si belles et si fleuries, qu'on ne sait que lui répondre les trois quarts du temps. » (I, 1) : c'est ainsi que Maître Blazius présente Perdican en jeune « docteur », fraîchement diplômé capable de briller par sa maîtrise de la parole. Pourtant, seuls quelques mots sont froidement échangés entre lui et Camille (I, 2) avant qu'un long entretien n'aboutisse finalement qu'à un débat déceptif et stérile entre eux (II, 5). L'Acte III s'ouvre sur une lettre envoyée par Camille à une amie du couvent et interceptée par

> Accroche ; on peut aussi choisir de présenter l'œuvre.

> Contextualisation dans l'œuvre

Perdican : vexé de lire qu'elle se flatte de le tourmenter, il décide de se venger en la rendant jalouse de Rosette. Dans la scène 3, Perdican « badine avec l'amour » : il joue un jeu dangereux en manipulant la parole pour troubler le cœur de celle qu'il aime. En quoi le spectacle factice créé alors par Perdican révèle-t-il la vérité de ses sentiments ? En élaborant une véritable mise en scène sous les yeux de Camille spectatrice, Perdican se fait dramaturge (1er mouvement). Par la double énonciation*, il s'adresse à elle à travers Rosette en jouant avec un objet, la bague (2e mouvement). Sous la fiction d'une déclaration à Rosette se fait entendre la vérité aigre de ses reproches envers Camille (3e mouvement).

Présentation de l'extrait

Problématique

Explicitation des étapes de l'extrait

I. Perdican dramaturge (lignes 1 à 10)

Perdican a donné rendez-vous à Camille ; les didascalies « *Entrent Perdican et Rosette* » puis « *Camille, cachée* » créent un théâtre dans le théâtre : Camille est spectatrice de la pièce qu'improvise sous ses yeux Perdican en manipulant Rosette. Par la double énonciation, en s'adressant à Rosette, Perdican s'adresse à Camille.

– l'aparté avec ponctuation forte (interrogations, exclamation) traduit la surprise de Camille et l'éveil de son inquiétude ;

– les verbes de parole « dire », « demande », « causer », « dit » permettent de mettre en place le théâtre dans le théâtre ; Camille assiste à un dialogue, à un duo amoureux créé par Perdican avec Rosette ;

– la didascalie *« à haute voix, de manière que Camille l'entend »* suivie de l'apostrophe* « Rosette » réalise le stratagème de Perdican (s'adresser à Camille à travers Rosette) ; il y a donc deux destinataires des paroles d'amour de Perdican : Rosette d'une part, Camille d'autre part ;

Pensez à commenter les didascalies en lien avec le dialogue

– le discours amoureux est convenu avec les hyperboles* « toi seule » (deux fois), « rien oublié », « beaux jours », avec l'entrelacement des pronoms personnels « je » et « tu » ; les tournures juxtaposées mécaniquement donnent l'impression d'un rôle appris par cœur ;

« Convenu » signifie ici, admis par tous, sans originalité

Oral du Bac

– la didascalie « *sa chaîne sur le cou* » et le jeu sur les déterminants possessifs : « *sa chaîne* » devient « votre chaîne » soulignent la proximité physique des deux personnages ; les objets sont investis d'une valeur symbolique amoureuse forte (la chaîne, la bague : la forme du cercle symbolise la promesse d'alliance).

II. La bague, objet d'amour ou de rupture ? (lignes 11 à 21)

L'objet de la bague joue un double rôle dans cette mise en abyme* : offerte à Rosette, la bague est une fausse promesse d'union conjugale ; jetée dans l'eau sous le regard de Camille, elle devient une véritable manifestation de la rupture amoureuse.

– les déictiques* « cette bague », « cette fontaine », « la source », « la voilà » et les verbes de vision « regarde » (quatre fois), « distingue », « reparaissons », « vois » (deux fois) sont nombreux ; le sens de la vue est omniprésent : « yeux », « image », « noirs », « joli ». Cette forte spatialisation met en valeur le spectacle auquel assiste Camille ;

– le déterminant démonstratif « cette bague » fait voir un deuxième objet avec une gradation de la préciosité ; les deux objets sont associés aux deux personnages de Camille (la bague) et Perdican (la chaîne) : ils matérialisent le triangle amoureux qui se joue ici ; de plus, les impératifs « regarde », « lève-toi », « approchons », par le dispositif de double énonciation sont adressés aussi bien à Rosette (au 1er degré) qu'à Camille (au 2nd degré) ; le déterminant possessif « notre » peut donc aussi bien désigner le couple Perdican-Camille que Perdican-Rosette ;

– certes, la tirade de Perdican fait entendre aux oreilles de Rosette une méditation sur l'eau : la métaphore du trouble amoureux apparaît avec les termes « troublée », « tremble », « enlacés » ; le brouillage des temps verbaux (l'impératif présent « regarde », l'indicatif présent « revient », « distingue », l'indicatif futur « aura » et l'indicatif imparfait « était ») confère aux paroles de Perdican une tonalité onirique* ;

– pourtant, le motif de l'eau montre que l'« image » est un simulacre, un faux-semblant de couple ; la véritable destinataire de la tirade est donc Camille, et non Rosette ;
– ainsi, la didascalie *« Il jette sa bague dans l'eau »* et la didascalie interne en aparté « Il a jeté ma bague dans l'eau » soulignent le geste brutal de rupture de Perdican ; l'aspect accompli du passé composé « a jeté », « a disparu » et du plus-que-parfait « avait donnée » ainsi que les verbes « disparu », « s'effacer » signent avec aigreur sa rupture avec Camille.

Certaines indications dans les paroles des personnages jouent le rôle de didascalies.

III. Les reproches déguisés (lignes 22 à 30)

Les effets de la double énonciation s'intensifient dans le dernier mouvement : à travers les fausses paroles d'amour de Perdican adressées à Rosette se font entendre les vraies paroles de reproche adressées à Camille.
– la tirade de Perdican se poursuit et fait résonner son éloquence louée par Maître Balzius (I, 1) : le registre lyrique* se déploie avec le refrain « sais-tu ce que c'est que l'amour ? » (deux fois), l'apostrophe « Ô Rosette, Rosette » et la personnification de la nature animée par les sentiments (le vent, la pluie, les feuilles, le soleil, le ciel) ;
– la succession de questions rhétoriques « tu veux bien de moi ? », « on n'a pas flétri ta jeunesse ? », « sais-tu ce que c'est que l'amour ? » relève, là encore, d'un discours amoureux assez convenu qui montre l'adresse de la parole de Perdican en même temps qu'elle trahit son caractère factice et machinal ;
– par ailleurs, la profusion de négations dans ses paroles offre au spectateur – ainsi qu'à Camille – un portrait de Rosette comme une anti-Camille : « on n'a pas flétri ta jeunesse », « on n'a pas infiltré dans ton sang [...] un sang affadi », « tu ne veux pas te faire religieuse » ; Perdican fait indirectement ses reproches à Camille ;
– en réalité, l'impératif exclamatif « Écoute ! » s'adresse surtout à Camille cachée ; la multiplication des apostrophes adressées à Rosette (trois fois) ne fait que renforcer le rôle d'écran factice qu'elle joue entre Perdican et Camille ;

Il est souvent intéressant de commenter les négations quand elles sont récurrentes dans un passage.

– enfin, la réplique de Rosette fait de nouveau apparaître Perdican en maître du jeu avec l'apostrophe révérencieuse « monsieur le docteur » ; en revanche, l'interjection « Hélas ! » ainsi que le parallélisme des verbes conjugués à l'indicatif futur « je vous *aimerai* comme je *pourrai* » permet de mesurer la disproportion aussi bien sociale qu'amoureuse entre le tourment de Perdican et la simplicité de Rosette : l'issue malheureuse du drame se dessine déjà.

Révérencieuse : particulièrement respectueuse

Conclusion

Ainsi, par un procédé de théâtre dans le théâtre, Perdican se fait dramaturge : il crée un simulacre de duo amoureux avec Rosette sous le regard de Camille : la tirade amoureuse de Perdican adressée à Rosette est en réalité entièrement destinée à Camille. Derrière le mensonge de la déclaration d'amour se fait donc entendre la vérité de la déception amoureuse. Ce triangle amoureux (III, 3) préfigure la scène finale (III, 8) : les trois personnages seront de nouveau réunis, mais cette fois, ce sera Rosette cachée qui assistera à un duo amoureux sincère, mais meurtrier, entre Camille et Perdican.

Bilan de l'explication

Ouverture

2. Corrigé de la question de grammaire

L'analyse grammaticale révèle les questionnements de Perdican au sein de son discours amoureux.

Fiche p. 285
31

Dans ce passage, on observe deux interrogations directes qui ont une valeur rhétorique puisqu'elles n'appellent pas vraiment de réponse :
– « on n'a pas infiltré dans ton sang vermeil les restes d'un sang affadi ? » : relève d'un niveau de langue familier ; la portée de cette interrogation est totale puisqu'elle n'appelle pas d'autre réponse que « oui » ou « non » ;
– « sais-tu ce que c'est que l'amour ? » : relève d'un niveau de langue soutenu.

SUJET 27

Pour un oui ou pour un non

Œuvre : *Pour un oui ou pour un non*, Nathalie Sarraute, 1982
Parcours : Théâtre et dispute

1. Vous présenterez l'explication linéaire de cet extrait de *Pour un oui ou pour un non* de Nathalie Sarraute : « Eh bien, je te demande […] t'a poussé à rompre ».

2. Vous répondrez à la question de grammaire suivante : Précisez la construction syntaxique de la réplique de H1 « Écoute, … d'ailleurs… » (lignes 36 à 38).

H.1 : Eh bien, je te demande au nom de tout ce que tu prétends que j'ai été pour toi… au nom de ta mère… de nos parents… je t'adjure solennellement, tu ne peux plus reculer… Qu'est-ce qu'il y a eu ? Dis-le… tu me dois ça…

H.2, *piteusement* : Je te dis : ce n'est rien qu'on puisse dire… rien dont il soit permis de parler…

H.1 : Allons, vas-y…

H.2 : Eh bien, c'est juste des mots…

H.1 : Des mots ? Entre nous ? Ne me dis pas qu'on a eu des mots… ce n'est pas possible… et je m'en serais souvenu…

H.2 : Non, pas des mots comme ça… d'autres mots… pas ceux dont on dit qu'on les a « eus »… Des mots qu'on n'a pas « eus », justement… On ne sait pas comment ils vous viennent…

H.1 : Lesquels ? Quels mots ? Tu me fais languir… tu me taquines…

H.2 : Mais non, je ne te taquine pas… Mais si je te les dis…

H.1 : Alors ? Qu'est-ce qui se passera ? Tu me dis que ce n'est rien…

H.2 : Mais justement, ce n'est rien… Et c'est à cause de ce rien…

H.1 : Ah on y arrive… C'est à cause de ce rien que tu t'es éloigné ? Que tu as voulu rompre avec moi ?

H.2, *soupire* : Oui… C'est à cause de ça… Tu ne comprendras jamais… Personne, du reste, ne pourra comprendre…

H.1 : Essaie toujours… Je ne suis pas si obtus…

H.2 : Oh si …pour ça, tu l'es. Vous l'êtes tous du reste.

H.1 : Alors, chiche… on verra…

H.2 : Eh bien… Tu m'as dit il y a quelque temps… tu m'as dit… quand je me suis vanté de je ne sais plus quoi… de je ne sais plus quel succès… oui… dérisoire… quand je t'en ai parlé… tu m'as dit : « C'est bien… ça... »

H.1 : Répète-le, je t'en prie… j'ai dû mal entendre.

H.2, *prenant courage* : Tu m'as dit : « C'est bien… ça... ». Juste avec ce suspens… Cet accent…

H.1 : Ce n'est pas vrai. Ça ne peut pas être ça… Ce n'est pas possible…

H.2 : Tu vois, je te l'avais bien dit… à quoi bon ?

H.1 : Non mais vraiment, ce n'est pas une plaisanterie ? Tu parles sérieusement ?

H.2 : Oui. Très. Très sérieusement.

H.1 : Écoute, dis-moi si je rêve… si je me trompe… Tu m'aurais fait part d'une réussite… quelle réussite d'ailleurs…

H.2 : Oh, peu importe… une réussite quelconque…

H.1 : Et alors je t'aurais dit : « C'est bien, ça ? »

H.2, *soupire* : Pas tout à fait ainsi… il y avait entre « C'est bien » et « ça » un intervalle plus grand : « C'est biiien... ça... ». Un accent mis sur « bien »... un étirement : « biiien... » et un suspens avant que « ça » arrive… ce n'est pas sans importance.

H.1 : Et ça… oui, c'est le cas de le dire… ce « ça » précédé d'un suspens t'a poussé à rompre.

1. Corrigé de l'explication linéaire

Ce corrigé, annoté et accompagné de conseils, correspond à l'intégralité de la première partie de l'épreuve orale.

Fiche œuvre 12

Les conseils du professeur

Introduction

La romancière Nathalie Sarraute est aussi l'autrice de six pièces de théâtre qui accordent à la parole une prédominance sur tout autre mode dramatique. Sa dernière

Présentation du contexte littéraire et de l'auteur.

œuvre, *Pour un oui ou pour un non*, créée en 1982 est, d'ailleurs, à l'origine, radiophonique. L'extrait situé au début d'une pièce sans acte et sans scène présente une conversation en apparence banale entre deux amis qui se retrouvent après une longue séparation.

Présentation de la pièce et de l'extrait étudié

En quoi ce dialogue d'ouverture marqué par un certain suspense et un horizon d'attente est-il original ?

Problématique de l'explication

Nous suivrons les trois étapes de l'avancée du dialogue vers la révélation d'une sous-conversation.

Annonce du plan suivant le mouvement du texte

I. Un échange laborieux (lignes 1 à 16)

A. La demande insistante de H.1 (lignes 1 à 4)

Sans didascalie initiale, nous ne connaissons ni le décor ni le nom des personnages, deux amis de longue date, désignés par une simple initiale qui les rend anonymes et universels. La demande insistante de H.1, introduite par l'interjection « eh bien », est soulignée par une interrogation « Qu'est-ce qu'il y a eu ? », un verbe de questionnement et une injonction* : « je te demande », « dis-le ». La solennité de l'exhortation est renforcée par l'anaphore* « au nom de » qui sollicite, dans une gradation pathétique, le passé, les disparus, « ta mère », « nos parents ». H.1 s'interroge sur l'éloignement de son ami. La réponse est urgente et il se livre à une sorte de chantage, culpabilise H.2 au nom d'une dette morale : « tu ne peux plus reculer », « tu me dois ça... ». Le pronom neutre résonne étrangement, les points de suspension notant l'attente.

Référez-vous précisément au vocabulaire théâtral.

L'analyse s'appuie sur un repérage précis des procédés et de leurs effets.

Le jeu sur les mots est fréquent dans la pièce.

B. La première réponse de H.2 (lignes 5 et 6)

Elle réside dans ce « rien » qui ouvre et ferme leur bref échange : « ce n'est rien » (lignes 5 et 16). La didascalie « piteusement » traduit son malaise et le ton morne adopté. Les deux phrases renchérissent sur l'interdit. « Ce n'est rien qu'on puisse dire » : le verbe « pouvoir » renvoie à la capacité mais surtout à l'autorité, comme le verbe « permettre » (ligne 6). H.2 a conscience que sa parole va lever un tabou vis-à-vis de la société.

C. Le malentendu (lignes 7 à 16)

H.1 l'encourage avec le double impératif « Allons, vas-y ». L'interjection « eh bien » annonce maladroitement une réponse de H.2 : « c'est juste des mots ». Le langage est bien au cœur de leur différend.

La reprise de l'interjection scande le mouvement du texte.

Surgit alors un malentendu. H.1 en reste à l'expression familière « avoir des mots », c'est-à-dire « se disputer » et manifeste son incompréhension par des interrogations, des points de suspension, des dénégations (lignes 9-10). H.2 corrige son ami en soulignant le sens concret du verbe « avoir » (ligne 12). Il essaie en vain de qualifier ces mots « qu'ils n'ont pas eus », comme en témoigne l'aposiopèse. « On ne sait pas comment ils vous viennent… » ajoute-t-il faisant implicitement allusion à une sous-conversation, un jaillissement spontané de la parole.

L'aposiopèse (nom féminin) est une figure de style consistant à suspendre le sens d'une phrase. Les points de suspension omniprésents dans la pièce signalent l'émotivité qui entrave la prise de parole.

Le duel verbal se poursuit. H1 questionne : « Lesquels ? Quels mots ? » (ligne 14). Il croit que H.2 veut faire diversion « tu me taquines ». H.2 renouvelle ses craintes « Mais si je te les dis… ». H.1 perplexe s'interroge alors au futur et non plus au passé « Qu'est-ce qui se passera ? » et revient au « rien », constatant l'échec de la révélation : « Tu me dis que ce n'est rien… ».

II. Le « rien » (lignes 17 à 23)

A. Un embryon de réponse (lignes 17 à 19)

Pour la première fois H.2 utilise le mot « cause » : « C'est à cause de ce rien ». Si l'on considère la polysémie* du terme « rien » qui désigne le néant ou, en référence au latin *rem*, un petit quelque chose, on attend une première explication. H.1 sent la fin de ce parcours laborieux, proche de la maïeutique* socratique : « ah on y arrive » (ligne 18), avec ce verbe qui marque l'avancée après le « vas-y » initial (ligne 7). Il veut en savoir plus : « c'est à cause de ce rien que tu t'es éloigné ? ». Le verbe « éloigner » est même modifié par « rompre », qui souligne l'absurdité du comportement de H.2 aux yeux de H.1.

B. La tension est relancée (lignes 20 à 24)

Le malaise de H.2, souligné par la didascalie « soupire »,

s'accroît. Il confirme la raison impalpable avec le pronom démonstratif neutre « ça », contenant le tropisme (ligne 20). Pour justifier ses esquives, il se retranche derrière l'universelle incompréhension, passant du « tu » à « personne » et « à tous ». Quand H.1 manifeste son irritation devant cette forme de paranoïa « je ne suis pas si obtus » (ligne 22), H.2 persiste « Oh si..., pour ça, tu l'es. Vous l'êtes tous du reste ».

La paranoïa est un trouble de la personnalité marqué par une méfiance irréaliste envers autrui.

Quel est donc ce « ça », cause du silence et du blocage ? Par une formule enfantine, H.1 lance un défi, attend la vérité de cette parole qui se perd dans les silences et les non-dits : « Alors, chiche...on verra... ».

III. La révélation (lignes 25 à 45)

A. H.2 s'explique enfin (ligne 25 à 27)

L'interjection « Eh bien » et la reprise de « tu m'as dit » annoncent la révélation si attendue. Les points de suspension omniprésents dans la réplique de H.2 (lignes 25 à 27) traduisent ses ultimes réticences à parler. Il invoque le passé, en des termes imprécis, et minimise d'ailleurs un succès qu'il qualifie de « dérisoire ». Après tant d'atermoiements et de paralysie chez H.2, le caractère dérisoire de l'explication relève du burlesque : « C'est bien... ça... » (ligne 27).

B. L'ironie de H.1 (lignes 28 à 39)

Suivent de courtes répliques en forme de stichomythies*. H.1 est ébahi et manie l'ironie « j'ai dû mal entendre ». H.2 précise alors l'intonation de cette phrase prononcée par H.1 (lignes 29 et 30). À la stupéfaction de H.1, à ses dénégations (ligne 31), répond le défaitisme passager de son ami « à quoi bon ?... ». Alors qu'H.1 insiste « Tu parles sérieusement ? », H.2 persiste par des superlatifs répétés. H.1 dès lors affiche une certaine supériorité. Il croit « rêver », se retranche derrière des irréels du passé « tu m'aurais fait part », « je t'aurais dit ». Il s'interroge sur la nature de ce « succès », ce qui trahit un léger mépris de sa part (lignes 36 à 39).

C. L'analyse de H.2 (lignes 40 à 45)

L'échange s'approfondit malgré la lassitude de H.2 qui « soupire » à nouveau : il décortique la phrase prononcée par H.1. Ces éléments changent la portée du commentaire de H.1. L'expression « c'est bien ça », prononcée d'un seul tenant, pouvait sembler positive, en revanche, ralentie et soulignée, elle cache des non-dits, une condescendance implicite dont H.2, comme le public, a conscience.

Le passage se termine sur l'incrédulité de H.1. Pour lui, la disproportion entre la cause et ses conséquences frôlent l'absurde. Pourtant l'interrogatoire ne se finit pas en sa faveur. Un retournement semble se dessiner.

Conclusion

Bilan de l'explication et rappel du Parcours

Classique, cette exposition s'ouvre immédiatement sur une dispute entre deux personnages, qui rappelle l'ouverture du *Misanthrope* et celle de *En attendant Godot*. En revanche, elle n'est pas informative : les personnages restent imprécis, désincarnés, l'intrigue se résume à « rien ». Aucune action n'a eu lieu, seul un événement de parole.

Ouverture sur l'originalité de l'écriture de Nathalie Sarraute

Toutefois l'ouverture de la pièce reste incitative et nous séduit par l'étrangeté de ce duel verbal, par le bégaiement d'une parole riche de sous-entendus qui se cherche sans cesse. Le dialogue est alimenté par une sous-conversation chère à Nathalie Sarraute, un au-delà du langage où se cachent des tropismes.

2. Corrigé de la question de grammaire

Cette analyse grammaticale vous sera demandée après votre explication linéaire.

Fiche p. 285
68 et 69

La réplique de H.1 comprend deux phrases morcelées. La première est constituée d'une proposition indépendante et d'une proposition principale juxtaposée sous la forme de deux impératifs « Écoute » « dis-moi ». Le deuxième impératif introduit deux propositions subordonnées interrogatives indirectes : « si je rêve... si je me trompe ». Dans la deuxième phrase, une indépendante au conditionnel passé « tu m'aurais fait part » est suivie de manière assez libre d'une interrogation elliptique* au discours* direct.

Fiches de cours

Liste des fiches

Fiches méthodes pour le commentaire

Fiches méthodes pour la dissertation

Les procédés littéraires

Les notions grammaticales et lexicales

1 Utiliser le paratexte

Le paratexte réunit tout ce qui accompagne le texte : ses références, les notes et les chapeaux introducteurs. Il constitue une aide à ne pas négliger. Il peut en effet vous informer sur :
– les personnages et ce qui vient de se passer ;
– l'auteur : ne seront retenus que les éléments biographiques liés au texte ;
– le contexte historique et littéraire susceptible d'éclairer le texte (voir sujet 9, p. 86) ;
– une perspective du texte difficile à percevoir (voir sujet 12, p. 114).

2 Pratiquer une lecture indépendante

▸ Le texte donné à commenter est éclairé par l'objet d'étude qui en oriente l'interprétation. Il vous rappelle peut-être un des parcours sur lesquels vous avez travaillé cette année ou en 2nde. Il est cependant dangereux de lire un texte sous ce seul éclairage.

▸ Vous devez savoir échapper aux influences (sans toutefois les ignorer) pour vous demander simplement : « Qu'ai-je lu ? Quelles sont les intentions (ou l'intention) de l'auteur ? »

▸ En effet, on n'attend rien d'autre dans un commentaire qu'une explicitation précise des impressions de lecture. Autrement dit : un texte est fait pour être compris à la première lecture ; le commentaire ne décrypte pas, ne révèle pas un sens caché ; il met simplement en lumière ce qui a été lu. **En conclusion, fiez-vous à vos impressions de lecture sans toutefois négliger vos connaissances extérieures**.

3 Exprimer une sensibilité au texte

Lorsqu'on commente un texte et notamment un poème, il est important d'y être sensible. Bien sûr, on attend un commentaire raisonné et non une exposition d'états d'âme à propos du passage. Mais le poème est destiné à émouvoir, séduire son lecteur. Si l'on reste froid, on risque de passer à côté de l'essentiel et de ne pas réussir à communiquer au correcteur le « plaisir du texte » dont parle le critique littéraire Roland Barthes.

4 S'interroger sur l'enjeu ou les enjeux d'un texte

Pour dégager la problématique de votre commentaire, vous pouvez vous poser les questions suivantes :

▸ Pour un poème

– Le poète célèbre-t-il la nature, une femme, des valeurs ?
– Le poète est-il ambitieux ? Quelle mission s'attribue-t-il ?
– Le poète exprime-t-il ses sentiments ?
– Le poète s'engage-t-il dans son temps ? Que dénonce-t-il ? Quelles valeurs défend-il ?
– Comment le poète montre-t-il l'importance qu'il accorde à la forme de son poème ?

▸ Pour la littérature d'idées

– Quelle(s) position(s) défend l'auteur ? Ou bien que dénonce-t-il ?
– Dans quel contexte le texte a-t-il été écrit ?
– Dans quelle mesure la question traitée, inscrite dans une époque donnée (du XVIe au XVIIIe siècle) a-t-elle une portée universelle ?
– Quels arguments l'auteur développe-t-il pour défendre sa position ?
– Comment procède l'auteur ? Comment s'organise sa réflexion (art de convaincre*) ? Comment touche-t-il la sensibilité de son destinataire (art de persuader*) ?
– Comment les différents procédés littéraires (genres, tonalités, figures de style, etc.) se mettent-ils au service de l'opinion soutenue ?

▸ Pour un roman ou un récit

– Quelle place occupe le texte dans l'ensemble du récit ?
– L'histoire rapportée est-elle vraie ou fictive ? Pourquoi l'auteur la raconte-t-il ?
– L'auteur ou le narrateur cherche-t-il à donner l'impression que son récit est vrai ? Par quels moyens ? Pour quelles raisons ?
– Quelles émotions l'auteur veut-il partager ? Éventuellement, quelles idées, quels combats, quelle conception du monde l'auteur exprime-t-il ?

▸ Pour une pièce de théâtre

– Quelles sont les intentions du dramaturge dans cette scène ? Quelles sont celles du ou des personnages ? Doit-on étudier la double énonciation **(Fiche 71)** ?
– À quel genre (comédie, tragédie, etc.) la scène appartient-elle ? Quelle est sa tonalité ?
– De quel type de scène (monologue délibératif, scène d'exposition ou d'aveu, etc.) s'agit-il ?
– Quelle place occupe la parole ? Qui parle ?
– Que suggèrent le décor, les costumes, les jeux de scène ?

5 Les principes de composition d'un plan de commentaire

▸ En **deux ou trois parties**, le commentaire rend compte, de manière organisée et progressive, d'une lecture du texte. Ainsi, au brouillon, pour garantir la logique de la progression et préparer la rédaction de l'annonce du plan, on peut écrire les titres des parties sous la forme d'une phrase commençant par « ce texte, c'est... ». Ce travail préalable au brouillon garantira la progression logique du commentaire et préparera la rédaction de l'annonce du plan dans l'introduction.

▸ La composition du plan obéit aux principes suivants :
– Les axes n'annoncent pas une description formelle ; par exemple, on ne peut pas proposer comme intitulé « ce texte est un récit » ou « ce texte est une scène de théâtre » ; il faut caractériser le texte, dégager sa spécificité. **Les axes réunis donnent une lecture complète du texte.**
– **Le commentaire est progressif.** La règle est la même que pour toute composition : **du moins important au plus important.**
– La démarche choisie doit être présentée et justifiée dans l'introduction.

6 Le nombre de parties dans un commentaire

▸ Traditionnellement, **un plan se construit en deux ou trois parties.** L'essentiel est de justifier son choix et d'établir une progression. Les deux (ou trois) parties ne doivent pas être juxtaposées liées dans une même démarche d'approfondissement de la lecture du texte.

▸ **Un plan cohérent en deux parties est nettement préférable à une progression peu convaincante en trois parties.**

▸ **Dans tous les cas, les parties doivent être elles-mêmes clairement organisées. Les sous-parties sont cohérentes entre elles et correspondent au projet de l'axe auquel elles se rattachent.** Un commentaire équilibré comprend entre six et neuf sous-parties. Au bac, chaque sous-partie correspond à un paragraphe repérable à son alinéa. Lorsque le devoir est long, il est possible de scinder les sous-parties en plusieurs paragraphes (*cf.* page 222). Adaptez votre mise en page en sautant alors une ligne entre les sous-parties et deux entre les parties.

7 Étudier le genre dans un commentaire

Si un repérage des marques du genre ne peut constituer un axe de commentaire, il ouvre souvent une voie d'accès intéressante. **Le relevé et le commentaire de ces indices alimentent bien souvent la première partie du devoir, à condition de ne pas se contenter de décrire : les observations formelles doivent contribuer à l'élucidation du sens du texte.** On est donc amené à préciser la notion de genre. Par exemple, pour une page de roman, on montrera qu'il s'agit d'une première rencontre originale, d'un aveu émouvant ou d'une description programmatique.

8 Repérer et commenter des champs lexicaux

- On appelle « champ lexical » d'une notion **l'ensemble des mots (verbes, noms, adjectifs, etc.) qui se rapportent à cette notion.**
- Repérer les champs lexicaux dans un texte consiste à souligner de différentes couleurs les réseaux qui le dominent. Ce travail n'est aucunement une fin en soi ; il peut simplement aider à dégager les thèmes essentiels du passage étudié.

9 Repérer et commenter des procédés

▸ Tout commentaire, et plus particulièrement celui d'un poème, s'appuie sur un repérage et une analyse des procédés. De façon systématique, au fil du texte, un crayon à la main, repérez **les procédés grammaticaux** (énonciation, temps des verbes, types de phrases, etc.). Recherchez également **les procédés stylistiques** et examinez **la versification**.

▸ Mais ne perdez pas de vue que ces procédés ne seront pas regroupés dans votre commentaire : **une sous-partie intitulée « les procédés » ou « la versification » est interdite** car on attend que vous montriez comment la forme fait sens, c'est-à-dire comment ces différents procédés contribuent à élaborer la signification du texte. Si vous ne voyez pas quel rôle peut jouer tel ou tel procédé, renoncez à en parler ou mentionnez-le simplement avec un effet d'insistance.

▸ Quant à la **versification**, ce n'est pas le fait de recourir à des alexandrins qui est ici à commenter mais **la façon dont le poète joue sur le rythme du vers** pour donner de la force à ses propos. Quelques conseils : évitez d'écrire des évidences (« les vers ont douze syllabes donc ce sont des alexandrins », « les strophes ont quatre vers donc ce sont des quatrains », etc.) Utilisez un vocabulaire précis et exact qui témoignera de votre bonne connaissance de la rhétorique et de la métrique*.

10 Commenter une scène de théâtre

▸ Le texte de théâtre est destiné à être représenté. Le mot « lecteur » est donc à éviter ; **l'auteur s'adresse à un public, à une salle, à des spectateurs**. Il ne faut pas oublier de commenter les didascalies et les modalités **(Fiche 66)** des répliques. Mentionnez et analysez les jeux de scène et éventuellement les indications concernant le décor ou les costumes (voir texte du sujet 12, p. 122, III.A).

▸ Attachez-vous à **la spécificité de la scène** **(Fiche 52)** : une scène d'exposition (présenter l'intrigue et capter l'attention des spectateurs), un monologue délibératif, un échange rapide (stichomythie*) qui exprime un conflit ou bien une scène codifiée (aveu, dépit amoureux, quiproquo*, dénouement, etc.).

11 Insérer des citations

▸ Pour commenter un texte ou développer une dissertation, il est important de s'appuyer sur des citations en les insérant correctement.

▸ Consultez le corrigé du sujet 1, p. 20.

▸ Les **guillemets** doivent être placés avec précision et ne pas inclure des mots ou des signes de ponctuation qui n'appartiennent pas au texte d'origine. La citation peut être accompagnée du numéro de la ligne ou du vers entre parenthèses. Suivez les conseils de votre professeur.
Si la citation n'est pas utile dans son intégralité, n'hésitez pas à effectuer **une ou plusieurs coupes**, à condition de les signaler par des crochets : **[...]**.

> *Ex. :* elle « gonfle un jabot éclatant [...] comme un plumage d'oiseau rare » Colette (p. 221)

▸ Pour insérer une citation dans un paragraphe, vous pouvez être amené(e) à effectuer **quelques modifications grammaticales ou orthographiques**. Elles doivent être **signalées par des crochets.**

> *Ex. :* Colette doit entendre Madame B., la voyante lui dire qu'elle « représent[ait] ce qu'il a souhaité être. Lui n'a pas pu ». Colette (p. 218)

▸ Vous pouvez insérer la citation en la plaçant après les deux-points (:). Dans ce cas, votre propre phrase ne doit pas continuer après la citation.

> *Ex. :* Parfois, le récit se présente comme objectif, conduit à la troisième personne, de façon journalistique : « Beau temps. On a mis tous les enfants à cuire sur la plage ». Colette (p. 216)

▸ La meilleure solution est de glisser la citation dans votre syntaxe sans rupture.

> *Ex. :* Jules-Joseph Colette est « son mari fidèle » ; son « air de vêtement vide » quand sa femme est malade en dit long sur la place de cette dernière. Colette (p. 219)

▸ Il est possible de placer la citation entre parenthèses mais il ne faut pas abuser de cette solution de facilité. **Pour ne pas indisposer votre correcteur, ne dépassez pas une mise entre parenthèses par page, sans compter les numéros de lignes ou de vers.**

12 Rédiger l'introduction du commentaire

▸ Organisez votre introduction comme indiqué p. 15 et dans le corrigé du sujet 1 p. 20.

▸ N'oubliez pas d'y glisser les références du texte en soulignant le titre. À l'aide du paratexte et éventuellement des connaissances extérieures dont vous disposez, **situez le passage dans son contexte** et donnez toutes les informations nécessaires à sa compréhension.

▸ **La problématique** de votre commentaire peut être formulée de façon interrogative ; elle sera large et se proposera de mettre en avant la spécificité du texte.

▸ **Le plan doit être annoncé clairement** mais de façon fluide : ne parlez pas de « partie » ou d'« axe » et préférez les expressions « premier mouvement », « deuxième étape » ou bien employez les adverbes « d'abord », « en premier lieu », « dans un premier temps », « puis », ensuite », « enfin », etc.

13 Rédiger la conclusion du commentaire

▸ Organisez votre conclusion comme indiqué p. 16 et dans le corrigé du sujet 1 p. 26.

▸ Évitez de la rédiger dans la précipitation et soignez particulièrement l'ouverture. Vous pouvez proposer **une réflexion sur le genre** (voir p. 26, sujet 1), **plus généralement sur la littérature** (voir p. 77, sujet 7), **sur un fait historique** (voir p. 70, sujet 6) **ou bien concluez avec une citation** (voir p. 55, sujet 4) à condition qu'elle soit pertinente. Et si vous ne voyez pas quelle perspective retenir, n'hésitez pas à exprimer **votre propre impression de lecteur**, sous réserve qu'elle soit positive, mesurée et justifiée (voir p. 35, sujet 2).

▸ Commencez votre conclusion par « Ainsi » (voir p. 113, sujet 11) plutôt que par « En conclusion » ou « Pour conclure » qui sont beaucoup plus lourds. Il est aussi possible d'aborder directement le bilan du commentaire (voir p. 26, sujet 1) ou de proposer une citation (voir p. 47, sujet 3).

14 Exploiter la citation incluse dans le sujet de dissertation

▸ Vous veillerez à **bien distinguer, dans le sujet, la citation de la question posée**. C'est avant tout cette question que vous devez examiner pour bâtir votre plan (dialectique ou analytique).

▸ Il vous faut aussi voir quel rôle joue la citation proposée :
– **elle introduit simplement la question** et vous n'avez pas à la développer ou à la discuter ; c'est par exemple le cas du sujet 18, p. 182 sur la *Déclaration des droits de la femme et de la citoyenne* d'Olympe de Gouges ;
– **elle sert de support à la question** et dans ce cas vous devez vous interroger sur ce qu'elle signifie précisément et sur ses liens avec la question : voir sujet 21 page 213.

15 Peser chacun des termes du sujet de dissertation

▸ Avant de bâtir votre plan, vous devez peser chaque terme du sujet. Chaque mot a un sens et une compréhension globale de la consigne ne saurait suffire. En étant vigilant, vous pouvez éviter contresens et hors-sujet.

▸ De plus, cette lecture fine de l'énoncé vous permettra de **choisir votre type de plan** (dialectique ou analytique), de le bâtir et d'approfondir votre réflexion.

▸ Interrogez-vous sur ce que signifient les différentes expressions, sur ce qu'elles supposent et entraînent.

16 Traiter un sujet de dissertation qui ressemble à un sujet déjà travaillé

▸ Les sujets de dissertation étant rattachés aux œuvres et aux parcours, il peut arriver que le sujet proposé à l'examen ressemble à l'un de ceux que vous avez traités durant l'année ou rencontrés dans un ouvrage comme celui-ci. Mais « sujets voisins » ne veut pas dire « sujets identiques » et **vous ne pouvez pas plaquer sur un sujet un plan adapté à une autre question.**

▸ Pour éviter de vous écarter du sujet donné (risque du hors-sujet) tout en profitant des ressemblances avec celui déjà étudié, commencez par oublier la précédente dissertation et construisez les grandes lignes de votre plan à partir des termes du nouvel énoncé soigneusement pesés. Puis, quand vous avez posé les axes de réflexion et établi votre progression, vous pouvez faire appel à vos souvenirs et connaissances (arguments et exemples précis) pour nourrir et approfondir votre étude.

17 Distinguer le sujet de dissertation et le parcours

▸ Le parcours étudié en lien avec l'œuvre au programme soulève une problématique et le sujet en propose une autre qui lui est propre.

▸ Ne vous laissez pas piéger par ces deux problématiques voisines et **concentrez-vous uniquement sur celle du sujet**. Il ne s'agit surtout pas de remplacer le sujet donné par une question de cours. Par exemple, remplacer le sujet 21 page 103 par une formulation du type « Dans quelle mesure le titre du roman signifie-t-il création et destruction ? » serait une erreur.

18 Les principes de composition d'un plan de dissertation

▸ Le plan : les réponses à la question posée

Quel qu'il soit, le sujet de dissertation soulève une question à laquelle on peut proposer diverses réponses. Le devoir doit toutes les envisager successivement et de façon organisée. **On n'attend ni une réponse unique ni l'exposition d'un point de vue strictement personnel.**

▸ La méthode : partir du sujet et non des connaissances

Pour bâtir les grandes lignes (deux ou trois parties) d'un plan de dissertation, il ne faut pas partir de ses connaissances mais du sujet lui-même. La formulation des axes reprend et explicite les termes de la consigne. Ne mobilisez pas vos connaissances (arguments et exemples) avant d'avoir déduit de la consigne les grandes orientations de votre plan. Il est donc essentiel d'examiner attentivement chaque terme de la question et d'identifier le type de plan (dialectique ou analytique) induit par le sujet.

▸ La progression : du moins important au plus important

Pour convaincre le lecteur, la démarche de l'argumentation commence par présenter le point de vue le plus discutable ou le plus léger pour finir par celui qui présente la réflexion la plus approfondie, donc la plus pertinente. **Cette progression s'applique au plan d'ensemble comme à l'architecture intérieure de chaque partie.**

▸ Le nombre de sous-parties

Pour éviter un devoir trop massif ou au contraire superficiel, prévoyez un nombre global de sous-parties compris entre 6 et 9.

▸ Les paragraphes

En général, au bac, chaque sous-partie correspond à un paragraphe matérialisé par un alinéa (voir sujet 21, III.C, page 223). Lorsque la dissertation, argumentée et richement illustrée, s'avère longue, il est possible de scinder les sous-parties en plusieurs paragraphes (voir sujet 21, III.B, page 222). En ce cas, prévoyez de sauter deux lignes entre vos parties et une entre les sous-parties pour marquer clairement la progression de votre plan. Ainsi votre correcteur pourra voir quand vous abordez une nouvelle sous-sous-partie (simple alinéa) ou une nouvelle sous-partie (saut d'une ligne).

La correction sur écran effectuée au bac est particulièrement sensible à la cohérence de votre mise en page.

19 Traiter le sentiment personnel dans la dissertation

▸ Les consignes de dissertation emploient parfois l'adjectif « personnel » ou des termes similaires (« trouvez-vous », « privilégiez-vous », etc.) et invitent à présenter une position personnelle. Une part de subjectivité intervient nécessairement dans toute réflexion.

▸ Veillez toutefois à **ne pas négliger les principes de base de la dissertation**. Les différentes réponses possibles à la question posée doivent être envisagées.

▸ Pour exprimer votre point de vue, vous mettrez en relief ce qui vous semble le plus important. Et, sentiment personnel ne valant pas argumentation, il faut toujours justifier et illustrer vos propos.

▸ N'hésitez pas à donner un tour plus personnel à la fin de votre conclusion.

20 Choisir et construire un plan dialectique

‣ Lorsque la question posée prend la forme d'une **interrogation totale** (ou peut être reformulée comme telle), on attend **au minimum le développement de deux réponses possibles** à la question, à condition d'éviter de présenter la progression comme contradictoire ou comme un sondage d'opinion. Il est préférable de **proposer une troisième partie (la synthèse) qui dépasse les deux premières réponses (la thèse et l'antithèse).**

‣ Pour bâtir une progression dialectique, il faut envisager les deux orientations ouvertes par le sujet en gommant leur contradiction. Partez du principe que l'on ne peut pas dire « oui » et « non » en même temps.

‣ Dans un premier temps, on examine donc les deux pistes de réponse et on s'efforce de les concilier. Examinez pour cela les trois sujets de dissertation rattachés à l'objet d'étude poésie (pp. 130, 141 et 151). Dans un second temps, on cherche une perspective qui dépasse les deux premières et qui soit l'aboutissement logique de la progression.

‣ **Attention :** la synthèse s'inscrit entre les deux écueils majeurs que sont la redite et le hors-sujet. La troisième partie peut être plus courte que les deux précédentes mais elle doit s'appuyer aussi sur des exemples.

La synthèse n'est pas...	La synthèse est...
– une répétition des deux premières parties ; – une réponse qui s'écarte des données du sujet ; – un constat d'échec : les deux premières parties se valent car toutes les opinions sont acceptables.	– une position qui réconcilie les deux premiers axes ; – une réponse qui envisage le sujet sous un autre angle, sans pour autant s'en écarter.

‣ Il est toutefois possible de présenter une **réflexion en deux parties à condition que ces dernières ne soient pas en opposition.** Dans ce cas, c'est la conclusion qui élargit la pensée en esquissant une synthèse. Cette solution est préférable à celle d'une troisième partie répétitive ou hors-sujet.

21 Choisir et construire un plan analytique

- Les **questions** introduites par un mot interrogatif (« en quoi », « comment », « pour quelles raisons », etc.) sont dites **partielles** et appellent un **plan analytique** qui envisage les différentes réponses à la question posée.
- **À chaque sujet correspond un plan spécifique.** Le terme « Comment » demande une présentation des moyens mis en œuvre ; « Pour quelles raisons » suppose que l'on expose des causes ou des motifs.
- Vous éviterez un plan-catalogue en opérant des rapprochements de façon à proposer deux (si possible trois) grandes réponses distinctes à la question et en gardant pour la fin celle qui vous semble la plus pertinente.
- Quand la question commence par « Dans quelle mesure », la troisième partie peut émettre quelques réserves quant à la thèse formulée dans le sujet ou bien l'aborder selon une nouvelle perspective (voir sujet 20, p. 203).

22 Utiliser les termes du sujet dans la formulation des axes de réflexion dans la dissertation

- Lorsqu'on bâtit son plan au brouillon, on a tout intérêt à **reprendre les termes du sujet** pour s'en imprégner à condition de n'en négliger aucun.
- En employant dans la formulation des axes les mots de la consigne, on dresse des garde-fous qui évitent le hors-sujet. Il est nécessaire bien entendu de s'assurer en même temps que l'on a compris le sens et les implications de chacun des termes.
- Lors de la rédaction du devoir, quand on annonce le plan dans l'introduction ou qu'on inaugure une nouvelle partie, il est aussi utile de reprendre les termes du sujet pour montrer au correcteur que la réflexion qui suit s'inscrit parfaitement dans le cadre de la question soulevée.

23 La recherche des arguments et des exemples dans la dissertation

- Pour trouver des arguments et des exemples, **le plus simple est souvent de partir des exemples**. Sur votre brouillon (une page pour chacune des parties de votre devoir), rassemblez vos connaissances : l'œuvre, les textes littéraires que vous avez étudiés dans le cadre du parcours ou dans un autre contexte (en langue vivante par exemple), vos lectures, etc.
- Sur votre brouillon, tracez deux colonnes ; dans l'une vous notez l'exemple et dans l'autre la raison pour laquelle vous avez retenu ce texte : vous pouvez ainsi dégager l'argument.
- Lorsque vous rédigerez, vous veillerez à mettre en relief l'argument avant de développer l'exemple (ou les exemples). **Attention à ne pas multiplier les exemples au détriment de leur précision et de l'argumentation.**

24 La place des exemples dans la dissertation

- La dissertation est une réflexion abondamment illustrée par des exemples. Pour simplifier, on peut dire que 80 % du développement est constitué d'exemples. **Ces exemples doivent être exacts et précis** : ne multipliez pas les références mais privilégiez quelques textes significatifs et variés (l'œuvre au programme et quelques autres textes au fil de votre réflexion).
- Attention toutefois à ne pas faire de la dissertation un catalogue d'exemples. Aussi diversifiés et développés soient-ils, ils ne peuvent pas à eux seuls constituer la dissertation. **Ils servent à illustrer, à montrer le bien-fondé des arguments exposés.** Il est donc essentiel de leur accorder leur juste place. Mais comprenez surtout leur rôle : **ils viennent appuyer une réflexion et non s'y substituer**. Cette réflexion (les arguments) doit être explicitée.

25 Le champ des exemples dans la dissertation

▸ Comme l'indique la consigne, **vous devez vous appuyer sur l'œuvre, sur les textes relatifs au parcours et sur vos lectures**.

▸ **L'œuvre au programme sur laquelle porte le sujet sera au cœur de votre analyse** et nourrira votre réflexion. Vous y puiserez une grande partie de vos exemples, en retenant si possible quelques citations significatives.

▸ Mais le sujet fait aussi appel à **votre culture personnelle et aux textes que vous avez étudiés dans le cadre du parcours associé**. Lorsque vous recherchez les arguments et les exemples, pensez à ne pas enfermer votre analyse dans l'œuvre au programme et appuyez-vous aussi sur des exemples extérieurs. Essayez d'atteindre un juste équilibre entre ces derniers et l'œuvre tout en restant dans le champ défini par la consigne.

▸ **Examinez attentivement les termes du sujet pour délimiter le champ des exemples.** Le sujet 18 (page 182) vous invite à porter votre regard sur les autres œuvres qui défendent l'égalité. Vous pouvez privilégier la période au programme mais aussi citer des textes récents (voir III. A. page 190). Le sujet 16 (page 162) est davantage centré sur le récit de Rabelais au programme. Mais lorsque vous évoquerez la fonction satirique du rire dans *Gargantua*, n'hésitez pas à mentionner les comédies de Molière (voir III. B. page 170).

26 Les citations à mémoriser pour la dissertation

- Durant l'année, **relevez et mémorisez des citations extraites des œuvres au programme et des textes étudiés**. Elles vous permettront d'enrichir votre réflexion.
- **Les citations sont indispensables quand les textes étudiés sont en vers.** C'est le cas des recueils inscrits dans l'objet d'étude « Poésie » mais aussi des *Fables* de La Fontaine. Préférez les citations courtes, de simples expressions significatives, à de longues phrases que vous retiendrez difficilement et que vous aurez peut-être du mal à insérer dans votre réflexion ou dans votre syntaxe. Les citations devront être exactes.
- Vous pouvez aussi retenir des citations générales sur la poésie, le roman, le théâtre, la littérature mais il vous faudra y renoncer si elles ne conviennent pas.

27 La rédaction de l'introduction d'une dissertation

Organisez votre introduction comme indiqué p. 128 et dans le corrigé du sujet 13 p. 132.

Ce qu'il faut éviter	Ce qu'il faut faire
– Ne commencez pas votre constat par une banalité du type : « De tout temps, les hommes… » – Ne vous écartez pas des termes du sujet ; mais expliquez-les si nécessaire. – Ne répondez pas à la question dès l'introduction, car cela rendrait le développement inutile. – Ne présentez pas lourdement le plan ; évitez : « Dans une première partie, je… ».	– Veillez à l'enchaînement des différentes étapes de l'introduction de façon à ce qu'elle soit la plus naturelle possible. – Si le sujet comprend une citation, recopiez-la soigneusement dans son intégralité. – Annoncez le plan clairement mais avec élégance : « Dans un premier temps », « D'abord », « Ensuite », « Enfin ».

28 La rédaction de la conclusion d'une dissertation

▸ Organisez votre conclusion comme indiqué p. 129 et dans le corrigé du sujet 13 p. 140.

▸ Ne réduisez pas la première étape de la conclusion à un résumé et soulignez plutôt la logique de votre progression.

▸ Après avoir rassemblé ce qui a été analysé au cours du développement, la conclusion élargit la réflexion (ouverture) sans pour autant s'écarter radicalement du sujet. Ne proposez pas un proverbe (« Les goûts et les couleurs… »), une évidence, une question trop large (« Quel est le rôle de la littérature ? »), une erreur historique… Il est important de soigner la rédaction de cette « ouverture » car ce sont les dernières lignes que lira votre correcteur.

▸ Regardez les ouvertures p. 245 (sujet 22) pour un élargissement au genre, p. 150 (sujet 14) pour une citation, p. 192 (sujet 18) pour un exemple.

▸ Si l'on n'a pas proposé de troisième partie, la conclusion peut prendre une certaine ampleur afin de dépasser le débat et remplacer la synthèse attendue pour un plan dialectique **(Fiche 20)**.

29 Les tonalités

La tonalité (ou registre) caractérise l'**effet produit** sur le destinataire. On distingue ainsi différentes tonalités en fonction de ce que ressent le lecteur ou le spectateur.

- **Tonalité fantastique.** Le fantastique est, en général, défini comme une intrusion du surnaturel dans le réel. Le texte fantastique suscite l'inquiétude chez un lecteur qui hésite sans cesse entre une interprétation réaliste et une interprétation surnaturelle des événements racontés.
- **Tonalité comique.** Le rire établit une distance entre le thème traité et le lecteur ou le spectateur. (Voir aussi **Fiche 30**.)
- **Tonalité pathétique.** Le texte touche le lecteur et l'invite à **avoir pitié** des personnages ou de la situation évoquée.
- **Tonalité tragique.** Le texte inspire au lecteur « terreur et pitié » (Aristote) en présentant des personnages victimes de la fatalité. La lutte qu'ils mènent est vaine et l'issue fatale (la mort ou simplement l'échec) est programmée.
- **Tonalité épique.** Le texte met en avant les exploits d'un héros et les valeurs d'un peuple. La tonalité épique caractérise le genre de l'épopée mais se rencontre également dans d'autres genres, tels que le roman (voir texte 7 p. 71), le récit au théâtre, la poésie...
- **Tonalité lyrique.** Le texte communique au lecteur les sentiments exprimés par l'auteur. Quand il s'agit de tristesse ou de nostalgie, on parle de **tonalité élégiaque** (exemples : textes 1 p. 17 et 8 p. 78).
- **Tonalité polémique.** L'auteur prend position dans un débat d'idées et amène son destinataire à adopter son opinion en rejetant celles de ses adversaires (exemple : texte 6 p. 63).
- **Tonalité épidictique.** Le texte vante les qualités (un éloge) ou souligne les défauts (un blâme) d'un personnage ou d'une institution.

30 Les formes comiques

La tonalité comique présente différents aspects qui peuvent s'associer.

L'humour	Un sujet sérieux est traité de manière légère.
L'ironie	On laisse entendre le contraire de ce que l'on dit.
L'absurde	Les événements présentés et leur interprétation sont en décalage, si bien que ce qui se passe paraît incompréhensible.
Le burlesque	Un genre ou une tonalité noble comme l'épopée est traité de façon ordinaire, voire vulgaire.
L'héroï-comique	Un sujet bas est traité en style élevé.
Le grotesque	Le bizarre et le monstrueux sont sources de comique.
La satire	Le rire est destiné à dénoncer.

31 L'utilisation particulière de la syntaxe

L'énumération	Des termes de même nature se succèdent.	« Il avait lu Balzac, Flaubert, Zola... »
Le parallélisme	Des constructions identiques se font écho.	« Il n'avait pas de fange dans l'eau de son moulin, / Il n'avait pas d'enfer dans le feu de sa forge » (Hugo)
Le chiasme	Il consiste à croiser des termes de même nature grammaticale ou de sens équivalent.	« Il faut manger pour vivre et non pas vivre pour manger. »
L'ellipse	Elle consiste à supprimer certains mots grammaticalement attendus.	« Je t'aimais inconstant ; qu'aurais-je fait fidèle ? » [= si tu avais été fidèle] (Corneille)
La parataxe ou l'asyndète	Deux phrases ou deux propositions sont juxtaposées.	« L'orage éclatait. La pluie tombait en rayons blancs. Les carreaux pleuraient comme des yeux. » (Jules Renard)
L'anacoluthe	Elle est une rupture de la syntaxe.	« Exilé sur le sol au milieu des huées, / Ses ailes de géant l'empêchent de marcher » (Baudelaire) « Exilé » devrait se rapporter à « ailes » et donc s'écrire « exilées » ; il se rapporte, en fait, au possesseur des ailes : le poète.
L'hypallage	Elle attribue à un mot ce qui convient logiquement à un autre mot de la même phrase.	« Ils allaient obscurs sous la nuit solitaire. » (Virgile)

32 Les procédés de comparaison

La comparaison	Deux éléments sont rapprochés par un outil de comparaison (« comme »…).	« La Terre est bleue comme une orange » (Éluard).
La métaphore	La comparaison est implicite ; l'outil de comparaison est absent, et, souvent, le comparé n'est pas là non plus. La **métaphore filée** se poursuit sur plusieurs termes.	« Cette faucille d'or » (Hugo), pour désigner la Lune.

33 Les procédés d'animation

La personnification	Elle présente une chose ou un animal sous les traits d'une personne.	La Fontaine a souvent recours à ce procédé dans ses fables.
L'allégorie	Elle est une représentation concrète, donc plus compréhensible, des divers aspects d'une idée.	« Mon beau navire ô ma mémoire » (Apollinaire)
L'hypotypose	Elle consiste à préciser une scène pour lui donner vie.	Zola décrit de façon très précise l'Alambic dans *L'Assommoir*.
La prosopopée	Elle consiste à faire parler un personnage mort ou abstrait (une allégorie).	La Fontaine fait parler la lionne qui est morte dans « Les Obsèques de la lionne ».

34 Les procédés de substitution

La périphrase	Plusieurs termes viennent se substituer à un mot unique.	« L'homme aux mille ruses » pour désigner Ulysse.
La métonymie	Un élément est désigné par un mot qui convient à un autre selon une relation de contiguïté.	« Le premier violon » pour désigner le musicien.
La synecdoque	Elle est une forme de métonymie : un élément est remplacé par un autre selon une relation d'inclusion (la partie pour le tout ou l'inverse).	« Boire un verre » pour désigner le contenu du verre.

35 Les procédés d'opposition

L'antithèse	Des constructions ou des termes s'opposent.	« Paris est tout petit / C'est là sa vraie grandeur » (Prévert)
L'oxymore	Il associe deux termes antithétiques.	« Voilà un beau jeune vieillard pour quatre-vingt-dix ans ! » (Molière)
L'antiphrase	Une expression sous-entend le contraire de ce qu'elle dit.	« Ô ministres intègres ! » (Hugo) Ruy Blas dénonce la corruption.
La prétérition	Elle consiste à délivrer une information tout en disant qu'on ne va pas la donner.	« Je ne vous rappellerai pas que la tragédie naît au Ve siècle av. Jésus-Christ. »

36 Les procédés d'insistance

L'hyperbole	Elle amplifie les termes.	« Je meurs d'ennui. »
L'anaphore	Elle est une forme particulière de répétition : le mot (ou l'expression) repris(e) est situé(e) en tête de phrase ou de vers.	« J'ai vu lever le jour, j'ai vu lever le soir, / J'ai vu grêler, tonner, éclairer et pleuvoir, / J'ai vu peuples et rois, et depuis vingt années / J'ai vu presque la France au bout de ses journées » (Ronsard)
La gradation	Les termes suivent une progression.	« Va, cours, vole, et nous venge ! » (Corneille)

37 Les procédés d'atténuation

La litote	Elle dit le moins pour suggérer le plus.	« Va, je ne te hais point » (Corneille). Chimène avoue ainsi son amour à Rodrigue.
L'euphémisme	Il atténue le côté déplaisant d'une réalité ou d'une idée.	« Il nous a quittés » pour « Il est mort ».

38 Les sonorités

Un son à lui tout seul n'est pas significatif ; c'est la répétition de ce son qui peut être évocatrice.

Une allitération	Répétition d'une même consonne ou d'une même catégorie de consonnes (*t* et *d* ou bien *f* et *v* par exemple)	« Pour qui sont ces serpents qui sifflent sur nos têtes ? » (Racine)
Une assonance	Répétition d'une même voyelle ou son vocalique.	« Je fais souvent ce rêve étrange et pénétrant » (Paul Verlaine)
Une homéotéleute	Rime à l'intérieur de la phrase ou du vers.	« Et il frissonne, sans personne ! » (Jules Laforgue)
Une paronomase	Jeu sur les paronymes, rapprochement de mots aux sonorités proches.	« Et l'on peut me réduire à vivre sans bonheur, / Mais non pas me résoudre à vivre sans honneur » (Corneille)

39 Les principaux types de vers

- La poésie traditionnelle française a recours essentiellement à des **vers pairs** (nombre pair de syllabes) qui donnent une **cadence régulière** à la syntaxe. Les vers les plus courants sont l'**octosyllabe** (8 syllabes), le **décasyllabe** (10) et l'**alexandrin** (12).
- Selon le modèle classique*, l'alexandrin est partagé en deux parties égales, les **hémistiches**, coupées par une **césure** :

  Ex. : « Que toujours, dans vos vers, // le sens coupant les mots
  Suspende l'hémisti//ch(e), en marque le repos. » (Boileau)
- Les poètes romantiques*, rejetant les modèles classiques, privilégient l'alexandrin ternaire ou **trimètre***.

  Ex. : « J'ai disloqué // ce grand niais // d'alexandrin. » (Hugo)
- Au XIXe siècle, Paul Verlaine vantera les mérites du **vers impair**.
- Lorsqu'un poète a recours à plusieurs types de vers dans le même poème, on parle d'**hétérométrie**.

40 Les procédés liés à l'enchaînement des vers

L'enjambement	Le groupe syntaxique ne s'achève pas à la fin du vers ; la construction se poursuit dans le vers suivant.	« Prophète ! si ta main me sauve / De ces impurs démons des soirs » (Hugo)
Le rejet	Un mot – ou un petit groupe de mots – est rejeté au vers suivant.	« Serait-ce déjà lui ? C'est bien à l'escalier / Dérobé. Vite ouvrons... » (Hugo)
Le contre-rejet	Un groupe syntaxique commence tout à la fin d'un vers et se poursuit dans le vers suivant.	« Souvenir, souvenir, que me veux-tu ? L'automne / Faisait voler la grive à travers l'air atone » (Verlaine)

41 Les principaux types de strophes

Les vers sont souvent regroupés en strophes (et non en paragraphes).

distique : 2 vers tercet : 3 vers quatrain : 4 vers quintil : 5 vers	sizain : 6 vers septain : 7 vers huitain : 8 vers neuvain : 9 vers	dizain : 10 vers onzain : 11 vers douzain : 12 vers

42 Les principaux types de rimes

▸ Selon leur qualité

Rimes pauvres	1 seul son commun (rond/pont)
Rimes suffisantes	2 sons communs (rond/marron)
Rimes riches	3 sons communs (marron/larron)

▸ Selon leur disposition

Rimes plates ou suivies	Progression *aabb*
Rimes croisées	Progression *abab*
Rimes embrassées	Progression *abba*

43 Les formes caractéristiques de la poésie moderne

▸ Le poème en vers libres

▸ Les vers ne sont soumis ni aux contraintes des rimes ni à celles de la métrique (le nombre de syllabes).

▸ Au XXᵉ siècle, certains poètes abandonnent également la ponctuation.

▸ Le poème en prose

Le poème en prose doit être distingué de la prose poétique que l'on peut rencontrer dans les romans. Il forme en effet un tout élaborant ses propres règles.

44 Les différents genres narratifs

▸ Les récits vrais (principaux genres)

L'autobiographie	L'auteur raconte sa propre vie ; il adopte un point de vue rétrospectif en proposant un retour en arrière sur les événements qu'il a vécus. Il raconte et analyse les faits passés en demandant à son lecteur d'accorder crédit à ses propos.
Le journal intime	Le récit de vie n'est pas rétrospectif mais s'écrit au fil des jours.
Les Mémoires	L'auteur évoque sa vie en tant que témoin d'événements historiques importants.
La biographie	L'auteur raconte, de façon plus ou moins romancée, la vie d'une autre personne.

▸ Les récits fictifs (principaux genres)

Selon la longueur de l'œuvre et sa visée, on distingue plusieurs genres.

Le roman	Long récit : les personnages peuvent être nombreux et complexes, les intrigues multiples.
La nouvelle	Récit resserré : les personnages et les péripéties sont peu nombreux ou simplifiés.
L'apologue (conte, fable)	Récit court à visée didactique* : l'histoire véhicule une leçon.
L'épopée	Long récit mythologique à la gloire d'un ou de plusieurs héros incarnant les valeurs d'une société.

45 Le traitement du temps dans un récit

Récit chronologique	Le narrateur raconte les événements dans l'ordre où ils se sont produits.
Retour en arrière ou analepse	Le narrateur évoque des événements antérieurs à l'action principale.
Anticipation ou prolepse	Le narrateur évoque des événements qui se produiront plus tard.
Ellipse	Le narrateur saute certains moments jugés peu importants.
Sommaire	Le narrateur résume certains moments jugés peu importants.
Pause	Le narrateur interrompt son récit pour insérer une description ou émettre un jugement.

46 La position du narrateur et les points de vue (focalisations) dans un récit

Narrateur externe	Le narrateur n'appartient pas à l'histoire, qui semble se raconter toute seule. Le récit est à la 3e personne.
Narrateur interne	Le narrateur prend la parole à la 1re personne et exprime sa subjectivité.
Point de vue omniscient ou « focalisation zéro »	L'auteur sait tout de ses personnages.
Point de vue (ou focalisation) externe	Le lecteur voit ce qui se passe comme s'il se tenait devant la scène racontée ou décrite.
Point de vue (ou focalisation) interne	Le lecteur voit ce qui se passe par les yeux d'un personnage.

47 Les paroles rapportées dans un récit

Discours direct	Les paroles sont rapportées telles qu'elles ont été prononcées et insérées dans le récit par des propositions introductrices placées au début de la réplique ou bien par des propositions incises (« dit-il »).
Discours indirect	Les paroles sont insérées dans une proposition subordonnée, et l'intonation de l'oral a disparu.
Discours indirect libre	Les paroles sont glissées dans le récit sans guillemets ni subordonnées et en conservant leur intonation.
Discours narrativisé	Les propos du personnage sont simplement résumés.

48 La description dans un récit

▸ L'insertion de la description

Notations descriptives	Des indications descriptives émaillent le récit sans l'interrompre.
Pause descriptive	Le récit est interrompu et la description, d'un seul tenant, est organisée.

▸ Les fonctions de la description

Effet de réel	La description donne l'illusion que le cadre et l'intrigue sont réels.
Fonction informative	Le texte a une visée didactique* : décrire un milieu de façon précise, voire scientifique.
Fonction symbolique ou programmatique	La description contribue à élaborer le sens même du récit et annonce ce qui va se passer.
Fonction esthétique	L'auteur manie sa plume comme un pinceau.

▸ Le portrait

On distingue habituellement le **portrait physique** du **portrait moral**, mais ils sont souvent étroitement liés.

49 Le vocabulaire de l'argumentation

Thème	Ce dont traite le texte (la peine de mort, la condition des femmes…).
Thèse	Opinion défendue par l'auteur et qui peut ou a pu être contestée.
Argument	Idée ou fait qui vient soutenir la thèse. Il existe des arguments d'ordre politique, économique, moral, esthétique, historique, scientifique…
Argument d'autorité	L'auteur se réfère à un auteur connu ou à une figure historique digne de confiance.
Argument *ad hominem*	Il vise la personne dont on critique la position plutôt que son opinion.
Délibérer	Peser les arguments contraires pour se faire sa propre idée.
Exemple	Situation particulière illustrant l'argument et montrant sa véracité.
Argumentation directe	Argumentation explicite, sans le détour de la fiction.
Argumentation indirecte	Argumentation qui a recours à la fiction (théâtre, roman, apologue…).
Convaincre	Emporter l'adhésion du lecteur en touchant sa raison grâce à un raisonnement et des arguments.
Persuader	Emporter l'adhésion du lecteur en touchant sa sensibilité grâce à des procédés (genres, tonalités, figures de style).

50 Les différents types de raisonnements

Le raisonnement critique	L'auteur, pour affirmer sa position, s'oppose à une opinion contraire et démontre que celle-ci n'est pas fondée. On parle aussi de « réfutation ».
Le raisonnement par l'absurde	C'est un cas particulier du raisonnement critique. Pour démontrer l'absurdité de la thèse adverse, l'auteur examine les conséquences de cette thèse : si les conséquences sont inacceptables, la thèse l'est donc également.
Le raisonnement concessif	L'auteur admet une position adverse, fait en somme une concession, ce qui le conduit, en définitive, à maintenir sa position.
Le raisonnement inductif	Ce raisonnement part de l'observation de faits particuliers, ponctuels, pour en déduire des propositions générales.
Le raisonnement déductif	Ce raisonnement, à l'inverse du précédent, s'appuie sur une constatation d'ordre général pour en déduire des considérations particulières.
Le raisonnement par syllogisme	C'est une forme de raisonnement déductif qui, au lieu de s'appuyer sur une hypothèse générale, s'appuie sur deux propositions appelées « prémisses ».

51 L'art de persuader

Pour atteindre son destinataire, le locuteur a recours à différents procédés grammaticaux ou stylistiques qui visent à l'impliquer dans les propos.

Les tonalités	Chacune à leur manière, les tonalités (principalement pathétique, polémique, lyrique et satirique) touchent la sensibilité du destinataire, lecteur ou spectateur (voir **Fiche 29**).
Les indices personnels	Ils marquent l'implication de l'auteur : pronoms personnels de 1re ou 2e personne, déterminants (*mon*, *votre*) ou pronoms possessifs (*le mien*, *le vôtre*).
Les apostrophes	L'auteur interpelle son destinataire. *Ex. :* « Peuples ! Écoutez le poète ! » (Hugo)
Les modalisateurs	Certains adverbes comme « peut-être » ou « sans doute » expriment la subjectivité de l'auteur (voir **Fiche 72**).
Les interrogations rhétoriques	Les interrogations qui n'attendent pas de réponse sollicitent l'attention et l'adhésion du destinataire.
Le vocabulaire affectif	Il exprime l'implication de l'auteur et touche le destinataire (voir **Fiche 73**).
Les procédés de style	Ils donnent de la force au propos (voir **Fiches 31 à 43**).

52 Le vocabulaire du théâtre

Aparté (nom masculin)	Parole qu'un personnage prononce à la seule destination du public.
Comique de caractère	Comportement d'un personnage qui révèle un défaut marqué et déclenche le rire.
Comique de gestes	Jeux de scène et mimiques qui déclenchent le rire.
Comique de mots	Jeux de mots, accents, cris, intonations qui déclenchent le rire.
Comique de situation	Imbroglio (problème complexe), quiproquo (malentendu).
Dialogue	Échange de répliques, le plus souvent entre deux personnages.
Didascalie	Indication concernant le décor ou le jeu des comédiens.
Exposition	Présentation au début de la pièce des éléments nécessaires à la compréhension de l'intrigue.
Monologue	Discours d'un personnage seul sur scène (à ne pas confondre avec la tirade). Lorsque le personnage hésite quant à la conduite à tenir, on parle de monologue délibératif.
Quatrième mur	Virtuel, il sépare la scène et la salle et donne l'impression que les spectateurs sont des voyeurs.
Réplique	Parole d'un personnage.
Stichomythie	Échange de répliques très brèves.
Tirade	Longue réplique.
Quiproquo	Malentendu ; un personnage prend un personnage ou un fait pour un autre.

53 Les genres théâtraux

Les sous-genres théâtraux sont fonction des époques et de l'intention du dramaturge qui peut souhaiter amuser, émouvoir ou instruire le spectateur.

Comédie	Personnages du peuple (le barbon*, les jeunes gens, les valets), mariage, fin heureuse.
	Elle a souvent une fonction satirique : *Castigat ridendo mores* (elle corrige les mœurs par le rire).
Tragédie	Personnages de haut rang prisonniers du destin et/ou déchirés par un dilemme ; issue fatale.
	Elle célèbre les valeurs (honneur, gloire…) de la société et expose les forces (destin, dieux…) à redouter. Elle fédère les spectateurs en leur faisant éprouver « terreur et pitié » (Aristote)
Tragi-comédie	Personnages de haut rang, prisonniers du destin, fin heureuse.
Drame (XIXe siècle)	Mélange des genres et des tonalités ; choix du naturel.

54 Les règles du théâtre classique (XVIIe et XVIIIe siècles)

Règle des trois unités	Unité de lieu	L'action se déroule en un seul lieu.
	Unité de temps	L'action se déroule en un seul jour.
	Unité d'action	La pièce ne présente qu'une seule intrigue.
Règle de la vraisemblance		Il ne s'agit pas d'être vrai mais d'imiter le vrai et de ne pas montrer ce qui ne serait pas crédible sur scène, une bataille par exemple.
Règle de la bienséance		Le spectateur ne doit pas être choqué : la mort n'est pas représentée.

55 Les mots variables

- Les **noms communs** et les **noms propres**.
- Les **pronoms remplacent** un nom, un adjectif, une proposition.

  Ex. : « Es-tu prêt ? – Je le suis. » Le pronom le remplace l'adjectif *prêt*.

Pronoms personnels	Je, tu, il, on, elle, nous, vous, me, moi, le, la, en, y...
Pronoms possessifs	Le mien, le tien, le sien, le nôtre, le leur...
Pronoms démonstratifs	Celui, celui-ci, celui-là, celle, celle-ci, ceux, ceux-là, ceci, cela, ce...
Pronoms indéfinis	Chacun, les uns, personne, rien, la plupart, les mêmes...
Pronoms relatifs	Qui, que, quoi, dont, où, lequel, duquel, à laquelle, desquels...
Pronoms interrogatifs	Qui, que, quoi, lequel, duquel, à laquelle...

- Les **déterminants** accompagnent un nom dont ils précisent le genre et le nombre.

Déterminants démonstratifs	Ce, cet, cette, ces, ce ...-ci, cet ...-là...
Déterminants possessifs	Mon, ton, son, ma, ta, sa...
Déterminants indéfinis	Chaque, tout, l'autre...
Déterminants numéraux cardinaux	Un, deux, trois...
Articles	**Articles indéfinis :** un, une, des. **Articles définis :** le, la, les, l' (article défini élidé) et les articles définis contractés au (= à + le), du (= de + le), des (= de + les). **Articles partitifs :** du, de la, de l'.

- Les **adjectifs** viennent préciser le sens d'un nom ou d'un pronom. Ils peuvent se mettre au **comparatif** ou au **superlatif**.

  Ex. : Pierre est **plus** petit **que** Paul (comparatif).
  Pierre est **vraiment/très** petit (superlatif).

- Le **verbe** exprime une **action** ou un **état**.

  Ex. : écrire (action) ; paraître (état).

56 Les mots invariables

Adverbes	Lentement, vite, loin, aujourd'hui, enfin…
Prépositions	À, après, avant, avec, dans, de, derrière, dès, devant, en, par…
Conjonctions de coordination	Et, mais, ou, donc, or, car, pourtant, ni…
Conjonctions de subordination	Puisque, étant donné que, si bien que, lorsque, quand bien même…
Interjections	Ah !, Oh !, Eh bien !, Hélas !, Parbleu !…

57 Les fonctions

La fonction d'un mot correspond à **son rôle dans la phrase**.

Sujet du verbe	**Je** serai là demain.
Compléments d'objet du verbe	COD : Je lis **un roman**. COI : Tu ressembles **à ton frère**.
Complément d'agent du verbe (à la voix passive)	Il fut admiré **de tous**.
Compléments circonstanciels (lieu, temps, manière, moyen, cause, but, conséquence, comparaison, concession, condition…)	Il se lève **à sept heures** (CC de temps) **par habitude** (CC de cause).
Attribut du sujet	Il deviendra sûrement **médecin**. Ce travail est **intéressant**.
Attribut du COD	Je trouve ce roman (COD) **trop long**.
Complément du nom	Un roman **d'aventures**.
Complément de l'adjectif	Ce coureur est plus rapide **que moi**.
Apposition au nom	Voltaire, **l'auteur de *Candide***. **Intéressant**, son travail l'a absorbé toute la journée.
Épithète du nom (pour un adjectif)	Il effectue un travail **intéressant**.

58 Les temps de l'indicatif

Temps simples		Temps composés	
Présent	Je finis	**Passé composé**	J'ai fini
Futur	Je finirai	**Futur antérieur**	J'aurai fini
Imparfait	Je finissais	**Plus-que-parfait**	J'avais fini
Passé simple	Je finis	**Passé antérieur**	J'eus fini

59 Les temps du subjonctif

Temps simples		Temps composés	
Présent	Que je parle	**Passé**	Que j'aie parlé
Imparfait	Que je parlasse	**Plus-que-parfait**	Que j'eusse parlé

60 Les temps du conditionnel

Temps simples		Temps composés	
Présent	Je raconterais	**Passé 1re forme**	J'aurais raconté
		Passé 2e forme	J'eusse raconté

- Le passé 2e forme est identique au plus-que-parfait du subjonctif.
- Le présent et le passé 1re forme du conditionnel sont parfois considérés comme faisant partie du mode indicatif.

61 Les temps de l'impératif

Il existe un **présent** et un **passé** de l'impératif. Les verbes ne se conjuguent qu'à trois personnes.

Ex. : Présent : Cours, courons, courez.
Passé : Aie couru, ayons couru, ayez couru.

62 Les valeurs des modes

- **L'indicatif** est le mode des actions certaines.
- **Le subjonctif** exprime une action incertaine, sur laquelle pèse la possibilité qu'elle ne soit pas réalisée.

  Ex. : Je veux que tu viennes. (Tu ne viendras pas nécessairement.)
- **Le conditionnel** exprime principalement une action incertaine car soumise à la réalisation d'une hypothèse.

  Ex. : Si tu étais prêt, nous partirions.

  Il peut aussi avoir une valeur temporelle de futur dans le passé.

  Ex. : Il a promis qu'il viendrait.
- **L'impératif** exprime l'ordre, l'interdiction, la prière ou le conseil.

63 Les valeurs des temps

▸ Le présent de l'indicatif

Présent de l'énonciation	Aujourd'hui, je **rédige** mon devoir.
Passé récent ou futur proche	Il **sort** à l'instant. Il **revient** bientôt
Présent d'habitude	Il **se lève** toujours à sept heures.
Présent de vérité générale	Flaubert **est** un romancier du XIXe siècle.
Présent de narration	Napoléon **fait** route vers Milan.

▸ Le futur exprime une **action qui va se produire**. Parfois le futur a une valeur injonctive (ordre ou conseil).

Ex. : Tu viendras me voir à la récréation.

▸ L'imparfait exprime une **action passée non limitée dans le temps**. C'est le temps de l'**arrière-plan**, de la description ; il peut aussi exprimer une **habitude** (imparfait itératif).

▸ Le passé simple exprime une **action passée limitée dans le temps**. C'est le temps du récit. Il permet notamment d'exprimer une série d'actions qui se succèdent.

▸ Les temps composés expriment une **action antérieure à une action exprimée au temps simple correspondant**.

Ex. : Aujourd'hui, je **vais** au musée ; hier, **je suis allé(e)** au cinéma.

64 La voix active et la voix passive

▸ À la voix active, le sujet est actif : il **fait l'action**.

▸ À la voix passive, le sujet est passif : c'est le **complément d'agent** qui effectue l'action exprimée par le verbe.

Ex. : a) Le loup (sujet) dévore l'agneau (COD). Le verbe est au présent de la voix active.
b) L'agneau (sujet) est dévoré par le loup (C. d'agent). Le verbe est au présent de la voix passive.
c) L'agneau a été dévoré par le loup (C. d'agent). Le verbe est au passé composé de la voix passive.

65 La forme pronominale

On parle de « forme pronominale » (réfléchie ou réciproque) lorsque le pronom sujet et le pronom complément désignent **la même personne**.

Ex. : Tu te regardes dans le miroir. (Forme réfléchie)
Ils se parlent. (Forme réciproque)

66 Les modalités de la phrase

Modalité déclarative	La phrase se termine par un point et délivre une information.
Modalité interrogative	La phrase se termine par un point d'interrogation et exprime une question.
Modalité injonctive	La phrase se termine par un point ou un point d'exclamation et exprime un ordre.
Modalité exclamative	La phrase se termine par un point d'exclamation et exprime un sentiment, une émotion ou une sensation.

67 Les types de phrases selon le nombre de verbes conjugués

Phrase non verbale ou nominale	Elle ne comprend aucun verbe conjugué.
Phrase simple	Elle comprend un et un seul verbe conjugué.
Phrase complexe	Elle comprend plusieurs verbes conjugués, donc plusieurs propositions. Ces propositions peuvent être juxtaposées (placées côte à côte sans aucun lien), coordonnées (reliées par une conjonction de coordination) ou encore liées par un rapport de subordination.

68 Les différentes sortes de propositions

- Les propositions indépendantes se suffisent à elles-mêmes.

  Ex. : [La syntaxe est simple] ; [les propositions indépendantes sont les plus nombreuses.] Cette phrase est composée de deux propositions indépendantes juxtaposées.

- Les propositions principales dirigent une ou plusieurs autres propositions appelées « subordonnées ».
- Les propositions subordonnées dépendent des propositions principales.

  Ex. : [La syntaxe est élaborée] [**parce que** les propositions subordonnées sont nombreuses.]
  Prop. principale — *Prop. subordonnée*

69 Les différentes sortes de propositions subordonnées

- On distingue plusieurs sortes de propositions subordonnées : **relatives** (introduites par un pronom relatif), **conjonctives** (introduites par une conjonction de subordination) et **interrogatives indirectes** (introduites par un adverbe ou un pronom interrogatif).
- Quelques **subordonnées conjonctives circonstancielles** :

Subordonnée de condition	**Si tu es d'accord**, nous allons au cinéma.
Subordonnée de cause	Nous allons au cinéma **parce qu'il pleut**.
Subordonnée de conséquence	Il pleut, **si bien que nous allons au cinéma**.
Subordonnée de but	Nous appelons Zoé **pour qu'elle nous rejoigne**.
Subordonnée de comparaison	Je me promène **comme le font les escargots**.
Subordonnée d'opposition	**Bien qu'il pleuve**, je me promène.

- Attention à la **construction de la subordonnée interrogative indirecte** : le sujet n'est pas inversé comme dans l'interrogation directe.

  Ex. : Quelle position défend l'auteur ? → Nous verrons **quelle position l'auteur défend**.

70 Les propositions infinitive et participiale

Bien qu'elles ne soient pas centrées sur un verbe conjugué, on parle de proposition **infinitive** ou **participiale** quand l'infinitif ou le participe a un sujet différent du sujet principal.

Ex. : Ce matin **j'**ai entendu [**les oiseaux** chanter].
[**L'hiver** venu], **la cigale** eut faim.

71 L'énonciation

- On appelle énonciation toute communication, orale ou écrite, avec des mots. Elle suppose un **locuteur** et un **destinataire** et s'inscrit dans un certain **contexte spatio-temporel**.
- Différents **indices de l'énonciation** renvoient au locuteur ou au destinataire : pronoms personnels *(je, nous, me, moi...)*, pronoms possessifs *(le mien, le tien...)* et déterminants possessifs *(ma, ta...)*. L'apostrophe peut aussi désigner le destinataire : *Cher ami...*
- La **double énonciation**. Il arrive parfois que se superposent, dans un même texte, plusieurs situations d'énonciation. La double énonciation est **un phénomène courant au théâtre** car, tandis qu'un personnage s'adresse à un autre personnage, l'auteur parle à son public.

72 Les modalisateurs

- Les modalisateurs précisent le **degré de certitude de l'énoncé**. Ils laissent transparaître ce que pense ou ressent le locuteur.
- Certains adverbes *(évidemment, réellement, certainement, vraisemblablement, peut-être...)* et certains verbes d'opinion *(croire, supposer, imaginer, admettre, être sûr, douter...)* jouent ce rôle ainsi que le mode conditionnel.

73 Le vocabulaire appréciatif

Le vocabulaire appréciatif peut exprimer l'opinion de l'auteur.

Le vocabulaire affectif	Le vocabulaire affectif exprime un sentiment, une émotion : par exemple, Joachim du Bellay, qui voudrait retrouver son pays natal dans le sonnet XXXI des *Regrets*, évoque son « petit village » et sa « pauvre maison ».
Le vocabulaire mélioratif	La situation évoquée est valorisée : les adjectifs *beau*, *merveilleux*, *somptueux* sont des adjectifs mélioratifs.
Le vocabulaire péjoratif	La situation évoquée est dépréciée, présentée sous un jour défavorable : les adjectifs *hideux*, *épouvantable*, *sale* ou le suffixe *-âtre* sont dépréciatifs ou péjoratifs.

74 La composition des mots

- Les mots peuvent être formés par l'ajout d'un **préfixe** devant le radical.

Préfixes	Significations
a-, an-, in-, il-, im-, ir-	Négation, privation
co-, col-, com-, con-	Association
e-, ex-	Hors de
in-, im-	Dans
pré-	Antériorité

- Les mots peuvent être formés par l'ajout d'un **suffixe** après le radical. Certains suffixes peuvent introduire un jugement de valeur.

  Ex. : vert → verd**âtre**, rêver → rêv**asser**.

- On appelle **famille d'un mot** l'ensemble des mots qui ont le même radical que ce mot.

  Ex. : fils, filial, filiation sont de la même famille.

75 Le sens des mots

- Un **champ lexical** regroupe l'ensemble des mots qui se rapportent à la **même notion**. On parlera, par exemple, du champ lexical de la joie, de l'amour ou, plus concrètement, de la ville ou du jardin.
- Le **champ sémantique** d'un mot est l'ensemble des **différentes significations** possibles de ce mot. En effet, la plupart des mots ont plusieurs sens ; on dit qu'ils sont **polysémiques** et on parle de la **polysémie** d'un mot.
- On distingue le **sens dénoté** d'un mot, objectif et commun à tous, du **sens connoté** qui, plus subjectif, varie selon les locuteurs et les destinataires.

Dénotation	Sens du mot proprement dit. *Ex.* : Le blanc désigne une couleur.
Connotation	Tout ce que le mot peut évoquer en plus de son sens. *Ex.* : Le blanc évoque la pureté.

- On peut rapprocher ou, au contraire, opposer certains mots.

Synonyme	Mot de sens voisin. *Ex.* : Illustre et célèbre.
Hyperonyme	Mot dont le sens est plus large que plusieurs autres mots. *Ex.* : Chien est un hyperonyme (ou mot générique) de caniche, teckel, cocker…
Antonyme	Mot de sens contraire. *Ex.* : Passif et actif.
Homonyme	Mot qui se prononce de la même manière mais n'a pas le même sens. *Ex.* : maire et mère.
Paronyme	Mot dont la prononciation est voisine. *Ex.* : Percepteur et précepteur.

Cahiers de Douai, Arthur Rimbaud, 1895
Parcours : Émancipations créatrices

Arthur Rimbaud (1854-1891)
Héritier des aspirations romantiques et figure essentielle de la modernité poétique, Rimbaud est un poète précoce qui cesse d'écrire à l'âge de 20 ans pour mener une vie aventureuse en Europe puis en Afrique.

L'AUTEUR ET L'ŒUVRE

▸ **Le contexte historique.** La guerre éclair de 1870 contre la Prusse marque la fin du Second Empire. Les *Cahiers de Douai* composés en 1870 témoignent de ce bouleversement.

▸ **Le contexte biographique.** Rimbaud, révolté et fugueur, confie au poète Paul Demeny ses poèmes recopiés lors d'un séjour à Douai. Quand son projet poétique s'affirme plus ambitieux, il demande à son ami de brûler les cahiers. Ce dernier les publiera 17 ans plus tard.

▸ **Les héritages.** Les vingt-deux poèmes du cahier de Douai sont de facture conventionnelle : alexandrins, octosyllabes, sonnets. On y retrouve l'alliance du « grotesque » et du « sublime » réclamée par les romantiques, le goût pour la démesure et les scènes épiques. Rimbaud s'efforce de partager ses émotions : compassion (« Les Effarés ») et révolte (« Le Dormeur du val »), découvertes amoureuses (« Roman »), harmonie avec la nature (« Sensation »). L'adolescent révolté est aussi tenté par la poésie satirique (« Rages de Césars ») et la perfection formelle des Parnassiens (« Ophélie »).

▸ **Vers de nouveaux horizons.** Mais déjà le jeune poète s'écarte des codes poétiques : il affectionne les rythmes brisés, enjambements et rejets. Son projet s'annonce ambitieux : dépouillé de toute parole et de toute pensée vaine (« Sensation »), il rejoint l'« amour infini » et la « Nature ».

PARCOURS : Émancipations créatrices

▸ **L'intitulé du parcours.** La formule associe deux perspectives que vous devrez distinguer et associer à la fois.

▸ **Émancipations.** Les poètes se libèrent des thèmes attendus, des codes moraux et sociaux mais aussi des règles de la poésie. Victor Hugo « disloqu[e] ce grand niais d'alexandrin » et, à 16 ans, Rimbaud fissure le carcan des conventions poétiques avant d'adopter dans *Les Illuminations* le vers libre et le poème en prose. Apollinaire affranchira la poésie de la ponctuation et les surréalistes de la logique.

▸ **Créations.** Émancipé, le poète aborde alors des paysages nouveaux (« le sang rose des arbres verts » – « Soleil et chair ») et entend ce « chant mystérieux [qui] tombe des astres d'or » (« Ophélie »).

L'œuvre en Bibliolycée

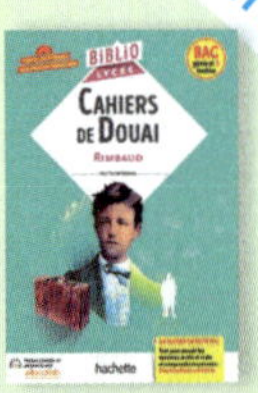

La Rage de l'expression, Francis Ponge, 1952
Parcours : Dans l'atelier du poète

Francis Ponge (1899-1988)
Poète qui a emprunté une voie originale dont témoignent notamment *Le Parti pris des choses* (1942) et *La Rage de l'expression*.

L'AUTEUR ET L'ŒUVRE

▸ **Le contexte historique et biographique.** Le recueil réunit des pages écrites durant la seconde guerre mondiale et Ponge pourtant résistant, note lui-même l'écart entre « un moment historique si important » et son travail sur le « bois de pins ».

▸ **Le contexte littéraire.** Proche des surréalistes qui s'affranchissent de l'ambition littéraire, Francis Ponge affirme « je ne me veux pas poète » mais, s'écartant d'eux, il opte pour la rigueur d'un travail sur le langage, l'écriture n'étant pas chez lui un épanchement spontané, mais plutôt un défi, une « rage ».

▸ **Le titre et son enjeu.** Le terme « expression » ne signifie pas « expression de soi » car il s'agit de « rendre compte du monde ». Quant à la « rage », elle est celle d'un travail repris sans cesse si bien que l'élaboration du texte devient la matière même du recueil.

▸ **La composition.** Le recueil réunit six approches de la nature : paysages, animaux et végétaux. Chaque section présente des recherches, des réflexions sur le travail de l'écriture, de multiples variantes sans que s'impose une solution définitive.

▸ **La poésie comme moyen.** Ponge n'affecte pas de finalité esthétique ou émotionnelle à son texte. Le travail sur le langage, cherche à approcher la singularité de la fleur, de la guêpe ou du paysage : « Surgissez, bois de pins, surgissez dans la parole ». La lecture du texte, c'est-à-dire de cette quête d'exactitude, offre à vivre ce surgissement du bois, avec toutes « ses épingles à cheveux odoriférantes ».

PARCOURS : Dans l'atelier du poète

▸ **Le poète artisan.** Le terme « atelier » fait du poète un artisan, ce qui s'accorde avec l'étymologie du mot.

▸ **Les finalités variées du travail sur le langage.** Quand les Parnassiens prônent « l'art pour l'art », que Raymond Queneau met en avant le plaisir du jeu, Mallarmé pense « donner un sens plus pur aux mots de la tribu » et Francis Ponge prend le parti (recueil de 1942) des choses.

▸ **L'atelier comme thème.** Comme ces peintres qui, jouant de la mise en abyme, peignent des ateliers d'artistes, Ponge fait du processus de l'écriture le sujet même de son recueil.

Mes forêts, Hélène Dorion, 2021
Parcours : La poésie, la nature, l'intime

Hélène Dorion (née en 1958)
Écrivaine québécoise, elle a composé quelques romans et de nombreux recueils de poésie traduits en plusieurs langues.

L'AUTEUR ET L'ŒUVRE

- **Un recueil publié en 2021.** Hélène Dorion incarne un genre vivant qui se fait l'écho des préoccupations du XXIe siècle. Elle affectionne les lectures publiques, le contact direct avec ses lecteurs qu'elle accompagne sur son site, helenedorion.com.
- **La place de la nature.** Le titre du recueil montre d'emblée la place de la nature chez Hélène Dorion. Les ouvertures des sections le confirment avec des mots comme « galets », « écorce », « horizon » ou « aube ». Les poèmes révèlent la richesse de la nature dans tous ses éléments mais aussi sa fragilité, « le bégaiement des feuilles » (*Mes forêts*, ed. Sacoche, p. 31), « la banche qui tombe » (p. 45), « l'effroi / qui pèse sur demain » (p. 94).
- **La place de la modernité.** Opposé à la nature, le lexique de la modernité « déchire le paysage ». Hélène Dorion pose un regard attristé sur « la chambre du siècle » pour dessiner « du portable au jetable /le jardin où périt un monde / où l'on voudrait vivre » (p. 65).
- **L'écriture de soi.** Dans le sillage du paysage état d'âme des romantiques, Hélène Dorion s'associe en profondeur à la nature : « mes forêts sont des rivages / accordés à mes pas la demeure / où respire ma vie » (p. 51).
- **Le rôle de la poésie.** Le mot « poème » apparaît souvent sous la plume d'Hélène Dorion car il est chez elle, comme chez de nombreux poètes, un chemin de connaissance.

PARCOURS : La poésie, la nature, l'intime

- **L'intitulé de parcours.** En juxtaposant trois mots recouvrant des domaines *a priori* éloignés les uns des autres, l'intitulé du parcours invite à s'interroger sur les échos qu'ils laissent résonner et sur les liens qu'ils tissent entre eux.
- **Un héritage du romantisme.** La poésie offre ses images et ses rythmes pour communiquer l'intime, le partager avec le lecteur. La nature (« Automne » ou « Le Lac » de Lamartine, en 1820) se fait le miroir des sentiments ; en l'évoquant le poète peut mettre des mots sur ce qu'il éprouve.
- **Poésie et connaissance.** Hélène Dorion s'inscrit dans la lignée de ceux pour qui le poète, héritier d'Orphée, déchiffre le monde grâce à ses vers, comme autant d'« aiguilles qui percent la terre ».

Gargantua, Rabelais, 1534
Parcours : Rire et savoir

Moine humaniste, médecin, **François Rabelais (1494 ?–1553)** était un érudit sensible à la culture populaire. Il est principalement connu pour ses deux récits *Pantagruel* et *Gargantua*.

L'AUTEUR ET L'ŒUVRE

▸ **Les influences.** Rabelais appartient à la première génération des humanistes : ce sont des lettrés admiratifs de l'Antiquité, enthousiastes et confiants dans l'Homme.

▸ **L'histoire.** Le récit suit la chronologie de l'histoire, de la naissance du géant Gargantua à l'édification de l'abbaye de Thélème, en passant par la guerre contre Picrochole.

▸ **Les personnages.** Autour de Gargantua gravitent des personnages positifs (le précepteur Ponocrates, le moine Frère Jean des Entommeures) et négatifs (les sophistes, Picrochole).

▸ **Les principaux enjeux.** Rabelais n'écrit pas en latin comme ses contemporains lettrés mais dans un français courant, voire trivial. Le genre noble de l'épopée est parodié. Le burlesque occupe une place centrale : la naissance de Gargantua, l'invention du torche-cul, la façon dont le héros « [paie] sa bienvenue aux Parisiens »... Rabelais adopte la culture médiévale du carnaval, la fantaisie débridée du récit populaire. Il communique sa joie de vivre à ses lecteurs et, en humaniste, il leur soumet ses réflexions sur les grands sujets de son temps tels que l'éducation, la guerre ou la religion.

PARCOURS : Rire et savoir

▸ **La place du savoir.** Composé dans la première moitié du XVIe siècle, avant que les guerres de religion ne viennent assombrir les perspectives, *Gargantua* témoigne de l'enthousiasme caractéristique de l'humanisme naissant. Rabelais, comme Érasme ou Thomas More, affirme sa confiance dans la capacité de l'homme à comprendre le monde et exprime une soif de savoir à la mesure des géants qu'il imagine.

▸ **La place du rire.** Chez Rabelais comme chez Thomas More dans *Utopia* (1516), la fantaisie narrative est le vecteur des valeurs à défendre. Mais dans *Gargantua* elle adopte une tonalité nettement burlesque. Parfois, discret et savant, le rire est franc, immense, et les sujets les plus grossiers sont abordés. Le savoir, sans tabou, est un plaisir mis à la portée de qui veut s'en emparer.

▸ **Les fonctions du rire.** Le rire, qui est « le propre de l'homme », joue plusieurs rôles : il réjouit et donne envie de poursuivre la lecture, il installe une connivence entre l'auteur et son lecteur, il permet de critiquer certaines positions (l'éducation des sophistes, l'esprit conquérant de Charles Quint...) et d'adopter le recul nécessaire à un savoir solide. Le rire, parce qu'il est « le propre de l'Homme » est chez Rabelais une quête du « haut sens » et un art de vivre.

L'œuvre en Bibliolycée

Les Caractères, La Bruyère, 1688
Parcours : La comédie sociale

Jean de La Bruyère (1645-1696)
Moraliste de la fin du Grand Siècle (XVIIe siècle), il est l'auteur d'une seule œuvre, *Les Caractères,* étoffée au fil de ses rencontres et de ses observations.

L'AUTEUR ET L'ŒUVRE

▸ **Le classicisme*.** À contre-courant de l'esthétique baroque* qui domine en Europe à cette époque, le modèle classique inspiré de l'Antiquité, prône l'équilibre et la juste mesure. Ce mouvement touche tous les arts. Il rejoint l'idéal de l'« honnête homme », un homme cultivé, modéré et sociable qui fuit les excès de la passion.

▸ **La progression des chapitres V à X et la satire sociale.** La Bruyère fait œuvre de moraliste en dénonçant les comportements superficiels et hypocrites de la cour ainsi que les excès du roi. Après une vision globale dans le chapitre V, La Bruyère emprunte le chemin de l'ascension sociale : la fortune (VI),puis l'installation en ville (VII), la fréquentation de la Cour (VIII) et notamment des Grands (IX). Le chapitre X atteint, avec le roi, le sommet de la pyramide.

▸ **L'écriture discontinue.** La mosaïque des portraits et des maximes constitue dans son ensemble une peinture de la société du XVIIe siècle. Le choix de la forme brève (les « remarques ») autorise différents procédés susceptibles de séduire le lecteur tout en servant la satire : les formules (l'attaque au début et la pointe à la fin), la généralisation, le choix des détails significatifs, l'implicite.

PARCOURS : La comédie sociale

▸ **La formulation à double sens du parcours.** La vie mondaine est une comédie dont La Bruyère dénonce la futilité et l'hypocrisie. On peut aussi comprendre que les « remarques » de La Bruyère sont autant de scènes de comédie.

▸ **La dénonciation de l'hypocrisie.** La Bruyère dénonce les prétentions et les faux-semblants. La transparence et la mesure sont des valeurs à la fois esthétiques et morales. Selon Roland Barthes, « nous avons eu en France une grande littérature de la mondanité, de Molière à Proust : et c'est dans cette tradition d'un imaginaire tout entier dirigé vers les phénomènes de clôture sociale que s'inscrit évidemment La Bruyère.»

▸ **La théâtralisation.** L'art de mettre en scène des personnages types s'apparente chez La Bruyère aux procédés de la comédie. Les romanciers recourent à des procédés similaires : on pense aux salons fréquentés par la Princesse de Clèves (Madame de Lafayette), par Bel-Ami (Maupassant), par Swann (Proust).

L'œuvre en Bibliolycée

Déclaration des droits de la femme et de la citoyenne, Olympe de Gouges, 1791
Parcours : Écrire et combattre pour l'égalité

Olympe de Gouges (1748-1993)
L'auteure révolutionnaire a lutté contre l'esclavage et pour les droits des femmes. Elle est morte guillotinée sous la Terreur.

L'AUTEUR ET L'ŒUVRE

▸ **Une œuvre de circonstances.** Le texte qu'Olympe de Gouges adresse à la Reine en 1791 doit être compris dans le contexte révolutionnaire et le bouillonnement d'idées du siècle des Lumières. Il se lit en parallèle de la *Déclaration* promulguée le 26 août 1789. À une époque où la supériorité masculine est acceptée comme une évidence, les revendications de l'auteure passent inaperçues et l'œuvre ne sera publiée dans son intégralité qu'en 1986.

▸ **Un pastiche* et un pamphlet*.** Le préambule et les dix-sept articles de la *Déclaration* d'Olympe de Gouges constituent un pastiche du texte promulgué en 1789. Le postambule, adressé aux femmes, adopte une tonalité plus ouvertement polémique en déployant toute la palette des procédés oratoires. L'ensemble, parce qu'il dénonce l'abus de pouvoir des hommes, peut être considéré comme un pamphlet.

▸ **Un manifeste et ses enjeux.** Il s'agit aussi d'un manifeste revendiquant pour les femmes la liberté et les mêmes droits que les hommes : constitutionnel (article IV), pénal (VII à IX), d'expression (X et XI), fiscal (XIII à XV), de propriété (XVII). Les articles XII et XVI soulignent l'importance pour la société tout entière de garantir les droits des femmes.

PARCOURS : Écrire et combattre pour l'égalité

▸ **Écrire et combattre.** L'écrivain est souvent présenté comme replié sur son œuvre, aux antipodes de l'homme d'action. Mais de nombreux(ses) auteur(e)s ont aussi agi sur le terrain tels George Sand (une femme), Albert Camus ou le romancier anglais George Orwell. Et leurs écrits ont accompagné leurs combats.

▸ **Le combat pour l'égalité.** Se battre pour l'égalité consiste souvent à débusquer les inégalités de tous ordres. On peut identifier trois grands domaines de lutte : le combat pour l'égalité des sexes qui depuis le Moyen Âge (Christine de Pisan) présente des enjeux variés, la lutte contre l'esclavage et le racisme, la dénonciation (Hugo, Zola...) des injustices sociales. Les causes peuvent se croiser comme dans le film *Les Figures de l'ombre* (Theodore Melfi, 2016) rendant hommage aux mathématiciennes afro-américaines, qui, ont travaillé pour la NASA au début de la conquête spatiale.

L'œuvre en Bibliolycée

Histoire du chevalier des Grieux et de Manon Lescaut, plus communément appelée *Manon Lescaut*, Abbé Prévost, 1731
Parcours : Personnages en marge, plaisirs du romanesque

Abbé Prévost (1697-1763)
L'abbé Prévost est essentiellement connu pour le septième tome des *Mémoires et aventures d'un homme de qualité*, le récit de la passion du chevalier des Grieux pour Manon Lescaut.

L'AUTEUR ET L'ŒUVRE

▸ **Le contexte.** L'œuvre est écrite dans le contexte d'une libération des mœurs mais elle sera toutefois condamnée en 1733. Elle exprime la place de la sensibilité au temps des Lumières.

▸ **La forme du roman.** Pour donner l'illusion du réel, l'abbé Prévost adopte la forme des Mémoires, alors à la mode, et l'enchâssement du récit : le marquis de Renoncour (« l'homme de qualité »), rapporte les confidences du chevalier des Grieux.

▸ **Les personnages principaux.** **Des Grieux**, jeune aristocrate, est attaché au code de l'honneur. Mais sa passion pour Manon vient progressivement à bout de toutes ses valeurs. Le lecteur ne connaît **Manon**, à la fois victime et instigatrice, que par le regard fasciné de Des Grieux.

▸ **Le mélange des genres et des registres.** L'auteur s'inspire du roman picaresque qui raconte les multiples aventures d'un héros en marge de la société. Cependant, centré sur une intrigue unique et sur l'analyse d'une passion dévastatrice, le roman se plie à la rigueur de l'esthétique classique. Chacune de ses deux parties alterne retrouvailles et séparations. Tonalité tragique, lyrisme et coloration burlesque se côtoient.

PARCOURS : Personnages en marge, plaisirs du romanesque

▸ **L'intitulé du parcours.** La formule rapproche deux perspectives différentes : d'un côté l'art de la narration avec le choix de personnages particuliers, et de l'autre l'émotion du lecteur. L'absence de connecteur logique et le recours au pluriel ouvrent grand le champ de la réflexion.

▸ **Les personnages en marge.** Des Grieux finit par voler et tricher au jeu tandis que Manon soutire de l'argent à ses amants. Les romanciers – et leurs lecteurs ! – affectionnent ces personnages qui ne restent pas dans le rang : la relation entre l'individu et la société est en effet au cœur du genre romanesque.

▸ **Les plaisirs du romanesque.** Ne cherchons-nous pas dans les fictions le frisson que promet l'écart, tout ce qui rompt avec notre routine ? Le roman nous offre aussi la possibilité de nous découvrir dans le miroir que nous tendent tous ces personnages différents.

L'œuvre en Bibliolycée

La Peau de chagrin, Honoré de Balzac, 1831
Parcours : Les romans de l'énergie : création et destruction

Honoré de Balzac (1799-1850)
Honoré de Balzac a composé *La Comédie humaine*, une grande fresque qui comporte plus de quatre-vingt-dix romans et nouvelles. Il est considéré comme le maître du roman réaliste.

L'AUTEUR ET L'ŒUVRE

▸ **Le contexte.** L'intrigue (1830), contemporaine de l'écriture du roman, est marquée par son temps : romantisme, goût pour l'Orient et le fantastique.

▸ ***La Comédie humaine*.** Antérieur au projet réaliste de la grande fresque balzacienne, le roman sera remanié pour y trouver sa place au sein des *Études philosophiques*.

▸ **Le titre.** Utilisé pour sa peau, le chagrin est une partie de la croupe d'un âne ou d'un mulet. Le mot « chagrin » prend ici un double sens et le talisman, venu d'Orient, reste un objet mystérieux.

▸ **Les trois personnages principaux.** Raphaël est un héros romantique : poète, jeune aristocrate ruiné en proie à de violentes passions. Deux femmes s'opposent : Fœdora, la « femme sans cœur » et Pauline, la jeune fille pure qui se révèle passionnée dans la troisième partie du roman.

▸ **Un roman fantastique.** Le héros a acquis un talisman, avec lequel il a passé un pacte : chacun de ses désirs est exaucé mais la Peau, qui représente sa vie, rétrécit. Le fantastique tient à l'intrusion du surnaturel dans un cadre réaliste.

▸ **Un roman philosophique.** Les personnages incarnent différentes existences possibles tandis que la Peau de chagrin qui se rétracte symbolise le passage destructeur du temps.

PARCOURS : Les romans de l'énergie : création et destruction

▸ **L'énergie chez Balzac.** Cette notion, au cœur de la pensée balzacienne (« Tout est mouvement », explique le physicien Planchette) repose dans *La Peau de chagrin* sur les multiples dualités qui donnent vie à l'œuvre : Fœdora/Pauline ; pauvreté/richesse ; existence studieuse et créatrice/dispersion dans la débauche.

▸ **La dualité création et destruction.** *La Peau de chagrin* est tout le contraire d'un roman d'initiation, car le récit de la vie de Raphaël de Valentin suit la pente d'une inéluctable destruction. Toutefois, le vieil antiquaire qui cède la Peau au héros explique que le « savoir » et l'Imaginaire sont une réponse au fatal tandem du « vouloir » et du « pouvoir ». Rongée par l'argent, la société, dont Foedora est l'allégorie, est une force destructrice à laquelle le pouvoir créateur de l'artiste peut s'opposer.

L'œuvre en Bibliolycée

Les Vrilles de la vigne, Colette, 1908
Sido, Colette, 1930
Parcours : La célébration du monde

Colette (1873-1954)
Colette, de son vrai nom Sidonie Gabrielle Colette, est la deuxième femme élue (1945) à l'académie Goncourt et la première à avoir des funérailles nationales.

L'AUTEUR ET L'ŒUVRE

▸ **Deux œuvres, deux contextes.** *Les Vrilles de la vigne*, un recueil d'articles et récits parus dans des journaux, est édité alors que Colette a 33 ans tandis que *Sido* paraît plus de vingt ans après.

▸ **L'écriture de soi.** Le projet autobiographique de Colette est complexe, la dissimulation et la création venant brouiller et enrichir à la fois la quête de soi. Toute l'œuvre de l'auteure, même lorsqu'il s'agit de romans ou d'articles, est traversée par ce projet.

▸ ***Sido.*** La première partie porte le titre de l'œuvre, les deux suivantes sont consacrées au père, puis à la fratrie. Mais la figure maternelle, complexe et idéalisée, envahit le texte comme elle a pris possession de la famille.

▸ ***Les Vrilles de la vigne.*** Les thèmes et les tonalités de ce recueil « fait de pièces et de morceaux » (Colette) sont variés : fiction, dialogues animaliers, poèmes lyriques en prose, satire amicale des mondaines… Avec la parabole du rossignol, le texte d'ouverture qui donne son titre au recueil, place l'œuvre sous le signe du pouvoir littéraire : « dans le printemps menteur où fleurit la vigne crochue, j'écoute le son de ma voix… »

PARCOURS : La célébration du monde

▸ **Récit et poésie.** L'intitulé du parcours, qui renvoie plutôt à la poésie, est une façon d'indiquer la perméabilité des genres. L'écriture narrative peut devenir poétique.

▸ **Les procédés de la célébration.** Vocabulaire riche et suggestif, métaphores, allitérations et assonances : Colette partage avec le lecteur toute la palette des sensations. Les sens s'associent pour tisser les souvenirs de l'enfance, permettre de faire un avec la nature. Les descriptions en prose poétique sont propices à cette célébration tandis que le discours direct donne vie aux évocations.

▸ **Les enjeux de la célébration.** La place accordée aux sensations chez Colette annonce le projet de Marcel Proust qui confie aux sens puis à l'écriture la mission de retrouver le « temps perdu ». Il s'agit par ailleurs, chez Colette, de se fondre dans le monde, d'atteindre l'harmonie d'un univers réconcilié. Cette perspective embrase aussi les romans de Giono et, plus récemment, les récits de Sylvain Tesson ou les pages que Paolo Cognetti consacre à la montagne.

Le Menteur, Pierre Corneille, 1644
Parcours : Mensonge et comédie

Pierre Corneille (1606-1684)
Grand auteur de tragédies avec Racine au XVIIe siècle, Pierre Corneille a aussi composé des tragi-comédies (*Le Cid,* 1637) et des comédies (*L'Illusion comique* en 1634, *Le Menteur* en 1644).

L'AUTEUR ET L'ŒUVRE

▸ **Le contexte esthétique.** Le mouvement baroque domine au début du XVIIe siècle. Il propose la vision d'un univers instable, d'une vérité impossible à saisir. Le monde est perçu comme un grand théâtre (le *theatrum mundi* des Latins), ce qui fait du genre théâtral une forme particulièrement prisée. Mais, en 1644, le classicisme a déjà fait son apparition, critiquant en 1637 le foisonnement baroque du *Cid* et demandant l'ordre et l'équilibre. Ajoutons à ces deux courants, la préciosité adoptée par les salons mondains. Fuyant l'ordinaire, elle diffuse un langage galant très travaillé.

▸ **Le contexte biographique.** Corneille a commencé sa carrière avec des comédies qu'il voulait plus élevées que les farces. Il écrit aussi des tragédies très appréciées, telles que *Horace* (1640) ou *Cinna* (1642) Un an après *Le Menteur*, Corneille compose *La Suite du Menteur* puis il se consacre entièrement à la tragédie.

▸ **L'intrigue.** Inspirée d'une comédie espagnole, *Le Menteur* associe le romanesque sentimental des jeunes gens et la bouffonnerie du valet. Dorante, le personnage éponyme et Clinton son valet arrivent à Paris et font la connaissance de deux jeunes filles, Clarice et Lucrèce, que le héros éblouit en s'attribuant des exploits militaires imaginaires. S'ensuit un imbroglio de mensonges qui impose le règne de l'illusion cher au baroque. Toutefois, en respectant les unités, Corneille contient tous ces mirages dans le cadre resserré demandé par les classiques.

PARCOURS : Mensonge et comédie

▸ **L'intitulé du parcours.** On pourra voir comment la comédie met en scène avec virtuosité la surenchère des mensonges, comment ceux-ci, chez Corneille mais aussi chez Molière (les fourberies des valets) sont un des ressorts du rire. Mais le mensonge est également une des composantes du genre théâtral lui-même, les comédiens mentant avec l'approbation de leur public.

▸ **Mensonge et vérité.** En mentant, Dorante crée un personnage au plus près de la vérité (codes de la préciosité) de son temps. Il est venu à Paris pour devenir un Parisien selon les usages en vigueur et ses mensonges sont une façon d'être vrai. De la même manière, le mensonge du théâtre éclaire une vérité qui, dans le cas de la comédie de 1644, serait l'inconstance des sentiments et le pouvoir du langage.

L'œuvre en Bibliolycée

On ne badine pas avec l'amour, Alfred de Musset, 1834
Parcours : Les jeux du cœur et de la parole

Alfred de Musset (1810-1857)
Grande figure du mouvement romantique. Il est connu pour ses poèmes et ses pièces de théâtre qui, pour la plupart, n'ont pas été écrites pour être jouées mais pour être lues.

L'AUTEUR ET L'ŒUVRE

▸ **Une génération désabusée.** Après les rêves de changements amenés par la Révolution et ceux de grandeur portés par Napoléon, la Restauration est vécue par la jeunesse comme la fin d'un idéal. C'est le « mal du siècle » tel que Musset l'analyse dans sa *Confession d'un enfant du siècle* et tel que l'illustrent Camille et Perdican.

▸ **Le choix particulier de Musset.** Comme les autres dramaturges romantiques Musset rejette les règles des (voir Fiche 54) classiques*. Mais il s'écarte de Hugo ou de Vigny en écrivant pour des lecteurs plutôt que pour des spectateurs. En effet, les drames romantiques *Lorenzaccio* ou *On ne badine pas avec l'amour* sont publiés dans un recueil intitulé *Un spectacle dans un fauteuil*.

▸ **Le titre de la pièce.** Comme pour d'autres pièces telles que *Il ne faut jurer de rien*, Musset puise à la fois dans la comédie, un genre imprégné de sagesse populaire, et dans un jeu mondain consistant à mimer un proverbe pour le faire deviner.

▸ **Le mélange des genres.** Musset emprunte à la comédie les thèmes du mariage arrangé et du dépit amoureux, les personnages ordinaires, le comique de caractère (dame Pluche), de mots (II, 4), de gestes (III, 2), de situation (I, 5). Mais le dénouement, avec la mort de Rosette, appartient à la tragédie, de même que le chœur hérité du théâtre grec.

PARCOURS : Les jeux du cœur et de la parole

▸ **Cœur et parole dans le drame de Musset.** L'amour et son triangle (Perdican, Camille, Rosette) fatal sont au centre de la pièce. Ce sentiment fait peur : en proie à la passion, Perdican revendique la légèreté et Camille choisit le couvent. La principale difficulté est de dire vrai : ni Camille ni Perdican n'y parviennent avant la scène finale.

▸ **Les jeux.** La formulation du parcours peut se comprendre de plusieurs façons. On peut entendre qu'il y a du jeu entre le cœur et la parole, un décalage qui conduit les personnages à leur perte. Mais le titre qui renvoie au badinage envisage plutôt la dimension ludique du langage amoureux. Le mot « jeu » s'inscrit aussi dans le champ lexical du théâtre, les comédiens jouant un rôle, utilisant la parole pour approcher et exprimer les vérités universelles du cœur.

L'œuvre en Bibliolycée

Pour un oui ou pour un non, Nathalie Sarraute, 1986 Parcours : Théâtre et dispute

Nathalie Sarraute (1900-1999)
Figure du Nouveau Roman, Nathalie Sarraute est aussi connue pour ses pièces de théâtre, notamment *Pour un oui ou pour un non*.

L'AUTRICE ET L'ŒUVRE

▸ **Un rejet et la recherche de nouvelles voies.** Dans la seconde moitié du XXe siècle, le Nouveau Roman et le théâtre de l'absurde rejettent la place accordée à l'intrigue, aux personnages et à leur psychologie. Poursuivant une recherche débutée dans *Tropismes* (1939) Nathalie Sarraute explore la « sous-conversation ». Ainsi, c'est une petite phrase banale (« c'est biiien... ça »), ses points de suspension et son accentuation propre, qui a conduit H2 à s'éloigner de H1.

▸ **La place de la parole.** Au départ destinée à une diffusion radiophonique, la pièce, telle que son autrice l'a conçue, se concentre sur le dialogue : l'absence de nom et de décor, la rareté des didascalies invitent à se focaliser sur les paroles car rien n'existe en dehors d'elles. Les phrases brèves, interrompues, fragmentaires, le recours au langage parlé, plus spontané, sont autant de tentatives pour approcher le non-dit, la « sous-conversation » qui se joue sous le dialogue.

▸ **Le comique et le tragique.** Le titre léger, le caractère dérisoire de la dispute donnent une dimension comique à la pièce. Mais l'impossibilité de communiquer également mise en scène par Ionesco et Beckett, la violence des relations, et l'échec final relèvent de la tragédie.

PARCOURS : Théâtre et dispute

▸ **La dispute.** Le mot « dispute » renvoie à la fois au conflit et au raisonnement argumenté (l'art de la *disputatio* au Moyen Âge). Ces perspectives sont à approfondir.

▸ **Théâtre et conflit.** Au théâtre, le dialogue ne peut progresser que dans la mesure où les personnages, pour des raisons extérieures ou intérieures au dialogue s'opposent.

▸ **Théâtre et *disputatio*.** La parole théâtrale est, comme dans la *disputatio*, un instrument pour approcher au plus près la réalité. En se frottant les unes contre les autres, les répliques décapent les propos ordinaires pour faire émerger ce qui les sous-tend.

Lexique des termes littéraires

Aède : un aède (du verbe grec « *adô* », chanter) désigne, en Grèce antique, un poète qui chante ou récite des épopées en s'accompagnant d'un instrument de musique. Le plus célèbre des aèdes est Homère.

Allégorie : représentation d'une notion abstraite par une personne.
Ex. : Vénus est l'allégorie de l'amour.

Allitération : répétition d'une consonne.

Anadiplose (fém.) : reprise du dernier mot d'une proposition au début de la proposition suivante afin de souligner le lien.

Analepse (fém.) : retour en arrière.

Anaphore (fém.) : procédé d'insistance qui consiste en la répétition d'un mot ou d'une expression en tête de phrase ou de vers. On parle aussi de reprise anaphorique.

Antanaclase (fém.) : variété de répétition qui fait apparaître un terme deux fois avec deux sens différents.
Ex. : « Le cœur a ses raisons que la raison ne connaît point » (Pascal).

Antithèse : opposition, dans une phrase, de deux termes.

Anthropocentrisme : pensée qui considère que toute chose se rapporte à l'homme.

Apologue (masc.) : court récit duquel se dégage une morale. La fable, la parabole, le conte philosophique sont des apologues dans la mesure où la leçon est véhiculée par une fiction.

Apostrophe (fém.) : procédé grammatical et oratoire qui consiste à interpeller la personne à qui l'on s'adresse.
Ex. : « Peuples ! écoutez le poète ! » (Hugo)

Archétypal : construit selon un modèle primitif qui se répète au cours des siècles.

Assertion : affirmation.

Assonance : répétition d'un son vocalique (voyelles ou voyelles nasalisées* telles que « an » ou « on »).

Asyndète (fém.) : suppression des termes qui permettent de lier logiquement les mots ou les expressions.

Avatar : **1.** Incarnation de Vishnou dans la religion hindoue. **2.** Métamorphose. **3.** Mésaventure.

Bachique : en lien avec le culte de Bacchus (nom romain de Dionysos).

Barbon : au théâtre, personnage du vieillard, en général égoïste et avare.

Baroque (adj.) : appartenant ou apparenté à l'esthétique d'un mouvement des XVIIe et XVIIIe siècles qui privilégie les décors très élaborés pour rendre compte de la complexité du monde.

Bienséance : conformité aux bonnes mœurs, à la morale.

Blason du corps féminin : genre poétique du XVIe siècle qui consiste à détailler le portrait d'une femme aimée.

Bucolique : qui se rapporte à la nature, la vie champêtre, les mœurs pastorales. *Les Bucoliques* de Virgile (37 av J.-C.) sont de courts dialogues entre bergers sur le modèle de la poésie pastorale grecque.

***Captatio benevolentiae* :** expression latine désignant la façon dont un orateur, au début d'un discours, parvient à attirer l'attention bienveillante de son auditoire.

Cartésien : **1.** Relatif au philosophe Descartes (1596-1650).
2. Logique et rationnel.

Catharsis : effet produit par la tragédie selon Aristote ; elle purifie les spectateurs de leurs passions en leur faisant éprouver terreur et pitié.

Césure : coupe au milieu d'un vers ; dans l'alexandrin classique*, elle sépare les deux hémistiches* (6 syllabes).

Champ lexical : ensemble de mots ou d'expressions qui se rapportent à une même notion.

Champ sémantique : ensemble des significations d'un mot.

Chiasme : figure de symétrie dans laquelle le premier élément se rapproche du quatrième et le deuxième du troisième.

Christique : qui rappelle le Christ.

Classicisme : mouvement esthétique français du XVIIe siècle, en réaction au baroque européen. L'équilibre, la mesure, la simplicité et la raison sont ses principales caractéristiques.

Classique : qui caractérise les œuvres du classicisme.

Conjonction : mot de liaison ; on distingue les conjonctions de coordination *(mais, ou, et, donc, or, ni, car)* et les conjonctions de subordination *(parce que, puisque, quand...)*.

Connotation : signification suggérée, affective d'un mot (à distinguer de la dénotation qui est son sens strict).

Convaincre : emporter l'adhésion en développant des arguments et des raisonnements.

Coup de théâtre : événement qui change totalement les données de l'intrigue.

Courtois : se rapporte à un art de vivre et à une littérature qui, au Moyen Âge, idéalisent la femme et l'amour.

Dédicataire : personne à qui un ouvrage est dédié.

déictique : élément en lien avec la situation d'énonciation.
Ex. : ceci, cette réunion, aujourd'hui etc...

Dentale : « t » (dentale sourde), « d » (dentale sonore).

Didactique : qui vise à instruire.

Didascalie : au théâtre, indication scénique qui précise le ton d'une réplique, un mouvement ou le décor.

Diérèse (fém.) : fait de dissocier en les prononçant une suite de voyelles.
Ex. : en-**vi**-**eu**-se.

Dionysiaque : relatif à Dionysos.

Dionysos : dieu grec (Bacchus chez les Romains) de la vigne, de la folie et de la démesure.

Discours : **1.** Parole rapportée dans un récit (discours direct, indirect, indirect libre). **2.** Toute production écrite ou orale (discours narratif, descriptif...).

Double énonciation : au théâtre, les répliques sont destinées aux personnages mais aussi aux spectateurs.

Dramaturge : auteur d'une pièce de théâtre (comédie, tragédie, drame...).

Drame romantique : genre théâtral qui, dans la première moitié du XIXe siècle, s'oppose au classicisme en prônant notamment le mélange des genres.

Élégiaque : se dit d'un texte lyrique qui exprime la tristesse et la mélancolie.

Élision (fém.) : suppression, notamment d'une voyelle.

Ellipse (fém.) : **1.** saut dans le temps, omission de certains éléments jugés sans intérêt. **2.** Omission d'un mot dans une phrase.

Elliptique (syntaxe) : construction qui omet certains éléments.

Emphatique : qui souligne, met en relief.

Empirisme : théorie philosophique selon laquelle l'expérience est le fondement de toute connaissance.

Enjambement (masc.) : la phrase se poursuit dans le vers suivant.

Énonciation : fait de produire un énoncé, écrit ou oral.

Épanorthose : figure de style qui consiste à revenir sur ce que l'on vient d'affirmer, pour le corriger, le nuancer.

Épicurien : adepte de l'épicurisme.

Épicurisme : **1.** Doctrine du philosophe grec Épicure (341-270 av. J.-C.). Selon l'épicurisme, le monde est un conglomérat d'atomes et l'âme ne survit pas à la mort. Il faut donc rechercher le bonheur terrestre en sélectionnant les plaisirs naturels et nécessaires. Selon Épicure, « mon corps est saturé de plaisirs quand j'ai du pain et de l'eau ». **2.** Philosophie de la vie qui se propose de jouir des plaisirs de l'existence.

Épidictique : se dit des tonalités de l'éloge et du blâme.

Épiphore (fém.) : répétition par laquelle un mot ou un groupe de mots reviennent à la fin de plusieurs membres successifs de phrases. Fréquente en poésie.

Épique : qui a trait à l'épopée (récit mythologique à la gloire d'un héros).

Éponyme : qui donne son nom, par exemple à un roman.

Ex. : Thérèse Raquin.

Érinyes : déesses grecques de la Vengeance et du Châtiment. Elles sont nommées Furies à Rome. On les appelle également les Euménides, c'est-à-dire les *Bienveillantes*.

Euphémisme (masc.) : figure qui atténue une réalité déplaisante.

Exodos : dernière partie de la tragédie grecque antique, quand le chœur quitte la scène.

Exposition : au théâtre, scène(s) qui présente(nt) les éléments nécessaires à la compréhension de l'intrigue.

Farce : courte pièce médiévale, au comique grossier, jouée entre deux mystères lors des fêtes religieuses.

Focalisation : voir *Point de vue*.

Générique : **1.** Qui a trait à un genre. **2.** Se dit d'un mot de sens large, qui renvoie à une catégorie.

Ex. : un chien (nom générique) ; un caniche (mot spécifique).

Gnomique : qui énonce une vérité générale.

Hémistiche (masc.) : demi-alexandrin.

Hétérométrie : fait de recourir à des vers (mètres) de longueurs variées.

Hexasyllabe : vers de six syllabes.

Homéotéleute (fém.) : répétition d'un même son à la fin d'une phrase, ou à la fin des mots d'une même phrase, qui constitue une sorte de rime intérieure introduite en prose.

Homérique : relatif à Homère, poète grec à qui l'on attribue les épopées l'*Iliade* et l'*Odyssée*.

Humaniste : penseur de la Renaissance qui admire l'Antiquité et défend la dignité humaine.

Hybris (fém.) : démesure et orgueil insensé considérés comme un crime dans la littérature grecque.

Hypallage (fém.) : figure de style qui attribue à un mot ce qui convient logiquement à un autre mot de la même phrase.

Hyperbole (fém.) : procédé stylistique qui vise à exagérer.

Hypotypose (fém.) : procédé de style qui consiste à préciser une scène de façon à lui donner vie.

Inaugural : qui débute.

Incantatoire : qui s'apparente à une incantation, c'est-à-dire à un discours magique visant à exercer un pouvoir par la force du rythme et des mots.

Incipit (masc.) : première page d'un roman ou d'un conte.

Incise (fém.) : courte proposition insérée dans une phrase.

Indices de l'énonciation : mots qui portent la trace de l'énonciation, qui renvoient au locuteur, au destinataire ou à un espace-temps défini par rapport à ces deux personnes.

Ex. : je, tu, hier, demain, ici...

Indices personnels : mots qui renvoient explicitement au locuteur et au destinataire.

Injonctif : qui exprime un ordre, une interdiction, un conseil.

Injonction : ordre, commandement indiscutable.

Interrogation totale : interrogation qui porte sur la totalité de la phrase et qui n'admet que deux réponses possibles, « oui » ou « non ».

Intransitif (verbe) : qui se construit sans complément d'objet.

Invocation : fait d'invoquer, appel insistant, prière.

Invocatoire : qui a force d'invocation.

Ironie : forme comique qui consiste à laisser entendre autre chose que ce que l'on dit littéralement.

Itératif : qui est fait ou répété plusieurs fois. L'imparfait itératif est l'équivalent de l'imparfait de répétition.

Jansénisme : dans le cadre du catholicisme, conception religieuse selon laquelle seuls ceux qui ont été choisis par Dieu (qui ont reçu la grâce) seront sauvés.

Janséniste : qui professe le jansénisme, austère.

Laconisme : façon de s'exprimer très brièvement.

Laisse : ensemble de vers supérieur au découpage strophique habituel.

Lazaréen : néologisme des années cinquante qui se réfère à la figure biblique de Lazare ressuscité et renvoie à la littérature des camps de concentration.

Liminaire : placé au début d'un ouvrage ou d'un texte.

Litanie (fém.) : **1.** *Pluriel*. Suite de prières liturgiques qui se terminent par des formules identiques (récitées ou chantées par les fidèles). **2.** *Singulier*. Longue suite de paroles répétitives.

Litote (fém.) : procédé qui consiste à dire moins pour sous-entendre davantage.

Locution (prépositionnelle, conjonctive...) : groupe de mots.

Lyrique : se dit de la tonalité d'un texte qui exprime des sentiments.

Machiavélique : se dit d'une conduite tortueuse et sans scrupules.

Maïeutique (fém.) : **1.** Méthode employée par Socrate pour conduire ses disciples par une série de questions habiles à « accoucher » eux-mêmes les vérités enfouies dans leur esprit. **2.** Méthode pédagogique qui consiste à faire penser l'étudiant par lui-même au lieu de lui imposer des idées toutes faites.

Mélioratif : qui donne une vision positive.

Merveilleux : qui présente des personnages ou phénomènes surnaturels, négatifs aussi bien que positifs ; à distinguer de « fantastique ».

Métonymie (fém.) : figure de substitution qui consiste à désigner une réalité par un terme qui convient à une autre, selon une relation de contiguïté (cause à effet, matière à objet, contenu à contenant...).
Ex. : « le fer pour l'épée ».

Mètre : mesure, vers.

Métrique : qui a trait aux mesures et plus particulièrement en poésie à la longueur des vers.

Mimesis : imitation de la réalité par la littérature, et notamment la tragédie, selon Aristote.

Mimétique : qui imite ; les sonorités mimétiques nous donnent à entendre ce qu'elles évoquent.
Ex. : « Pour qui sont ces serpents qui sifflent sur vos têtes » (Racine).

Mise en abyme : procédé d'enchâssement qui consiste à insérer une œuvre dans une autre œuvre du même type (tableau dans un tableau, récit dans un récit, scène de théâtre dans une autre scène, tel le jeu des comédiens dans *Hamlet* II, 2).

Modalisateur : mot ou construction syntaxique qui laisse transparaître l'opinion du locuteur.

Modalité : ton et type de phrase. On distingue les modalités déclarative, interrogative, injonctive et exclamative.

Mystère : pièce représentant des moments de la vie du Christ ou des saints.

Mystique : animé d'un sentiment religieux intense et intuitif.

Mythomane : personne qui cherche refuge dans le mensonge et les récits imaginaires pour échapper à la réalité.

Nasalisée (voyelle) : son vocalique prononcé avec résonance nasale.

Ex. : « an », « on », « in », « un ».

Naturaliste : qui caractérise le naturalisme, mouvement littéraire de la seconde moitié du XIXe siècle ; ce mouvement cherche à donner une image fidèle de la réalité en s'appuyant notamment sur des théories scientifiques.

Néologisme : mot nouveau, qui n'existe pas encore dans la langue.

Nominale (phrase) : sans verbe, centrée sur un nom.

Nouveau Roman : mouvement littéraire des années 1950-1960 qui renouvelle les techniques romanesques en rompant avec la tradition réaliste de l'intrigue et des personnages.

Ode : poème lyrique ou chant, souvent destiné à célébrer.

Onirique : qui a trait au rêve.

Onomastique : étude des noms propres.

Oxymore (masc.) : association de deux mots de sens opposés.
Ex. : « le soleil noir ».

Pamphlet : petit écrit polémique particulièrement virulent.

Pamphlétaire : auteur d'un pamphlet, petit écrit polémique particulièrement virulent.

Panthéisme : conception religieuse selon laquelle le divin se confond avec la nature.

Parataxe : éléments juxtaposés dans une phrase.

Paratexte : indications qui précèdent ou suivent le texte.

Paronomase : rapprochement de mots qui présentent une ressemblance sonore.

Paronymes : mots qui se prononcent de manière voisine.

Pastiche : imitation du style d'un écrivain sans pour autant s'en moquer.

Pathétique : tonalité qui vise à susciter une émotion chez le lecteur.

Pentasyllabe : vers de cinq syllabes.

Performatif : qui, du fait même qu'il est formulé, réalise l'action.

Périphrase : procédé par lequel on remplace un mot par une expression.

Persuader : emporter l'adhésion en touchant la sensibilité grâce à des procédés littéraires.

Picaresque : digne d'un picaro, héros d'un roman d'aventure d'origine espagnole.

Point de vue : **1.** Interne : la scène est vue par un personnage participant à l'action. **2.** Externe : le regard est extérieur à la scène. **3.** Omniscient : le narrateur sait tout de son personnage, son passé, ses pensées...

Polémique (adjectif) : qui suscite le débat.

Polynomie : procédé qui consiste à employer plusieurs mots ou expressions synonymes pour désigner la même chose.

Polyptote (masc.) : variété de répétition qui fait apparaître plusieurs occurrences grammaticales d'un même mot sous des formes différentes.
Ex. : « Madame se meurt ! Madame est morte ! » (Bossuet).

Polysémie : caractéristique d'un mot ou d'une expression ayant plusieurs significations.

Positiviste : qui se rapporte au positivisme, philosophie selon laquelle notre réflexion ne doit s'appuyer que sur l'observation et l'expérience.

Postposition : position d'un élément après un autre (l'antéposition ou la postposition d'un adjectif par rapport au nom).

Postulat : principe qui doit être admis comme vrai sans démonstration.

Préciosité : au XVIIe siècle, art de vivre mondain caractérisé par un rejet de l'ordinaire, un raffinement dans les vêtements et le langage, une idéalisation de l'amour.

Prépositionnel (groupe) : introduit par une préposition.

Prétérition (fém.) : **1.** Omission volontaire. **2.** Figure de rhétorique consistant à dire qu'on ne parle pas de quelque chose alors qu'on le fait.

Prolepse (fém.) : récit qui anticipe sur la suite de l'histoire.

Prosopopée (fém.) : figure de style consistant à faire parler un mort ou une entité abstraite.

Prospectif : qui anticipe.

Protagonistes : personnages principaux d'une pièce de théâtre auxquels on s'identifie facilement.

Quatrain : strophe de quatre vers.

Quatrième mur : écran imaginaire, mur fictif qui sépare le monde des acteurs et celui des spectateurs.

Quintil : strophe de cinq vers.

Quiproquo : malentendu ; un personnage prend un personnage ou un fait pour un autre.

Régressif : qui marque un retour à un état antérieur.

Réifier : transformer en chose (*res* en latin), chosifier.

Rétrospectif : qui effectue un retour en arrière.

Réquisitoire : discours accusateur (à distinguer de la plaidoirie qui prend au contraire la défense).

Rhétorique : art du discours.

Romantique : relatif à un mouvement du début du XIXe siècle, centré sur la sensibilité et les sentiments du moi.

Scénographie : ensemble des moyens techniques mis en place pour l'agencement de la scène.

Scepticisme : **1.** Doctrine fondée par le philosophe grec Pyrrhon (360-275 av. J.-C.) selon laquelle l'esprit humain ne peut parvenir à aucune vérité générale, tout pouvant être sujet au doute. Il préconisait donc la « suspension du jugement ». **2.** Attitude d'incrédulité et de défiance face aux opinions et aux valeurs reçues.

Scolastique : Nom féminin.
1. Enseignement philosophique et théologique donné à l'Université au

Moyen Âge qui associait les dogmes chrétiens à la philosophie d'Aristote. **2.** Enseignement figé, creux et formaliste. **3.** Adjectif qui caractérise ce qui relève, comme la scolastique décadente, d'une philosophie figée et abstraite.

Sizain : strophe de six vers.

Sonnet : poème en alexandrins composé de deux quatrains (strophes de quatre vers) et de deux tercets (strophes de trois vers).

Stance (fém.) : strophe.

Stéréotype : cliché, idée toute faite.

Stichomythie (fém.) : échange de répliques très brèves.

Stoïcisme : **1.** Doctrine fondée par le philosophe grec Zénon de Citium (340-263 av. J.-C.) selon laquelle il faut vivre en accord avec la Nature qui se confond avec le divin, accepter ce qui ne dépend pas de nous et maîtriser les passions qui dépendent de nous pour connaître le bonheur. **2.** Attitude courageuse et impassible devant la douleur.

Surréaliste : artiste (poète, peintre, cinéaste…) qui se rattache au surréalisme, mouvement artistique de l'entre-deux-guerres qui rejette les conventions et cherche une surréalité dans l'inconscient.

Syncrétisme : pensée qui croise plusieurs influences, réunit plusieurs doctrines ; religion composite.

Synecdoque (fém.) : substitution de terme fondée sur une relation d'inclusion (la partie pour le tout, ou l'inverse). Variété de métonymie.
Ex. : « le toit pour la maison ».

Synesthésies (fém.) : correspondances entre les sens.
Ex. : « Les parfums, les couleurs et les sons se répondent » (Baudelaire).

Tellurique : relatif aux forces de la Terre.

Tercet : strophe de trois vers.

Tétramètre : alexandrin organisé en quatre mesures (3/3-3/3).

Tombeau : hommage funèbre en musique et en littérature.

Topique : topos, lieu commun, cliché.

Topos (topoï au pluriel) : terme grec qui signifie « lieu » et qui désigne en littérature un thème récurrent.

Transitif (verbe) : qui se construit avec un (ou deux) complément(s) d'objet.

Triptyque : se dit d'une œuvre, notamment un tableau, en trois parties.

Verset : **1.** Paragraphe d'un texte sacré, la Bible, le Coran. **2.** En poésie, forme d'écriture rythmée située entre le vers et le paragraphe ; introduit par Claudel, il est souvent lié au domaine de l'invocation.

Zeugma (masc.) : (du grec *attelage*). Procédé qui consiste à rattacher à un même terme deux éléments sémantiquement différents.
Ex. : « Vêtu de probité candide et de lin blanc » (Hugo).

Crédits photographiques

BiBLiO LYCÉE

BAC 2025

Découvrez les œuvres au programme du Bac de français, dans notre collection Bibliolycée

Toutes les clés pour réussir votre BAC 2025

- **Le texte de l'œuvre**
  clarifié grâce à de nombreuses notes explicatives
- **L'essentiel sur l'œuvre**
  - La biographie de l'auteur
  - Le contexte historique, artistique et culturel d'écriture de l'œuvre
  - Le genre de l'œuvre
- **La préparation au Bac**
  - Des explications linéaires pour se préparer à l'oral du Bac
  - Un dossier SPÉCIAL BAC proposant des sujets d'écrit et d'oral corrigés
- **L 'étude du parcours**
  - Un groupement de textes sur le parcours associé à l'œuvre
  - Des citations clés

hachette ÉDUCATION